Renate Feistner (Hrsg.)

Ambulante Therapie von Ess-Störungen

Therapeutinnen und Betroffene
berichten über neue
Behandlungsmethoden

NEULAND
Geesthacht · 2006

Alle Rechte, insbesondere das Recht der Vervielfältigung und Verbreitung sowie der Übersetzung, vorbehalten. Kein Teil des Werkes darf in irgendeiner Form (durch Fotokopie, Mikrofilm oder ein anderes Verfahren) ohne schriftliche Genehmigung des Verlags reproduziert oder unter Verwendung elektronischer Systeme verarbeitet, vervielfältigt oder verbreitet werden.

© 2006 Neuland-Verlagsgesellschaft mbH, Geesthacht
Satz: KCS GmbH, Buchholz/Hamburg
Bearbeitung: Beate Neß, Geesthacht
Umschlaggestaltung: Brandes Design, Sittensen
Druck: Difo-Druck GmbH, Bamberg
Printed in Germany
ISBN-10: 3-87581-239-5
ISBN-13: 978-3-87581-236-7
www.neuland.com

Inhalt

Renate Feistner
Einleitung   5

Susanne Haller
Ess-Störungen und deren Therapie   6

Susanne Haller
Die Bedeutung sexueller Kindesmisshandlung für die ambulante Therapie von Ess-Störungen – Eine Befragung von Therapeutinnen   34

Susanne Haller
Sexuelle Kindesmisshandlung und Ess-Störungen   50

Anika
Selbsterfahrungsbericht über sexuellen Missbrauch und Ess-Störung   99

Renate Feistner
Körper und Identität am Beispiel der Ess-Störungen   104

Andrea
Mein Krankheitsverlauf   133

Heike
Ein »bewegter« Tag   136

Renate Feistner
Der Aufbau von Selbstwertgefühl bei Ess-Störungen   138

Anna
Aus meinem Therapietagebuch   150

Dagmar Eder
Evaluation eines ambulanten Therapiekonzeptes für Ess-Störungen 153

Henriette
Es gibt einen Weg 173

Renate Feistner
Aufbau der Therapiemotivation im Erstgespräch bei Jugendlichen mit Ess-Störungen 176

Barbara Trenkle
Ess-Störungen bei Menschen mit der Diagnose Borderline 183

Monika Fuchs
Diabetes mellitus-Typ-1 und Ess-Störungen 202

Claudia
Erfahrungsbericht Diabetes und Bulimie 235

Einleitung

Neben Patientenberichten stellt dieses Buch neue Ergebnisse der Forschung und Erfahrungen aus der ambulanten Psychotherapie der Ess-Störungen vor. Es soll eine Informationslücke schließen, da sich die meisten der bisherigen Veröffentlichungen auf die stationäre Behandlung der Ess-Störungen beziehen. Die zahlreichen Klinik-Behandlungskonzepte und universitäre Forschungsergebnisse sind kaum auf den ambulanten Bereich, in dem jedoch die größte Zahl der betroffenen Patienten behandelt wird, übertragbar. Der Austausch zwischen Psychotherapie-Praxen, Kliniken und Universität findet, selbst bei Fachkongressen, nur spärlich statt. Die Vernetzung zwischen den verschiedenen Bereichen fehlt (zumindest in Deutschland) weitgehend, obwohl wir ambulant tätigen Psychotherapeuten über einen großen Datenpool verfügen, viel über die Anwendbarkeit von vorhandenen Therapiekonzepten, die Entwicklung neuer Methoden und Versorgungslücken aussagen könnten, werden diese Erfahrungen zu wenig genutzt.

Um dieses Problem zu überwinden, habe ich meine persönliche Vernetzung zwischen universitärer Forschung und Praxis in der Betreuung von Diplomarbeiten gefunden, nämlich dafür sinnvolle Themen zu stellen und Studenten dann aus der praktischen Arbeit heraus zu unterstützen. Zwei von bisher sieben solcher Diplomarbeiten, nämlich die von Dagmer Eder und von Susanne Haller, werden u. a. hier auszugsweise vorgestellt.

Dieses Buch gäbe es nicht ohne die Beiträge meiner Kolleginnen, Monika Fuchs und Barbara Trenkle, die neben ihrem ausgelasteten Berufsalltag noch Zeit dafür fanden.

Besonders bedanken möchte ich mich bei den sechs »anonymen Autorinnen«, nämlich unseren Patientinnen, die Zeit und Mut aufbrachten, um ihre persönlichen Leidensgeschichten aufzuschreiben. Wir erfahren von ihnen, wie Betroffene ihre Krankheit und die Therapie empfinden oder was ihnen beim Gesundwerden half. Diese Sichtweise soll eine lebendige und plastische Ergänzung zu den theoretisch-wissenschaftlichen Beiträgen sein.

Nürnberg, im Mai 2006
Renate Feistner

Ess-Störungen[1]
Susanne Haller

Bei Ess-Störungen (ED = Eating Disorder) handelt es sich um psychosomatische Störungen, deren Kernsymptomatik nach Bruch (1973) eine Störung des Körperbildes, Störungen der interozeptiven, propriozeptiven und emotionalen Wahrnehmung sowie ein alles durchdringendes, lähmendes Gefühl der eigenen Insuffizienz (Wert- und Hilflosigkeit, Ohnmacht) darstellt. Zwischen den verschiedenen Formen der Ess-Störungen scheinen Überschneidungen und fließende Übergänge zu existieren (Vandereycken u. Pierloot, 1981; Schweiger u. Fichter, 2000). Im folgenden Kapitel werden die drei am häufigsten auftretenden Störungsformen Anorexia nervosa (AN), Bulimia nervosa (BN) und Adipositas (AD) sowie die »Binge-Eating«-Störung (BED), für die bislang nur Forschungskriterien vorliegen, beschrieben.

Anorexia und Bulimia nervosa

Symptomatik

Das klinische Bild der Anorexia nervosa und der Bulimia nervosa ist geprägt durch eine Reihe psychischer und somatischer Symptome, die nebeneinanderher bestehen und sich z. T. bedingen bzw. beeinflussen.

Störungen des Essverhaltens und der Gewichtsregulation
Störungen des Essverhaltens und der Gewichtsregulation gelten als Leitsymptome der Ess-Störungen. Das gestörte Essverhalten äußert sich durch einen auffälligen, bisweilen bizarren und des Öfteren durch Zwangsrituale bestimmten Umgang mit dem Thema Nahrung, Nahrungsmitteln und Nahrungsaufnahme. Meist halten die Betroffenen eine spezielle Diät mit »erlaubten« und »verbotenen« Lebensmitteln zur Kalorienreduktion ein. Eventuellen Unterbrechungen dieser restriktiven Ernährungsweise wird mit gewichtsregulierenden Verhaltensweisen begegnet. Im Verlauf der Störung

erfahren Ausgewogenheit und Regelmäßigkeit der Nahrungsaufnahme eine zunehmende Einschränkung (Jacobi et al., 1996).

Als Kernsymptomatik der Anorexia nervosa gilt das von den Betroffenen bewusst unter der Alters- und Größennorm gehaltene Körpergewicht und ihre extreme Angst vor einer Gewichtszunahme. Als Diagnosekriterium fordert das DSM-IV (APA, 1994) ein absichtlich herbeigeführtes Gewicht, das mindestens 15% unter dem zu erwartenden liegt. Die Gewichtsreduktion oder das Ausbleiben einer zu erwartenden Gewichtszunahme präpubertärer Mädchen in der Wachstumsphase erfolgt entweder ausschließlich durch extreme Nahrungsrestriktion oder durch zusätzliche gewichtsregulierende Maßnahmen wie z. B. Erbrechen, Abführmittel-, Appetitzügler- oder Diuretikaabusus sowie körperliche Hyperaktivität. Schätzungen zufolge erleben ca. 50% aller Magersüchtigen Heißhungeranfälle (»Binge-Eating«) (Garfinkel, Moldofsky u. Garner, 1980). Das DSM-IV (APA, 1994) unterscheidet dementsprechend den »Restriktiven« vom »Binge-Eating«-/»Purging«-Typ der Anorexia nervosa. Typisch für Frauen mit Anorexie ist eine Verleugnung oder Abwertung des eigenen kritischen Zustands, woraus meist eine Ablehnung therapeutischer Hilfsangebote resultiert (Jacobi et al., 1996; Laessle, 1998; Meermann u. Vandereycken, 1996).

Der Begriff Bulimia leitet sich aus dem Griechischen ab und bedeutet im übertragenen Sinne »Ochsenhunger«. Als eigenständiges Störungsbild wurde die Bulimie erstmalig 1980 in das DSM-III (APA, 1980) aufgenommen. Hauptmerkmal und gleichzeitig ein wesentlicher aufrechterhaltender Faktor der Störung ist der ständige Wechsel zwischen dem »alltäglichen« restriktiven Essverhalten und rezidivierenden Heißhungerattacken (vgl. Herman u. Polivy, 1988). Die Heißhungerattacken sind gekennzeichnet durch die Aufnahme einer objektiv betrachtet großen Nahrungsmenge[2] innerhalb einer kurzen Zeitspanne und einem von den Betroffenen subjektiv erlebten Kontrollverlust über das Essverhalten (Vanderlinden u. Vandereycken, 1995a). Der emotionale Zustand unmittelbar vor dem Essanfall ist häufig geprägt von diffuser innerer Unruhe, Anspannung oder dysphorischen Gefühlen (Vanderlinden, Norré, Vandereycken u. Meermann, 1992). Dauer und Häufigkeit der Essanfälle variieren intra- und interindividuell stark. Für die Diagnose der Bulimia nervosa nach DSM-IV (APA, 1994) müssen über einen Zeitraum von drei Monaten mindestens zwei Ess-Brech-Attacken pro Woche auftreten. Dabei werden bevorzugt kalorienreiche, leicht Essbare und schnell verfügbare Nahrungsmittel, die für die Betroffenen eigentlich »verboten« sind, verzehrt. Während der Essanfälle sind manche Betroffene eigenen Aussagen zufolge wie betäubt oder empfindungslos. Das Befinden wird mitunter als dissoziativer Zustand beschrieben. Negative Gefühle wie

Scham und Schuld, Ekel vor sich selbst und Selbstverachtung folgen meist auf den Essanfall bzw. werden dadurch verstärkt. Hinzu kommt die Angst vor einer möglichen Gewichtszunahme. Zur Neutralisierung der negativen Gefühle werden meist unmittelbar im Anschluss an den Essanfall gewichtsreduzierende Maßnahmen ergriffen. Dieser *Diät-Fress-Säuberungszyklus* (Vandereycken, Norré u. Meermann, 1996, S. 264) stellt einen sich selbst perpetuierenden Kreislauf dar: Der durch Diäten, Fasten und Erbrechen selbst induzierte körperliche und psychische Mangelzustand wird meist durch einen Essanfall beendet – den darauf folgenden negativen psychischen und physischen Empfindungen wird mit Erbrechen und restriktivem Essverhalten begegnet, wodurch ein erneuter psychischer und physischer Mangelzustand indiziert wird usw.

Als Folge des krankhaften Essverhaltens fluktuiert das Körpergewicht der Betroffenen häufig, liegt jedoch meist im (unteren) Normalbereich (Jacobi et al., 1996; Laessle, 1998).

Der bulimischen Symptomatik werden vielfältige Funktionen zugeschrieben (vgl. Brandl, 1998). Das DSM-IV (APA, 1994) unterscheidet je nach Art der angewandten Kompensationsmechanismen den »Purging«-Typus vom »Nicht-Purging«-Typus der Bulimie.

Weitere psychopathologische Symptome

Anorexia und Bulimia nervosa sind durch eine Reihe weiterer psychopathologischer Besonderheiten charakterisiert, deren Kenntnis und Verständnis die Grundlage jeder Psychotherapie bilden (Jacobi et al., 1996). Es handelt sich v. a. um folgende Phänomene:

Störung der Körperwahrnehmung

Eine Störung der Körperwahrnehmung gilt als wesentliches Charakteristikum der Anorexie und der Bulimie und wird in den Diagnosekriterien der Anorexia nervosa explizit gefordert (APA, 1994). Bislang wurde das Konstrukt »Körperwahrnehmung« in der wissenschaftlichen Literatur nicht exakt definiert, so dass Begriffe wie Störung der Körperwahrnehmung, des Körperschemas, des Körperbildes oder Body-Image-Störung nicht einheitlich verwendet werden. Sie alle beziehen sich auf die bei Frauen mit Ess-Störungen verzerrte Wahrnehmung ihres Körpergewichts und ihrer Figur. Diese äußert sich in einer mitunter erheblichen Überschätzung der eigenen Körperdimensionen und in einer negativ veränderten emotionalen Qualität der Körperwahrnehmung. Sie führt u. a. dazu, dass sich Frauen und Mädchen mit Magersucht trotz ausgeprägter Schlankheit oder Kachexie als zu dick erleben und kontinuierlich weiteren Gewichtsverlust anstreben. Ebenso erleben Frauen mit Bulimie ihren Körper bzw. einzelne Körperteile charakteristischerweise dicker und unförmiger, als sie tatsächlich sind, und streben meist eine Reduktion ihres Körpergewichtes um einige Kilogramm an (Jacobi et al., 1996; Brandl, 1998; Böse, Greimel u. Geisner, 1998).

Übertriebene (gedankliche) Beschäftigung mit Figur, Körpergewicht und Essen

Die Sorge um Figur, Körpergewicht und Nahrung steht im Mittelpunkt des gesamten Denkens, Fühlens und Handelns. Die extreme Angst vor einer Gewichtszunahme, welche nach Crisp (1980) auch als *Gewichtsphobie* bezeichnet wird, gilt als Teil der Störungen der Körperwahrnehmung und wesentliches Charakteristikum der Anorexie und der Bulimie. Die Selbstbewertung der Betroffenen ist in starkem Maße abhängig von körperlichem Aussehen und Körpergewicht (APA, 1994; Brandl, 1998; Jacobi et al., 1996).

Störungen der proprio- und interozeptiven und der emotionalen Wahrnehmung

Für Frauen mit Ess-Störungen werden Defizite in der Wahrnehmung, Interpretation, Kommunikation und Beantwortung körperlicher Signale und emotionaler Zustände geschildert. Dies betrifft den Umgang mit Hunger, Sättigung und Geschmacksempfinden vermutlich ebenso wie andere körperliche Empfindungen (z. B. Müdigkeit, Kälteempfinden, sexuelle Gefühle) und Emotionen (z. B. Angst, Trauer, Wut) (Bruch, 1973; Meermann u. Vandereycken, 1996; Eder, 1996).

Ausgeprägte Selbstwertproblematik

Betroffene beschreiben häufig ein allumfassendes Gefühl der Minderwertigkeit und Nutzlosigkeit und leiden meist unter ausgeprägter Selbstunsicherheit. Hilde Bruch (1990) sah in einem »defekten Selbstkonzept« die Kernproblematik der Ess-Störungen. Eigene Perfektionsansprüche, ausgeprägte Leistungsorientierung, starke Abhängigkeit von externer Bestätigung und die daraus resultierende Überforderung verstärken die bestehenden Minderwertigkeitsgefühle und/oder generieren neue (Jacobi et al., 1996; Waadt, Laessle u. Pirke, 1992; Selvini-Palazzoli, 1984).

Kognitive Defizite

Irrationale Annahmen und dysfunktionale Denkschemata werden im Zusammenhang mit beiden Störungsbildern berichtet, wobei die Beschreibungen weitgehend auf dem kognitiven Modell der Depressionen nach Beck (1974) beruhen.

Des Weiteren werden Defizite der psychosozialen Kompetenz, sozialer Rückzug bis hin zu völliger Isolation, sexuelle Probleme, mangelnde Problemlöse- und Stressbewältigungskompetenzen, Angst- und Schamgefühle, verschiedene psychische Komorbiditäten sowie intellektuelle und körperliche Hyperaktivität beschrieben. Da die Symptome bei den einzelnen Klientinnen stark variieren können, müssen sie jeweils individuell identifiziert werden (Bruch, 1973; Meermann, 1981; Jacobi et al. 1996).

Somatische Begleit- und Folgeerscheinungen

Klientinnen mit Anorexie und Bulimie weisen oftmals ernsthafte somatische Begleit- oder Folgeerscheinungen auf. Bei der Anorexie handelt es sich dabei v. a. um neuroendokrinologische Veränderungen, wie z. B. Lanugobehaarung oder Amenorrhoe, die das DSM-IV (APA, 1994) explizit als Diagnosekriterium nennt. Des Weiteren sind häufig metabolische Veränderungen, Bradykardie, Obstipation, Osteoporose, Hypothermie sowie Hypotonie zu beobachten. Die körperlichen Befunde sind zum Großteil Ausdruck einer Ökonomisierung basaler Lebensvorgänge und normalisieren sich im Allgemeinen, wenn Essverhalten und Gewicht langfristig gebessert sind (Meermann u. Vandereycken, 1996; Jacobi et al., 1996; Fairburn, 1995; Laessle, 1998).

Im Rahmen einer bulimischen Ess-Störung führen Essanfälle, Erbrechen und Medikamentenmissbrauch zu verschiedenen körperlichen Folgeerscheinungen (vgl. Tabelle 1). Aufgrund des gestörten Essverhaltens können sich Frauen mit Bulimia nervosa trotz eines normalen Körpergewichtes im biologischen Zustand der Mangelernährung befinden. Auch bei Ihnen ist häufig eine Amenorrhoe diagnostizierbar (Pirke, Pahl, Schweiger u. Warnhoff, 1985; Laessle, 1993).

Tabelle 1: *Beispielhafte körperliche Folgen der bulimischen Symptomatik*

Heißhungeranfall	Erbrechen	Abführmittelmissbrauch
• Dilatation und Ruptur des Magens, • Störungen der Menstruation, • Speicheldrüsenschwellung, • hormonelle Störungen.	• Schädigung der Speiseröhre, • Zahnschmelzschäden, • Heiserkeit/ Halsschmerzen.	• Durchfälle, • Ödeme, • Trommelschlegelfinger.
	• Störungen des Wasser- und Elektrolythaushaltes, • Herzrhythmusstörungen, • Nierenschaden.	

Vgl. Eder, 1996; Köpp u. Herzog, 1996; Meermann u. Vandereycken, 1987

Epidemiologie, Verlauf und Nosologie

Epidemiologie

Einzelne Symptome der Anorexie und Bulimie sind weit verbreitet. Verschiedene Studien ermittelten in weiblichen Stichproben Prävalenzraten von 5 bis 35% für selbst induziertes Erbrechen und von 30 bis 80% für Heißhungerattacken (Jacobi et al, 1996). Ess-Störungen gelten als psychische Störungen, unter denen hauptsächlich adoleszente Frauen der westlichen Welt leiden. Schätzungen zufolge sind lediglich 1% aller »Essgestörten« weltweit männlich (Herpertz u. Senf, 1997). Das bisherige Verständnis von Anorexia nervosa und Bulimia nervosa als kulturgebundene Störungsbilder der Mittel- und Oberschicht hoch entwickelter Industrienationen muss jedoch aufgrund aktueller Studienergebnisse, die dieser Vorstellung widersprechen, angezweifelt werden (vgl. Habermas, 2000).

Ein Anstieg der Inzidenz in den letzten Jahrzehnten wird in der Fachliteratur kontrovers diskutiert. Entsprechende prospektive Untersuchungen fehlen jedoch weitgehend (Jacobi et al., 1996; Habermas, 2000; Westenhöfer, 2001). Epidemiologische Studien im Bereich der Ess-Störungen werden durch erhebliche methodische Probleme erschwert (z. B. Veränderung der Diagnosekriterien innerhalb der letzten Jahre, unbefriedigende Validität der

Tabelle 2: *Epidemiologie von Anorexia nervosa und Bulimia nervosa*

	Anorexia nervosa	**Bulimia nervosa**
Inzidenz	1–14,2 pro 100.000 Einwohner,	5,5–26,5 pro 100.000 Einwohner,
Prävalenz	in der Risikopopulation 0,2–1%, generell ist unklar, ob die Erkrankungs- oder die Behandlungshäufigkeit gestiegen ist,	in der Risikopopulation 1–4%,
Geschlecht	ca. 95% aller Erkrankten sind weiblich;	80–99,6 % aller Erkrankten sind weiblich,
Risikopopulation	Frauen der westlichen Welt zwischen 12 und 20 Jahren, zwei Verteilungsgipfel (bzgl. Störungsbeginn): 14. und 18. Lebensjahr, Vertreter bestimmter Sport- bzw. Berufsgruppen, die ein niedriges Gewicht erfordern.	Frauen der westlichen Welt zwischen 15 und 35 Jahren, z. T. nach einer Episode mit AN,

Vgl. Fichter u. Warschburger, 1998; Laessle, 1998; APA, 1994; Fairburn u. Beglin, 1990; Karren, 1990; Meermann u. Vandereycken, 1996

Diagnosekriterien, hohe Dunkelziffer). Da exakte Häufigkeitsbestimmungen kaum möglich sind, liegen keine gesicherten Inzidenz- und Prävalenzraten vor (Fichter, 1985; Meermann u. Vandereycken, 1987; Vanderlinden et al., 1992; Jacobi et al, 1996). Die uneinheitlichen Befunde zur Epidemiologie bildet Tabelle 2 ab.

Verlauf und Prognose
Aufgrund methodischer Variationen divergieren die Studienergebnisse zu Langzeitverlauf und Prognose der Anorexie bzw. Bulimie und sind schwer vergleichbar.
Der Beginn der Anorexie liegt meist in der (Post-)Pubertät. Erhält die Betroffene keine psychotherapeutische Behandlung, müssen die Heilungsaussichten vermutlich als äußerst gering bewertet werden (Meermann, 1981; Gerlinghoff u. Backmund, 1995). Mit zunehmender Katamnesedauer steigt sowohl die Anzahl positiver Verläufe als auch die Mortalitätsrate. Nach 1992 publizierte, methodisch anspruchsvolle Langzeit-Follow-up-Studien beschreiben ein gutes Outcome für 32–75% der Klientinnen. Bei 9.5–50% der Klientinnen persistiert eine Restsymptomatik (Zipfel, Löwe, Reas, Deter u. Herzog, 2000; Herzog, W.[3], Munz u. Deter, 1996; Köpp u. Wegscheider, 2000). Die Mortalitätsrate wird in der Literatur mit Werten zwischen 0 und 21% angegeben, wobei eine ausgeprägte Kachexie oder Suizid am häufigsten als Todesursachen genannt werden (Bruch, 1973; APA, 1998; Herzog, W. et al, 1996; Zipfel et al., 2000; Herzog, D. B. et al., 2000). Untersuchungen zufolge erkranken zwischen 7% und 40% der Klientinnen mit Anorexie im mittel- bis langfristigen Verlauf an Bulimie (Herzog, W. et al., 1996). Komorbide psychische Störungen persistieren nach einer »Heilung« der Anorexie je nach Katamneseintervall bei 40–60% der Betroffenen, wobei auch Symptomverschiebungen nicht auszuschließen sind (Remschmidt, Gastpar u. Senf, 2000).
Die Bulimie beginnt meist vor dem 22., selten jedoch vor dem 14. Lebensjahr (Paul, Brand-Jacobi u. Pudel, 1984, zitiert nach Laessle, 1998; Fichter u. Warschburger, 1998). Es wird vermutet, dass 30–50% der Klientinnen mit Bulimie zuvor an Anorexie erkrankt waren (z. B. Eckert, Halmi, Marchi, Grove u. Crosby, 1995; Liedtke, Jäger, Künsebeck, Buhl u. Kersting, 1990). Dagegen geht die Bulimie vermutlich nur bei 0–7% der Betroffenen in eine Anorexie über (Fichter, 2000). Aufgrund der noch »jungen« Diagnose liegen bislang nur vereinzelte Studien über den mittel- und langfristigen sowie über den Spontanverlauf der Bulimia nervosa vor (Fichter, Quadflieg u. Rief, 1992; Fichter, 2000; Köpp u. Wegscheider, 2000). In klinischen Stichproben beträgt die Störungsdauer vor dem ersten Behandlungsversuch im

Durchschnitt 5 Jahre (Laessle, 1998). Keel u. Mitchell (1997) fanden im Rahmen ihrer Metaanalyse (88 Outcome-Studien, Katamnesedauer fünf bis zehn Jahre), dass ca. 50% der ehemaligen Klientinnen bei der Follow-up-Untersuchung asymptomatisch und ca. 20% weiterhin bulimisch waren; ca. 30% wiesen eine subklinische bulimische Symptomatik oder eine chronisch intermittierende Bulimia nervosa auf (vgl. Hsu, 1995; Fichter u. Quadflieg, 1997, zitiert nach Fichter, 2000). Die Mortalitätsrate der Frauen mit Bulimie ist unklar, vermutlich aber geringer als bei Anorexie (Fichter u. Quadflieg, 1997). Einige Studien deuten darauf hin, dass Klientinnen mit Bulimie insgesamt bessere Heilungschancen haben als Klientinnen mit Anorexie, wogegen andere Studien auch bei mehrfach behandelten Frauen mit Bulimie hohe Rückfallraten fanden (Fichter u. Quadflieg, 1997; Köpp, 2000). Die Kenntnisse im Hinblick auf prognostische Faktoren sind gering und teilweise widersprüchlich.

Nosologie
Ebenso wie die Validität und Reliabilität der diagnostischen Kriterien werden die nosologische und differenzialdiagnostische Abgrenzung der einzelnen Ess-Störungen häufig als ungenügend bezeichnet (Fairburn, 1991; Ehlers, Liedtke, von Wietersheim u. Hettinger 1993, zitiert nach Jacobi et al., 1996; de Zwaan, 2000). Erfahrungen aus der klinisch psychologischen Praxis und der Forschung sprechen für die Annahme fließender Übergänge zwischen den verschiedenen Ess-Störungen und damit gegen das vorherrschende statische Modell der kategorial definierten Syndrome (Laessle, 1998; de Zwaan, 2000; Vandereycken u. Pierloot, 1981). Nach Ansicht von Meermann und Vandereycken (1996) kann den komplexen psychophysiologischen Störungsbildern nur eine dynamische und multidimensionale Sichtweise gerecht werden.
In der Literatur werden eine Reihe von komorbiden psychischen Störungen bei Anorexie und Bulimie genannt, deren Bedeutung sich v. a. im Langzeitverlauf der Ess-Störungen zeigt. Spezifische komorbide Störungen existieren vermutlich nicht. Eventuelle ätiologische Zusammenhänge zwischen Ess-Störungen und komorbiden psychischen Störungen sind bislang weitgehend unklar. Bei bulimischen Subtypen finden sich meist höhere Komorbiditätsraten als bei anorektischen, wobei depressive Symptome, Angststörungen und Substanzmissbrauch im Vordergrund stehen. Bei Anorexie werden als komorbide Störungen meist Zwangsstörungen und depressive Symptome diagnostiziert (Laessle, 1998; Köpp, 2000; de Zwaan, 2000). Bezüglich der Bedeutung der Komorbidität für Prognose und Therapie konnte bislang nur der negative Einfluss einer Borderline-Persönlichkeits-

Tabelle 3: *Komorbide psychische Störungen bei Anorexia und Bulimia nervosa*

	Anorexia nervosa	**Bulimia nervosa**
Depressive Symptome/ Affektive Störungen	24–88% Lebenszeitprävalenz (offensichtlich keine Unterschiede zwischen den verschiedenen Formen der ED). Das mögliche Auftreten von Suizidalität muss beachtet werden.	Enge Zusammenhänge existieren vermutlich zwischen affektiven Störungen und einer Subgruppe der BN; z. T. gutes Ansprechen auf Antidepressiva.
Zwangsstörungen und -symptome	Prämorbid bei 27–64% vorhanden; bei bis zu 33 % im Verlauf der ED entwickelt.	Auftreten von Zwangsstörungen seltener.
Ängste und Phobien	V. a. soziale Phobien.	*Angststörungen* (bei bis zu 91%), *soziale Phobien* (oft schon prämorbid vorhanden), *Agoraphobien*
Substanz- missbrauch und -abhängigkeit	Geringere Probleme mit Substanzmissbrauch oder -abhängigkeit als in nicht essgestörten Kontrollgruppen.	Lebenszeitprävalenz: 9–55%. Annahme einer engen Verbindung zwischen Abhängigkeitserkrankungen und BN. Neuere Ergebnisse weisen jedoch darauf hin, dass ein Zusammen-. hang vermutlich nur bei zusätzlicher Persönlichkeitsstörung besteht.
Persönlichkeits- störung	Vor allem *zwanghafte* und *ängstlich-vermeidende Persönlichkeitsstörung*. Stärkste Persönlichkeits- pathologie vermutlich bei der anorektisch-bulimischen Patientinnengruppe.	*Histrionische Persönlichkeitsstörung* (bei 25–53%). »*Multi-impulsive bulimics*« (Lacey u. Evans, 1986): Gestörte Impuls- kontrolle und diverse autodestruktive und süchtige Verhaltensweisen, Depressionen, Wutausbrüche und Kriminalität.
	Borderline-Persönlichkeitsstörung: Insgesamt häufiger als in der Normal- bevölkerung, aber unklare Prävalenz: In der Literatur finden sich Anga- ben zwischen 20% und 80%, wieder andere Autoren halten Häufigkei- ten unter 20% für realistischer. Persönlichkeitsstörungen sind bei BN und bulimischer AN häufiger als bei restriktiver AN.	
Schizophrenie	Schizophrene Psychosen bei 3–17%.	

Vgl. Laessle, 1998; Vanderlinden et al., 1992; Krüger, Reich, Buchheim u. Cierpka, 1997; Fichter u. Warschburger, 1998, Köpp, 2000; Remschmidt, Gastpar u. Senf, 2000

störung auf die Behandlung der Bulimia nervosa nachgewiesen werden (de Zwaan, 2000). Tabelle 3 fasst bei Ess-Störungen häufig diagnostizierbare Komorbiditäten zusammen.

Ätiologie

Zur Ätiologie der Anorexie und der Bulimie existiert eine kaum überschaubare Menge theoretischer Konzepte, die jeweils unterschiedliche Facetten erklären. Der Nutzen eindimensionaler Ätiologiemodelle liegt hauptsächlich in ihrem Beitrag zur Klärung spezifischer ätiologischer Aspekte der Ess-Störungen. Ein allgemein anerkanntes ätiologisches Prinzip existiert nicht. Unter anderem bieten Vandereycken et al. (1996) sowie Meermann und Vandereycken (1987, 1996) eine ausführliche und kritische Diskussion verschiedener Erklärungsansätze.

Fachleute verschiedener Therapierichtungen stimmen inzwischen weitgehend überein, dass eine multifaktorielle Genese dem komplexen Störungsgeschehen am ehesten gerecht wird und die divergierenden Ansätze in einem mehrdimensionalen Modell integriert werden sollten (z. B. Herpertz, Johan u. Senf, 1997; Vandereycken u. Meermann, 2000). Die Annahme eines »biopsycho-sozialen« Ätiologiemodells bezeichnen Schweiger und Fichter (2000) als überaus plausibel, aber auch trivial, da psychischen Störungen meist biologische, psychische und soziale Faktoren zugrunde liegen. Die relative ätiologische Bedeutung genetischer, soziokultureller, familiärer und individualpsychologischer Faktoren ist bislang unklar (Schweiger u. Fichter, 2000). In Anlehnung an das von Weiner (1977, zitiert nach Laessle, 1998) vorgeschlagene allgemeine Modell psychosomatischer Störungen wird angenommen, dass die Ess-Störungen durch die Interaktion multipler prädisponierender Faktoren und spezifischer auslösender Ereignisse bedingt werden. Zugleich können protektive Faktoren die Entstehung psychischer oder psychosomatischer Erkrankungen verhindern. Hat sich die Störung erst manifestiert, wird der weitere Störungsverlauf von störungsaufrechterhaltenden Faktoren und Copingmöglichkeiten moduliert (Csef, 1997; Laessle, 1998).

Prädisponierende Faktoren, psychische Problembereiche und auslösende Faktoren

Prädispositionen lassen sich auf individualpsychologischer, familiärer, biologischer und soziokultureller Ebene beschreiben. Einige beispielhafte Faktoren, die für die Entstehung einer Anorexia oder Bulimia nervosa von Bedeutung sein können, sind in Tabelle 4 aufgeführt.

Tabelle 4: Prädisponierende Faktoren für die Entstehung einer AN oder BN

Ebene	Mögliche prädisponierende Faktoren
Individual-psychologisch	Selbstwertproblematik, dysfunktionale Denkschemata, mangelnde soziale Kompetenz, Schwierigkeiten bei der Entwicklung von Autonomie und Identität, Defizite in der interozeptiven Wahrnehmung, mangelnde Copingstrategien, extreme Abhängigkeit von externen Standards, affektive Instabilität, sexuelle Traumata, ...
Familiär	pathogene Familieninteraktionsmuster, Bedeutung von Gewicht, Nahrung und äußerer Erscheinung innerhalb der Familie, Alkoholismus oder affektive Störungen in der Familie, ...
Soziokulturell	Schlankheitsideal, Geschlechtsrollenkonflikte, zunehmender Leistungsdruck, ...
Biologisch	genetische Vulnerabilität für bestimmte psychische Störungen, erniedrigter Energiebedarf, ...

Vgl. Jacobi et al. 1996; Laessle, 1998; Meermann, 1997; Herpertz, 2000

Die Vulnerabilitätsfaktoren führen nicht zwangsläufig zu einer Ess-Störung. Allerdings begünstigen sie die Entwicklung bestimmter psychischer Problembereiche, die bei Klientinnen mit Ess-Störungen häufig anzutreffen sind. Nach Jacobi et al. (1996) handelt es sich dabei v. a. um ein niedriges Selbstwertgefühl, Identitäts- und Autonomiekonflikte sowie mangelnde Fähigkeiten zur Wahrnehmung und Bewältigung von Stress und Spannung. Zu der spezifischen Symptombildung kommt es jedoch erst durch das Hinzutreten auslösender Faktoren. Dabei handelt es sich meist um »kritische Lebensereignisse« und chronische Alltagsbelastungen, für die den Betroffenen keine angemessenen Bewältigungsmöglichkeiten zur Verfügung stehen. Kritische Lebensereignisse können letztendlich alle persönlichen Belastungen sein, die »das psychische Gleichgewicht einer Person in relevanter Weise beeinflussen« (Jacobi et al., 1996, S. 16).

Störungsaufrechterhaltende Faktoren
Der weitere Verlauf der Ess-Störung wird durch störungsperpetuierende Faktoren und Bewältigungsmöglichkeiten moduliert. Das veränderte Essverhalten führt zu einer Reihe biologischer und psychologischer Veränderungen, wodurch sich die Symptomatik zunehmend manifestiert und eine gewisse Eigendynamik entwickelt. Der Rückgriff auf adäquate Copingstrategien wird immer seltener. Dies begünstigt eine Chronifizierung der Störung im Sinne eines Circulus vitiosus. Lauer und Kollegen (1994) be-

Tabelle 5: Störungsaufrechterhaltende Circuli vitiosi nach Lauer et al. (1994)

Ebene	Störungsaufrechterhaltende Faktoren
Essverhalten	Verschärfung des Diätprogramms (Anorexie), »restrained eating« (Bulimie).
Physiologisch	Folgen der Mangelernährung (→ kognitive, emotionale, soziale und sexuelle Veränderungen).
Intrapsychisch	Folgen der inadäquat bewältigten Selbstwert- und Kontrollproblematik (z. B. Schuld- und Schamgefühle, Affektlabilität) sowie der defizitären Stesswahrnehmung und -bewältigung.
Interpersonal	Zunehmende soziale Isolation, mangelnde Konfliktlösefähigkeit, Streben nach sozialer Erwünschtheit.

schreiben entsprechende Teufelskreise auf den in Tabelle 5 dargestellten Ebenen.

Wann und warum genau es bei einer Person in einer bestimmten Lebenssituation zur Manifestation einer Ess-Störung kommt, ist bis heute unklar. Für jede einzelne Klientin können die Bedingungsfaktoren individuell sehr unterschiedlich interagieren und die Symptome völlig verschiedene Funktionen erfüllen. Diese Aspekte müssen im Rahmen der Therapie geklärt werden.

Therapie der Anorexia und Bulimia nervosa

Grundlegende Annahmen und Erkenntnisse

Therapieforschung
Basierend auf der Annahme einer multifaktoriellen Ätiologie der ED empfehlen immer mehr Autoren integrative und störungsspezifische Behandlungsansätze, die in modernen Therapieprogrammen verwirklicht werden (Herzog, T. u. Zeeck, 1997; Feistner, 1993). Diese sind verbunden mit einer Reihe methodischer Probleme für die Therapieforschung, auf die an dieser Stelle nur verwiesen werden soll. Näheres findet sich beispielsweise bei Kupper-Horster, Kupper und Engel (1997) sowie bei Deter und Herzog, W. (1995). Die Therapieforschung im Bereich der Ess-Störungen besteht bislang aus reiner Outcome-Forschung. Differenzielle Vergleichsstudien zu Effektivität und Indikation unterschiedlicher therapeutischer Verfahren stehen noch aus. Ungeklärt sind bislang auch die entscheidenden Wirkfaktoren der Therapie (Franke, 1994a; Herzog, T., 2000). Für die Bulimia nervosa exis-

tieren im Gegensatz zur Anorexia nervosa eine Vielzahl gut kontrollierter Therapiestudien (Jacobi et al., 1997; Thiel, 1997; Herzog, T., 2000). Aussagen hinsichtlich wirksamer Therapieverfahren sind jedoch widersprüchlich und häufig geprägt von der theoretischen Ausrichtung der Forscher und Autoren (vgl. Vanderlinden et al., 1992). Die am besten geeigneten Verfahren müssen für jede Klientin individuell identifiziert werden. Verbindliche Indikationskriterien für spezifische Verfahren oder Richtlinien für die Integration multipler therapeutischer Maßnahmen existieren nicht. Garner und Needleman (1997) schlagen ein Modell zur Entscheidungsfindung bei der Wahl der therapeutischen Interventionen vor, welches die bedeutendsten therapeutischen Konzepte umfasst. Diese werden nach einer Darstellung der grundlegenden Prinzipien der Therapie der Ess-Störungen vorgestellt.

Allgemeine Prinzipien und wesentliche Ziele der Therapie
Als Interventionsprinzip wird häufig ein zweigleisiges Vorgehen empfohlen («two-track-approach« nach Garner u. Isaacs, 1986, zitiert nach Laessle, 1998), wobei in einem ersten Schritt mit Hilfe operanter und kognitiver Verfahren eine Normalisierung von Körpergewicht und Ernährungsverhalten angestrebt wird. Ziel dieser kurzfristigen Strategien ist es, die biologischen Dysfunktionen zu bessern, eine vitale Gefährdung auszuschließen und eine für die Psychotherapie ausreichende mentale Leistungsfähigkeit zu gewährleisten. Nach operanten Prinzipien aufgebaute verhaltenstherapeutische Programme erwiesen sich äußerst wirkungsvoll zur initialen Erhöhung des Körpergewichts (Laessle, 1998). Verfahren, die weniger auf Kontrolle basieren, sind streng operanten Interventionen vermutlich ebenbürtig, eventuell sogar überlegen, da man heute davon ausgeht, dass die Klientin so autonom wie möglich bleiben sollte, und ein hohes Ausmaß an Kontrolle durch die Therapeutin eher kontraproduktiv ist (Franke, 1994b). Nach Herzog, T., (2000) ist das entscheidende Element in der Eingangsphase der Anorexie-Behandlung eine »wie auch immer geartete aktive Symptomorientierung« (S. 145), wobei operante Prinzipien nicht zwingend erforderlich sind (vgl. Jacobi et al., 1996; de Zwaan et al, 1996; Laessle, 1998; Fichter u. Warschburger, 1998; Herpertz et al., 1997; Meermann u. Vandereycken, 1996). Bei nicht untergewichtigen bulimischen Klientinnen intendieren kognitiv-verhaltenstherapeutische Interventionen im Sinne eines »Ernährungsmanagements« eine Normalisierung des Essverhaltens (Laessle, 1998; Waadt et al., 1992). Da die Modifikation des Essverhaltens und die Stabilisierung des Körpergewichtes psychotherapeutisch und medizinisch notwendige, jedoch keine hinreichenden Bedingungen für einen Therapieerfolg darstellen, müssen langfristig all jene psychischen, familiären und sozialen Faktoren bear-

Tabelle 6: *Interventionen einer multimodalen Therapie der Ess-Störungen*

Themenbereich/Ziel	Beispielhafte Behandlungselemente
Störungsspezifische Themen • Modifikation des gestörten Essverhaltens, • Modifikation der gewichtsphobischen Erlebens- und Verhaltensweisen, • Modifikation irrationaler Überzeugungen bzgl. Gewicht, Nahrung, Aussehen, Impulskontrolle.	Informationsvermittlung (z. B. bio-psychologische Zusammenhänge der (Fehl-)Ernährung Analyse der störungsfördernden Bedingungen, Selbstkontrolltechniken (z. B. Ess-Protokolle), Stimuluskontrolle und Reaktionsverhinderung (bei BN), Verstärkerprogramme, Therapieverträge, kognitive Umstrukturierung.
Verbesserung von Körperwahrnehmung und -akzeptanz (außerdem: Auseinandersetzung mit assoziierten Themen, z. B. Weiblichkeit, Rollenerwartungen, Schlankheitsideale, Sexualität).	Körperorientierte Therapieverfahren, Entspannungsverfahren, Video-Konfrontation (vgl. Vandereycken, 1989), Schulung der interozeptiven Wahrnehmung, kognitive Interventionen.
Psychosoziale Themen • Einblick in Funktion des Problemverhaltens, • Verbesserung des Selbstwertgefühls, • Verbesserung sozialer Kompetenzen, • Verbesserung der Problem- und Stressbewältigungskapazitäten, • Verbesserung der Wahrnehmung und Artikulation von Gefühlen und Bedürfnissen, • Verbesserung der Entspannungs-/Genussfähigkeit, • Aufbau/Verbesserung von Selbstfürsorge, • Reduktion chronischer Belastungen im sozialen Umfeld, • Reduktion von Leistungsorientierung und perfektionistischen Tendenzen.	Funktionale Analyse des Essverhaltens, Förderung der Assertivität, Teilnahme an therapeutischen Gruppen, evtl. auch an Selbsthilfegruppen, Übungen zum Erspüren und Benennen eigener Gefühle und Bedürfnisse, kognitive Interventionen, Verhaltensübungen/Rollenspiele, Vermittlung von Entspannungsverfahren, buthyme Therapieverfahren, Einbezug wichtiger Bezugspersonen: Partner-, Familientherapie (auch ohne deren direkte Anwesenheit), therapiebegleitende Evaluation (mit Klientin).
Rückfallprophylaxe und -bearbeitung, Vermeidung der Symptomverschiebung.	Antizipation von Problemen, Planung weiterer Behandlungen (z. B. Selbsthilfegruppe).

Vgl. Fichter u. Warschburger, 1998; Meyer-Gutknecht, Vogelgesang u. Jahrreis 1997; Handke-Raubach, Taubert u. Diehl, 2001; Groene, 2001

beitet werden, die das gestörte Essverhalten bedingen und aufrechterhalten (Herzog, T. u. Zeeck, 1997; Franke, 1994a). Franke (1994b) kritisiert im Hinblick auf die stationäre Behandlung anorektischer Klientinnen die künstliche Zweiteilung in »anorektische« und »neurotische« Symptome. Ihrer Ansicht nach wird diese Hierarchisierung der Symptome der Komplexität der Störung nicht gerecht, lässt sich empirisch nicht begründen und entspricht eher den Bedürfnissen der Therapeutin als denen der Klientin. Vanderlinden und Vandereycken (1997) empfehlen, an den aufrechterhaltenden Faktoren der Ess-Störungen anzusetzen und mutmaßliche auslösende Faktoren im weiteren Verlauf der Therapie zu eruieren und zu bearbeiten. Therapiekonzepte für ED sollten kognitive, psychoanalytisch-psychodynamische, familiendynamische, verhaltenstherapeutische, symptomzentrierte und ernährungsrelevante Elemente beinhalten und individuell auf die Bedürfnisse der Patientin abgestimmt werden (Vanderlinden et al. 1992; Herzog, D. B. u. Schweitzer, 1994; Laessle, 1998; Meermann u. Vandereycken, 1996). Die Interventionsbereiche leiten sich aus der Kenntnis der Symptomatik sowie dem ätiologischen Verständnis der Ess-Störungen ab. Die Behandlung sollte dabei die in Tabelle 6 aufgeführten therapeutischen Bereiche abdecken. Neben den dort beschriebenen allgemeinen therapeutischen Interventionen müssen je nach individueller Symptomatik weitere Problembereiche bearbeitet werden (z. B. Komorbiditäten) (Fichter u. Warschburger, 1998).

Anforderungen an die Therapeutin

In der Regel werden sowohl die Therapie von Klientinnen mit Ess-Störungen als auch die Klientinnen an sich als »schwierig« bezeichnet. Begründungen dieser Attribution sind in der Fachliteratur jedoch rar. Herzog, T. und Zeeck (1997) sehen für Therapeutinnen in der Arbeit mit Essgestörten Klientinnen v. a. die Gefahr, zwischen folgenden Extremen zu oszillieren:

(a) Überbetonung vs. Vernachlässigung der Symptomatik,
(b) Inkonsequenz vs. Rigidität bzgl. der getroffenen Abmachungen,
(c) Aktionismus vs. Resignation angesichts der Symptomatik,
(d) Tolerieren zu schneller vs. zu langsamer Gewichtszunahme.

Als grundlegende Voraussetzung der Behandlung von Klientinnen mit Ess-Störungen beschreiben die Autoren (a) eine Auseinandersetzung der Therapeutin mit ihrem eigenen Frauenbild und frauenspezifischen Themen sowie (b) die Fähigkeit und Bereitschaft zur Auseinandersetzung mit heiklen Affekten und Motiven (z. B. Scham, Ekel, Macht). Ihrer Ansicht nach er-

schweren v. a. folgende, bei Klientinnen mit Ess-Störungen häufig anzutreffende Phänomene die Therapie:
(a) ambivalente oder schwankende Motivation,
(b) vordergründige Anpassung/Unterwerfung bzw. Charme der Klientin,
(c) große Sensibilität der Klientin für Gefühle ihres Gegenübers,
(d) Heimlichkeit, Manipulation, Lügen der Klientin in Bezug auf das Essverhalten sowie
(e) Druck durch die Klientin oder das System (z. B. Eltern, Schule).

Transparenz und Strukturiertheit spielen eine wesentliche Rolle in der Therapie. Der Klientin sollte ein Maximum an Eigenverantwortung gelassen werden. Von der Therapeutin werden v. a. Echtheit, Akzeptanz der Klientin und ein hohes Ausmaß an Geduld gefordert (Franke, 1994a; Herzog, T. u. Zeeck, 1997; Vanderlinden u. Vandereycken, 1997).

Schulenspezifische Interventionen

Kognitiv-behaviorale Ansätze

Die kurz- und langfristigen Erfolge der kognitiv-behavioralen Therapie (Cognitive-Behavioral Therapy, CBT) sind am besten evaluiert. Sie gilt in der Behandlung der Bulimie als Methode erster Wahl und konnte sich auch in der Anorexiebehandlung fest etablieren. Im Vergleich zu anderen Therapieprogrammen scheinen kognitiv-verhaltenstherapeutische Ansätze von den Klientinnen auch am ehesten akzeptiert zu werden (de Zwaan et al., 1996; Jacobi et al., 1996; Garner u. Needleman, 1997; Schmidt, 1997).

Die Interventionen basieren auf der kognitiven Therapie der Depression von Beck und Kollegen (1992). Neben kognitiven Techniken werden vorwiegend Methoden des Selbstmanagements angewandt (vgl. Kanfer, Reinecker u. Schmelzer, 1996). Die Therapie intendiert v. a. eine Modifikation der dysfunktionalen Kognitionen hinsichtlich Essen und Körpergewicht, eine Verbesserung von Selbstkonzept, Körperwahrnehmung und -akzeptanz sowie den Aufbau adäquater Coping-Strategien. Besondere Bedeutung kommt dabei der Eigenverantwortlichkeit der Klientin zu. Studienergebnisse deuten darauf hin, dass sich die CBT auch zur Behandlung der »Binge-Eating«-Störung eignet (Wilfley et al., 1993; Devlin, 1996).

Versteht man Ess-Störungen als konditionierte Reaktionen, die durch negative Verstärkung aufrechterhalten werden, so bestehen die entscheidenden Elemente der Therapie aus Expositionstraining und Reaktionsverhinderung. Der Einsatz streng verhaltenstherapeutischer (operanter) Methoden zur Gewichtsrestauration wird z. T. heftig diskutiert. Als ausschließliche therapeutische Intervention werden sie in der modernen Ess-Störungs-Therapie i. d. R. abgelehnt (Schmidt, 1997; Gerlinghoff u. Backmund, 1995; Franke, 1994a). Eine spezielle Form der »Cue Exposure«, die sich auf den Heißhunger auf bestimmte Nahrungsmittel bezieht, wird in der Therapie der Ess-Störungen seit den 80er Jahren eingesetzt. Diese Expositionsverfahren können sowohl ambulant als auch stationär durchgeführt werden, sollten jedoch in komplexe therapeutische Settings integriert werden (Neudeck, 1998). Eine Untergruppe der Klientinnen mit Bulimie scheint von Exposition und Reaktionsverhinderung im Rahmen kognitiv-verhaltenstherapeutischer Programme zu profitieren (Leitenberg, Rosen, Gross, Nudelman u. Vara, 1988, zitiert nach Laessle, 1998). Isoliert erwiesen sich rein übende, verhaltenstherapeutische Verfahren (z. B. alleinige Anwendung von Exposition und Reaktionsverhinderung) sowohl den kognitiv-verhaltenstherapeutischen Ansätzen als auch der Interpersonalen Psychotherapie (IPT) als signifikant unterlegen (Fairburn, Kirk, O'Connor u. Cooper, 1995, zitiert nach de Zwaan et al., 1996). So fanden Cooper und Steere (1995, zitiert nach de Zwaan et al., 1996), dass fast alle Klientinnen, deren Behandlung nur aus Exposition und Reaktionsverhinderung bestand, innerhalb eines Jahres einen Rückfall erlitten.

Psychodynamische Ansätze
Tiefenpsychologisch orientierte Verfahren haben eine lange Tradition und hohe praktische Relevanz in der Behandlung von Klientinnen mit Ess-Störungen (Jäger u. von Wietersheim, 1997). Sie werden in der Praxis immer häufiger im Rahmen multimodaler integrativer Ansätze angewandt (meist kombiniert mit kognitiv-behavioralen Methoden). Psychodynamische Kurzzeittherapien und Kombinationen konfliktzentrierter und symptombezogener Verfahren eignen sich nach Garner u. Needleman (1997) zur Behandlung der Klientinnen, die von anderen Therapieformen nicht ausreichend profitieren konnten. Nach Seide, Ernst, Reich und Cierpka (1995) ist eine Indikation zu tiefenpsychologisch fundierter Langzeittherapie immer dann gegeben, wenn »der [bulimischen] Symptomatik chronifizierte, lebensgeschichtlich bedingte Konfliktmuster zugrunde liegen, die nur in einer intensiven therapeutischen Beziehung erlebbar, verstehbar und auflösbar sind« (S. 114). Psychodynamische Therapien legen besonderen Wert auf die Ich-strukturelle Nachreifung der Klientin. Um dies zu erreichen, muss ihr die Therapeutin im Rahmen eines fördernden Beziehungsangebotes »korrigierende emotionale Erfahrungen« (Gerlinghoff u. Backmund, 1995, S. 4) ermöglichen. Der Fokus liegt dabei auf intrapsychischen und interpersonellen Konflikten, Beziehungsgestaltung und Selbstwerterleben (Reich, 1997;

Jäger u. von Wietersheim, 1997). Tiefenpsychologisch fundierte Therapien zeigen ein langsameres Wirkungsprofil, »die mittel- bis langfristige Wirksamkeit scheint dagegen ausgesprochen gut zu sein« (Jäger u. von Wietersheim 1997, S. 329). Die klassische Psychoanalyse gilt als ungeeignet zur Behandlung der Ess-Störungen (Vandereycken u. Meermann, 2000). Empirische Effizienzstudien sind rar und beschränken sich auf Kombinationstherapien oder jüngere tiefenpsychologisch orientierte, standardisierte und manualisierte Verfahren wie z. B. die »Supportive-Expressive Therapy« (SET) (Garner et al., 1993) oder die »Interpersonal Psychotherapy« (IPT) (Fairburn et al., 1991; Fairburn, Jones, Peveler, Hope u. O'Connor, 1993c). Die Ergebnisse bescheinigen der SET und IPT eine der CBT vergleichbare Verbesserung der bulimischen Symptomatik (de Zwaan et al., 1996; Jäger u. von Wietersheim, 1997). Kontrollierte Langzeitergebnisse existieren nur für die IPT, die langfristig offensichtlich stabile Effekte bei bulimischen Klientinnen bewirkt (Fairburn et al, 1995). Ziel dieser Therapieformen ist vorrangig der Aufbau eines besseren Selbstkonzeptes. Es wird dabei nicht direkt an der Veränderung des Essverhaltens und der verzerrten Einstellung zum Körper gearbeitet (Fairburn, 1997). In der Behandlung der Bulimie gilt dennoch die CBT als Methode erster Wahl, da sie eine schnellere Symptomverbesserung zu bewirken scheint und insgesamt durch empirische Studien besser abgesichert ist als die IPT (Agras, Walsh, Fairburn, Wilson u. Kraemer, 2000; Garner u. Needleman, 1997). Nach Garner und Needleman (1997) sollte die IPT bei bulimischen Klientinnen zum Einsatz kommen, die von einer CBT nicht genügend profitieren und bei denen interpersonale Probleme im Vordergrund stehen. Kognitiv-behaviorale Ansätze der Anorexie-Behandlung integrieren bereits viele Elemente der IPT.

Familientherapeutische Ansätze
Eine Familien- oder Paartherapie ist nach Seide et al. (1995) indiziert, wenn »familiäre oder in der Paarbeziehung wirksame Interaktionsmuster zur Entstehung und Aufrechterhaltung der (bulimischen) Symptomatik und der ihr zugrunde liegenden Konflikte beitragen« (ebd. S. 116). In der Therapie wird v. a. eine Modifikation der familiären bzw. partnerschaftlichen Interaktionsmuster angestrebt. Sie kann als Familientherapie oder -beratung mit der ganzen Familie oder relevanten Subgruppen des Familiensystems durchgeführt werden (Vandereycken, 1995). Eine Familientherapie ist nach Garner und Needleman (1997) die Methode erster Wahl bei anorektischen Klientinnen die höchstens 18 Jahre alt sind und noch zu Hause leben. Russell (1987) und Eisler (1992, zitiert nach Herzog, W., Kröger, Bergmann, u. Petzold, 1997, o. A. d. Q.) fanden, dass v. a. Klientinnen mit einem Störungsbeginn vor

dem 18. Lebensjahr und einer Störungsdauer von weniger als drei Jahren signifikant von einem familientherapeutischen Setting profitierten. Familien, die den Klientinnen eher negativ gegenüberstehen, profitieren anscheinend mehr von Beratungsgesprächen mit Subgruppen der Familie bzw. den Eltern. Ältere und bulimische Klientinnen profitieren tendenziell mehr von Einzelgesprächen (de Zwaan et al., 1996; Vandereycken et al., 1996; Herzog, T., 2000). Verschiedene Autoren vertreten die Ansicht, dass eine Einbeziehung der Familie in die Therapie der Klientinnen mit Anorexie oder Bulimie eine wesentliche Verbesserung der Ergebnisse bewirken kann. Da familien- oder paartherapeutische Interventionen meist notwendige, selten jedoch hinreichende Methoden einer erfolgreichen Behandlung (bulimischer) Ess-Störungen darstellen, sind sie i. d. R. Teil eines komplexen Behandlungsplans, in dem sie konstruktiv und flexibel eingesetzt werden sollten (Vanderlinden et al., 1992; Vandereycken, 1995; Seide et al., 1995).

Feministische Therapieansätze
Ein einheitliches feministisches Therapiekonzept für die Behandlung von Ess-Störungen existiert nicht. Die verschiedenen Ansätze sind vielmehr durch bestimmte theoretische Annahmen verbunden, die in der Therapie zum Tragen kommen. Sie betonen die Bedeutung des soziokulturellen Kontextes für die Entstehung und Behandlung der Ess-Störungen. Feministisch orientierte Therapeutinnen müssen sich ihrer persönlichen Wertesysteme, v. a im Hinblick auf das »Rollenverhalten der Geschlechter« (Gerlinghoff u. Backmund, 1995, S. 16), bewusst sein. Wesentliche (jedoch unspezifische) Aspekte feministischer Therapiekonzepte sind die Transparenz der Therapie und die Gleichberechtigung von Therapeutin und Klientin. Gerlinghoff und Backmund (1995) nennen als weitere »Forderungen der feministischen Therapie für den therapeutischen Prozess: [...] Anerkennung der Schwierigkeiten durch die mit der Geschlechtsrolle zusammenhängenden Determinanten, Übernahme der Verantwortung für Veränderung, Anerkennung von weiter gefassten Definitionen und Möglichkeiten der Geschlechterrollen« (ebd. S. 17). Im Rahmen der Therapie soll die individuelle Bedeutung des Schlankseins für die einzelne Klientin erarbeitet und das Essen bzw. Hungern durch alternative Verhaltensweisen ersetzt werden. Besondere Beachtung finden Themen wie Rollenerwartungen und -konflikte, Sexualität, Schön- und Schlankheitsideal, Schwierigkeiten in der Identitätsfindung und Viktimisierungserfahrungen. Große Bedeutung kommt der Körperarbeit sowie der Wahrnehmung und Artikulation eigener Wünsche und Bedürfnisse zu. Da überwiegend Frauen von Ess-Störungen betroffen sind, sollten frauenspezifische Ansätze ein elementarer Bestandteil aller Therapiekon-

zepte für Anorexie bzw. Bulimie sein. Inhalte feministischer Theorien und Therapien wurden dementsprechend auch in verschiedene Therapieansätze integriert. Besonders geeignet sind feministische Therapien vermutlich für die Arbeit mit körperlich oder sexuell misshandelten Klientinnen (Garner u. Needleman, 1997).

Pharmakotherapeutische Ansätze

Die medikamentöse Behandlung der Ess-Störungen wird kontrovers diskutiert. Kritiker argumentieren, sie verleugne die tiefer liegende Problematik der Klientinnen und beinhalte enorme Risiken – wie Missbrauch, Gewöhnung, unerwünschte Nebenwirkungen und hohe Rückfallraten –, jedoch nur geringe Erfolgsaussichten (Vandereycken et al., 1996; de Zwaan et al., 1996; Jacobi, et al., 1997). Metaanalysen bestätigen die Unterlegenheit der Pharmakotherapie mit Antidepressiva gegenüber der Psychotherapie (insbesondere der CBT) für Anorexie und Bulimie (Jacobi et al., 1997; Thiel, 1997). Demzufolge gilt »die Vorenthaltung einer Psychotherapie zugunsten einer alleinigen pharmakologischen Behandlung [...] nach heutigem Wissensstand [als] obsolet« (Köpp u. Wegscheider, 2000, S. 7). Pharmakologische Interventionen sollten wenn möglich stets mit einer Psychotherapie kombiniert werden. Bei einer Subgruppe der Klientinnen mit Bulimia nervosa oder »Binge-Eating«-Störung können mit einer entsprechenden Kombinationsbehandlung vermutlich gute Erfolge erzielt werden (Jimerson, Herzog, D. B., u. Brotman, 1999; Thiel, 1997). Dabei hat sich jedoch lediglich der Einsatz bestimmter Antidepressiva begrenzt bewährt. Im Rahmen der Therapie der Anorexie erwiesen sich medikamentöse Interventionen als nicht wirksam (Herzog, T., 2000).

Weitere therapeutische Ansätze

Einige Autoren verstehen v. a. bulimische Ess-Störungen als Ausdruck mangelnder Impulskontrolle. Ähnlichkeiten zwischen süchtigem und bulimischem Verhalten beschreiben z. B. Bemis (1985) und Vandereycken (1990, zitiert nach Vanderlinden et al., 1992). Entsprechend dieser Konzeptualisierung werden therapeutische Techniken und Modelle befürwortet, die sich in der Behandlung der Sucht bewährt haben. Es handelt sich dabei v. a. um Stimulus- und Selbstkontrolltechniken (Überblick bei Reinecker, 1986; Kanfer et al., 1996), das Erlernen eines gesunden Ernährungsverhaltens und gruppentherapeutische Programme (Vandereycken et al., 1996). Obwohl Ess-Störungen Charakteristika von Suchterkrankungen aufweisen, sind sie nicht mit ihnen identisch. Entsprechende Unterschiede müssen in der Therapie berücksichtigt werden: So kann z. B. das Ziel der Bulimie-Behandlung nicht die Abstinenz sein, sondern der gesunde Umgang mit Nahrung. Demzufolge gilt das »Non-Abstinenz-Modell« als angemessene Behandlung bulimischer Klientinnen – entgegen dem bei Substanzabhängigkeit präferierten »Abstinenz-Modell« (Meyer-Gutknecht et al., 1997; Vandereycken et al., 1996).

Zur Verbesserung der Körperwahrnehmung eingesetzte körperorientierte Verfahren, die größtenteils auf nonverbaler Ebene ansetzen, haben sich als Element heterogener Therapiemodelle gut bewährt und stellen einen wichtigen Zugang zu nicht linguistisch kodierten Erinnerungen dar. Es handelt sich dabei v. a. um

(a) die direkte Arbeit mit dem Körper, z. B. im Rahmen der konzentrativen Bewegungs- oder Tanztherapie,
(b) gestaltungs- oder kunsttherapeutische Ansätze zur Visualisierung und Modifikation des Körperbildes und
(c) imaginative Techniken wie z. B. das katathyme Bilderleben (Köpp u. Wegscheider, 2000; Jacoby, 1997). Seide et al. (1995) empfehlen, diese mitunter äußerst konfrontativen Verfahren nur nach sorgfältiger Indikationsstellung hinsichtlich der Stabilität der Klientinnen und in Kombination mit mindestens einem weiteren Therapieverfahren einzusetzen.

Binge-Eating-Störung[4]

Das DSM-III (APA, 1980) deklarierte »binging« noch als ein zentrales Merkmal der BN. In der klinischen bzw. therapeutischen Praxis wurde das Störungsbild »Ess-Sucht« jedoch schon seit einiger Zeit von anderen Ess-Störungen abgegrenzt (Hänsel, 1985; Feistner, 1995). Auf Anregung amerikanischer Psychologen hin wurde, nach kontroversen Diskussionen in der Fachwelt, die so genannte »Binge-Eating«-Störung im DSM-IV (APA, 1994) als neue nosologische Einheit eingeführt und Forschungskriterien für

Tabelle 7: *Unterschiedliche Prävalenzraten der Binge-Eating-Störung*

Strichprobe	Prävalenz
Allgemeinbevölkerung (Normalgewicht)	0,7–4%
Allgemeinbevölkerung (BMI ≥ 27.5)	4–10%
Teilnehmer an Gewichtsreduktionsprogrammen	ca. 30%
Overeaters Anonymous	über 70%

Vgl. Spitzer, Devlin., Walsh u. Hasin, 1992; Spitzer, Yanovski, Wadden u. Wing, 1993; APA, 1994; Gotestam u. Agras, 1995

weitere Studien definiert. Die empirischen Erkenntnisse hinsichtlich »Binge-Eating«-Störung sind bislang relativ unbefriedigend. Es existiert weder eine einheitliche Konzeptualisierung der BED noch verbindliche Diagnosekriterien oder eine allgemein anerkannte Terminologie. Die Diagnosekategorie der BED ist weiterhin umstritten (de Zwaan, 2000; Herpertz, 2000; Williamson u. Martin, 1999; Fichter u. Warschburger, 1998). Die *Symptomatik* der »Binge-Eating«-Störung ist gekennzeichnet durch rezidivierende Heißhungeranfälle, die wahrscheinlich denen der Bulimia nervosa entsprechen und ebenfalls mit deutlichem Leidensdruck verbunden sind. Anders als bei der Bulimie setzen die Betroffenen jedoch keine regelmäßigen[5] kompensatorischen Maßnahmen zur Gewichtsregulation ein.
Wegen der relativen Neuheit der Diagnosekriterien wurden Ätiologie, Prävalenz, Geschlechtsverteilung, Risikopopulation, Verlauf, Prognose und Therapie der »Binge-Eating«-Störung erst in wenigen Studien gezielt erforscht (z. B. Fichter, Quadflieg u. Brandl, 1993; Fichter, Quadflieg u. Gnutzmann, 1998; Kinzl, Traweger, Trefalt u. Biebl, 1998; Nangle, Johnson, Carr-Nangle u. Engler, 1994). Die vorliegenden Ergebnisse können noch nicht als gesichert bezeichnet werden. Bislang ermittelte Prävalenzraten erwiesen sich als äußerst stichprobenabhängig. Tabelle 7 fasst sie zusammen.

Williamson und Martin (1999) sichteten die Forschung in Bezug auf »Binge-Eating«-Störung seit 1994 und fanden, dass in neueren Studien lediglich 3% der Personen mit Adipositas, die an Gewichtsreduktionsprogrammen teilnahmen und 1% der Allgemeinbevölkerung eine Binge-Eating-Störung entsprechend den im DSM-IV (APA, 1994) definierten Forschungskriterien aufwiesen. Nach Angaben der APA (1998) sind Frauen 1,5-mal häufiger als Männer von der »Binge-Eating«-Störung betroffen. Spezifische ätiologische Konzepte der »Binge-Eating«-Störung existieren bislang nicht. Annahmen zufolge entspricht die Pathogenese den Erklärungsansätzen der Bulimia nervosa. »Diät-Halten« oder »restraint eating« spielt vermutlich eine entscheidende Rolle in der Ätiologie der BED (Pudel u. Westenhöfer, 1998; Eder, 1996; Kinzl et al., 1998).
Über den Verlauf der Störung ist ebenfalls noch wenig bekannt. Ihr Beginn liegt wahrscheinlich meist in der späten Adoleszenz oder dem Beginn des dritten Lebensjahrzehnts (APA, 1998). Fichter et al. (1998) fanden nach einem sechsjährigen Katamnesezeitraum bei 57,4% der Vpn ein gutes, bei 35,3% ein mittelmäßiges, bei 5,9% ein schlechtes Outcome; 1,4% starben. Bei einigen Klientinnen kam es zu einem Symptomshift von »Binge-Eating«-Störung zu Bulimia nervosa oder ED-NOS (Eating Disorder Not Otherwise Specified). Die Autoren fanden, dass Klientinnen mit »Binge-

Eating«-Störung und Bulimie (»Purging«-Typus) mittel- und langfristig sehr ähnliche Verläufe aufwiesen. Eine ungünstige Prognose muss vermutlich denjenigen gestellt werden, deren »Binge-Eating«-Störung stark ausgeprägt ist und früh begonnen hat. Frühzeitige therapeutische Interventionen verbessern anscheinend die Aussichten auf einen günstigen Verlauf (vgl. Agras, Telch, Arnow u. Eldredge, 1995; Mussel et al., 1995, zitiert nach Eder, 1996).

Zwischen der Binge-Eating-Störung und anderen Ess-Störungen (v. a. der »non-purging« Bulimia nervosa) existieren Überschneidungen (Fairburn, Walsh, Spitzer u. Hasin, 1993b, zitiert nach de Zwaan, 2000). Den Versuch einer Abgrenzung zur Bulimia nervosa (»Non-purging«-Typus) unternahmen u. a. Santonastaso, Ferrara und Favaro (1999). Sie fanden, dass Klientinnen mit »Binge-Eating«-Störung hinsichtlich psychopathologischer Charakteristika eine heterogenere Gruppe bildeten und seltener anorektische Episoden hinter sich hatten als Klientinnen mit Bulimia nervosa (»Non-purging«-Typus). Generelle Unterschiede zwischen Bulimie und »Binge-Eating«-Störung werden in der Tabelle 8 zusammengefasst.

Tabelle 8: *Unterschiede zwischen Bulimia nervosa und Binge-Eating Störung nach Sass, Wittchen u. Zauding (1999)*

Merkmal	»Binge-Eating«-Störung	Bulimia nervosa
Stringente kompensatorische Maßnahmen	nicht vorhanden	vorhanden
Geschlechtsverteilung	w : m = 3 : 2	w : m = 10 : 1
Altersverteilung	wahrscheinlich keine Altersgipfel	Altersgipfel (vgl. Tab. 2)

Infolge des »Binging« können Fettleibigkeit in unterschiedlichen Ausprägungsgraden und verschiedene, zum Teil gewichtsbedingte, körperliche Folgeerscheinungen auftreten. »Binge-Eating« findet sich häufig im Zusammenhang mit Adipositas, wobei zwischen übergewichtigen[6] Klientinnen mit und ohne Essanfälle signifikante Unterschiede gefunden wurden (de Zwaan, 2000; Williamson u. Martin, 1999). Erste Studien deuten darauf hin, dass »binging« positiv korreliert mit höherem BMI und geringen Erfolgen der Adipositas-Therapie (z. B. Marcus, Wing u. Hopkins, 1988). Darüber hinaus fanden Studien bei adipösen Personen mit einer »Binge-Eating«-Störung (verglichen mit adipösen Personen ohne Binge-Eating-Störung) mehr komorbide psychische Störungen (v. a. depressive Störungen, Angst- und Persönlichkeitsstörungen), stärker ausgeprägte Kör-

perwahrnehmungsstörungen, deutlichere Einschränkung im Sozialverhalten und größere Schwierigkeiten der affektiven Strukturierung und Regulierung (Marcus, 1993; Prather u. Williamson, 1988; Mussell et al., 1996; Pudel u. Westenhöfer, 1998; Herpertz, 2000).
Behandlungsansätze, die sich in der Therapie der Bulimie bewährt haben, sind allem Anschein nach auch als Interventionen bei der »Binge-Eating«-Störung geeignet. Es handelt sich dabei v. a. um kognitiv-verhaltenstherapeutische und interpersonale Ansätze (vgl. Telch et al., 1990; Smith, Marcus u. Eldredge, 1994; Fairburn, Marcus u. Wilson, 1993a). Entsprechende Adaptationsvorschläge finden sich z. B. bei Marcus (1997).

Adipositas

Begriffsklärung und Beschreibung

Die AD wird im DSM-IV (APA, 1994) nicht als diagnostische Kategorie aufgeführt, da sie im Allgemeinen nicht als psychische Störung verstanden wird (Laessle, 1998; Fichter u. Warschburger, 1998; Wirth, 2000; APA, 1998). Eine mögliche Beziehung zwischen Adipositas und psychopathologischen Faktoren wird kontrovers diskutiert, wobei folgende Positionen vertreten werden:
(a) Zwischen beiden Phänomenen existiert keine Verbindung,
(b) psychische Störungen/Beeinträchtigungen sind Folgen des extremen Übergewichts oder
(c) bei einigen Personen besteht ein (nicht kausaler) Zusammenhang zwischen psychopathologischen Faktoren und Adipositas (Sansone, Sansone u. Fine, 1995).
Die Klassifikation von Unter- bzw. Übergewicht erfolgt i. d. R. anhand des BMI. Fälschlicherweise wird der Begriff Adipositas oft synonym für Übergewicht verwendet. Tatsächlich sollte der Begriff Adipositas erst ab einem BMI von 30 verwendet werden. Das Mortalitäts- und Morbiditätsrisiko adipöser Personen ist erheblich gesteigert, wobei das Gesundheitsrisiko wesentlich durch die Verteilung der Fettmasse am Körper beeinflusst wird. Darüber hinaus ist die körperliche und soziale Funktionsfähigkeit bei vielen Betroffenen erheblich eingeschränkt: Selbstwertgefühl und Zufriedenheit sind häufig vermindert, und auch in Schule, Beruf, Ausbildung und bei der Partnersuche wirkt sich die Adipositas vielfach negativ aus. Relativ häufig werden Personen mit Adipositas diskriminiert und mit Vorurteilen konfrontiert; nicht selten erleben Betroffene die psychosozialen Nachteile be-

lastender als die organischen (Wirth, 2000; Ullrich, 2000). Leidensdruck und der Wunsch nach Behandlung bestehen bei adipösen Individuen nicht »zwangsläufig« aufgrund der Symptomatik, sondern werden oft entscheidend durch das soziokulturelle Schlankheitsideal und die bisweilen erhebliche soziale Stigmatisierung beeinflusst. Betroffene mit deutlichem Leidensdruck befinden sich häufig in einem Teufelskreis aus restriktivem Essverhalten und Heißhungerattacken, nach denen es auch zu Erbrechen kommen kann. Die subjektiv erlebte mangelnde Impulskontrolle führt meist zu Selbstabwertung und Schuldgefühlen, die durch die Reaktionen der Umwelt noch verstärkt werden. Dies kann zu Ablehnung und Hass gegenüber dem eigenen Körper oder der eigenen Person führen. Folgen wie sozialer Rückzug, fehlende positive Verstärker neben dem Essen und vermehrter Einsatz von Essen als Problembewältigungsversuch können aus den genannten Schwierigkeiten resultieren (DHS, 1997; Wirth, 2000; Fichter u. Warschburger, 1998; Laessle, 1998).

Epidemiologie und Verlauf

In verschiedenen Studien wurde Adipositas bei 9 bis 25% der Frauen und 10 bis 19% der Männer nachgewiesen (DHS, 1997), wobei Vertreter niedrigerer sozialer Schichten überproportional häufig vertreten waren (Verhältnis 6 : 1) (DHS, 1997). Die höchste Prävalenzrate findet sich in der Altersgruppe der 45- bis 65-jährigen. Bei Frauen besteht – im Gegensatz zu Männern und Kindern – eine inverse Beziehung zwischen sozialer Schicht und Adipositas. Diese ist über das Alter nicht konstant: Präpubertär sind Mädchen aus mittleren und höheren Schichten meist besser genährt als Mädchen aus niedrigeren sozialen Schichten; postpubertär sind mehr Frauen aus ärmeren Verhältnissen übergewichtig. Generell scheint der Anteil übergewichtiger Mädchen mit zunehmendem Alter zu sinken, wohingegen bei Jungen ein gegensätzlicher Trend beobachtet werden kann (Stunkard u. Pudel, 1996; Sobal u. Stunkard, 1989; Herpertz, 2000).

Die Adipositas wird heute als chronische Störung verstanden (Wirth, 2000; Fichter u. Warschburger, 1998). Ihre Therapie gilt als äußerst langwierig. Kurzfristige Ergebnisse sind oft unbefriedigend, und die Langzeiterfolgsquote ist selbst bei komplexen Therapieprogrammen häufig extrem schlecht. Gesicherte Prognosefaktoren für eine erfolgreiche Gewichtsreduktion liegen derzeit nicht vor (Laessle, 1998; Ullrich, 2000). Vermutlich erweist sich ein hohes Ausmaß an kognitiver Kontrolle (u. a. restriktives Essverhalten) verbunden mit geringer Tendenz zum Kontrollverlust als günstig – in Verbindung mit einer Tendenz zum Kontrollverlust gilt ein hohes Ausmaß kognitiver Kontrolle dagegen als Risikofaktor für eine Bulimie oder »Binge-Eating«-Störung (Herpertz, 2000). Als ungünstige Prädiktoren für den Therapieverlauf und einen dauerhaften Therapieerfolg wurden u. a. hohes Alter, häufige Diätversuche in der Vorgeschichte, beeinträchtigte Beweglichkeit, Manifestation der Adipositas in der Kindheit, niedriger Sozialstatus, mangelnde soziale Einbindung, Unverständnis im familiären Umfeld und fehlender Leidensdruck beschrieben (Vanderlinden u. Vandereycken, 1994; Wirth, 2000).

Ätiologie

Es existiert kein einheitliches Modell zur Erklärung der Entstehung und Aufrechterhaltung der Adipositas. Verschiedene Annahmen mussten verworfen werden, da sie empirischen Prüfungen nicht standhielten. Die Adipositas wird heute meist als heterogene polygenetische Erkrankung verstanden, deren phänotypische Ausprägung erheblich durch Umweltfaktoren beeinflusst wird. Die Vorstellung, Adipositas sei psychisch bedingt, trifft in den seltensten Fällen zu. Auch die triviale Erkenntnis, dass Übergewicht die Folge einer positiven Energiebilanz sei, trägt wenig zu Verständnis und Behandlung der Adipositas bei. Vielmehr geht man heute davon aus, dass die Vererbung der Disposition für eine Adipositas wesentlich an der Ätiologie beteiligt ist (vgl. Fichter u. Warschburger, 1998; Stunkard u. Pudel, 1990; Wirth, 2000; Pudel u. Westenhöfer, 1998). Faktoren, denen vermutlich ätiologische Bedeutung zukommt, werden in Tabelle 9 genannt.

Tabelle 9: *Ätiologische Faktoren der Adipositas*

Faktoren	Beschreibung
Genetisch-metabolisch	Grundumsatz, chromosomale Störungen, endokrine Störungen etc.
Umwelt	Wiederholte Diäten (»Yoyo-Dieting«), Präferenz fettreicher, süßer Nahrung, erhöhter Alkoholkonsum, Bewegungsmangel, restriktives Essverhalten etc.

Vgl. Ullrich, 2000; Rief, 1993; Wirth, 2000

Psychologische Erklärungsansätze beziehen sich v. a. auf Lernprozesse (v. a. klassische oder operante Konditionierung, soziokulturelle Normen sowie Gewohnheiten), emotionale Komponenten (z. B. psychische Belastungen) und kognitive Prozesse (z. B. Wissen, Informationen, Einstellungen), die an der Entstehung der Adipositas mitwirken. Bislang existiert nur wenig gesichertes Wissen über die Bedeutung psychischer Faktoren für die Entstehung der Adipositas (Ullrich, 2000). Sie liegen der AD vermutlich nur bei einer Subgruppe zugrunde. Nach Fichter und Warschburger (1998) reagieren Personen, bei denen psychische Faktoren ätiologisch relevant sind, sog. »emotional overeaters« (ebd. S. 475), auf dysphorische Stimmungslagen mit »Frust-Essen« und weisen Störungen der Hunger- und Sättigungswahrnehmung auf. Als charakteristisch für Personen, deren Adipositas v. a. durch psychische Faktoren bedingt wurde, gelten u. a. folgende funktionale Aspekte von Nahrungsaufnahme und Körperumfang: Essen zur Bekämpfung unangenehmer Gefühle, Dicksein als emotionaler Schutz und zur Abgrenzung oder Essen als einzig wirksamer positiver Verstärker (vgl. Fichter u. Warschburger, 1998; DHS, 1997).

Therapie

Unter dem Begriff »Adipositastherapie« existiert eine unüberschaubare Vielfalt an Methoden und Maßnahmen, deren wissenschaftliche Fundierung nicht immer gewährleistet ist (Pudel u. Westenhöfer, 1998). Bei mäßigem Übergewicht sollten die Vor- und Nachteile gewichtsreduzierender Maßnahmen sorgfältig abgewogen werden, da Reduktionsdiäten im Rahmen der Adipositas-Therapie als Risikofaktoren der Bulimia und Anorexia nervosa diskutiert werden (Ullrich, 2000; Wooley u. Wooley, 1984, zitiert nach Laessle, 1998). Das Vorliegen einer medizinischen Behandlungsindikation muss bei Klientinnen mit Adipositas in jedem Fall geklärt werden (vgl. DHS, 1997). Die Therapie sollte multifaktoriell und interdisziplinär gestaltet werden. Interventionen zur Gewichtsreduktion lassen sich grob unterteilen in diätetische Maßnahmen, Bewegungstherapie, Psychotherapie, medikamentöse Therapie und operative Eingriffe (Ullrich, 2000; Wirth, 2000). Die einzelnen therapeutischen Maßnahmen müssen entsprechend der individuellen Bedürfnisse kombiniert werden. Eine Kombination von Verhaltenstherapie, Ernährungsumstellung und Bewegungstherapie scheint nach heutigen Kenntnissen langfristig am effektivsten (Ullrich, 2000; Wirth, 2000; Pudel, 1997). Die Verhaltenstherapie gilt als »etablierte und effektive Methode zur Gewichtsreduktion« (Wirth, 2000, S. 262). Methoden der Selbstmanagement-Therapie (vgl. Kanfer, Reinecker, Schmelzer, 1996) sind offensichtlich besonders gut geeignet. Nach Wirth (2000) kann die Adipositas-Therapie prinzipiell als Verhaltensmodifikation bezeichnet werden, da die Klientinnen i. d. R. keine psychischen Störungen aufweisen. Elemente der Verhaltensmodifikation sind Selbstbeobachtung, Selbstbewertung, flexible Selbstkontrolle, Stimuluskontrolle, Ernährungsberatung, kognitive Umstrukturierung, Verstärkungstechniken, Aktivierung sozialer Unterstützung, Training sozialer Kompetenzen und Rückfallprophylaxe (Wirth, 2000; Ullrich, 2000; Pudel u. Westenhöfer, 1998). In Einzelfällen können psychodynamische Therapieformen indiziert sein. Alleinige Veränderungen von Selbstwahrnehmung und Selbstkonzept sind für eine dauerhafte Gewichtsreduktion allerdings in den seltensten Fällen ausreichend (Wirth, 2000). Grundsätzlich sollten die individuellen, prädisponierenden, auslösenden und aufrechterhaltenden Faktoren im Rahmen der Therapie analysiert und gegebenenfalls bearbeitet werden (Ullrich, 2000).

Darüber hinaus ist es wichtig, dass im Rahmen der Therapieprogramme das Auftreten »schädlicher Nebenwirkungen« der Therapie an sich überwacht wird (z. B. psychische Auswirkungen massiver Kalorienrestriktion; vgl. Ullrich, 2000; Wirth, 2000).

Die Autorin

Susanne Haller, Dipl. Psych., Jahrgang 1975, Studium der Psychologie in Bamberg, Diplom-Psychologin bei der AWO Frühförderungsstelle, Kulmbach.

Anmerkungen

1 Das folgende Kapitel ist Teil einer Diplomarbeit (Haller, S. (2002)), die am Lehrstuhl für klinische Psychologie/Psychotherapie der Otto-Friedrich-Universität Bamberg angefertigt wurde.
2 Der Umfang der dabei aufgenommenen Nahrungsmenge wurde bislang nicht verbindlich definiert.
3 Die vorliegende Arbeit nennt Veröffentlichungen von drei verschiedenen Autoren mit dem Namen Herzog. Um Verwechslungen vorzubeugen, wird der jeweilige Anfangsbuchstabe des ersten Vornamens ergänzt, wenn einer dieser drei der Erstautor ist.
4 Bislang existiert weder eine allgemein anerkannte deutsche Übersetzung noch eine verbindliche Definition für »Binge-Eating«-Störung, »binging« oder »binging eating«.
5 »Regelmäßig« wurde ebenfalls noch nicht einheitlich operationalisiert.
6 Begriff aus Originaltext übernommen, wobei nicht eindeutig war, ob adipös oder übergewichtig gemeint ist. Wenn im folgenden Text die Bezeichnung »übergewichtig« verwendet wird, so wurde der Begriff aus dem Originaltext übernommen, wobei nicht klar war, ob übergewichtig oder adipös gemeint war.

Die Bedeutung sexueller Kindesmisshandlung für die ambulante Therapie von Ess-Störungen[1]
Susanne Haller

Eine Befragung von Therapeutinnen

Es besteht weitgehend Einigkeit darüber, dass sich die Therapie von (essgestörten) Klientinnen[2], die in der Kindheit sexuell misshandelt wurden, von der Arbeit mit (essgestörten) Klientinnen mit anderen Belastungsfaktoren unterscheidet und i. d. R. unter erschwerten Bedingungen verläuft. Systematische Erörterungen dieser Besonderheiten liegen bislang jedoch nicht vor, und therapeutische Konzepte, die traumatischen Erfahrungen im Rahmen der Therapie von Ess-Störungen Rechnung tragen, sind rar.
Im Rahmen einer Diplomarbeit, die am Lehrstuhl für Klinische Psychologie/Psychotherapie der Otto-Friedrich-Universität Bamberg angefertigt wurde, sollte deshalb die therapeutische Arbeit dieser Klientinnengruppe näher beleuchtet werden. Ziel der Arbeit war die systematische Auseinandersetzung mit dem individuellen Erfahrungswissen von Therapeutinnen unterschiedlicher Therapieschulen in Bezug auf Symptomatik und Therapieverlauf sexuell misshandelter Klientinnen mit Ess-Störungen, insbesondere im Hinblick auf mögliche Besonderheiten der Arbeit mit diesem Klientel. Zu diesem Zweck wurden Therapeutinnen, die in ambulanten Institutionen schwerpunktmäßig essgestörte Klientinnen behandeln, mittels Fragebogen über ihre Erfahrungen im Hinblick auf Besonderheiten der Therapie sexuell misshandelter Klientinnen mit Ess-Störungen befragt.
Das Forschungsinteresse richtete sich auf drei zentrale Themenkomplexe, zu denen die Therapeutinnen näher befragt werden sollten:
(1) Ihre Annahmen über Symptomausprägung und Symptomverlauf,
(2) ihre handlungsrelevanten Konzepte und konkreten Vorgehensweisen bei der Gestaltung des Therapieverlaufs sowie auf
(3) ihre subjektiven Einschätzungen der Interaktionscharakteristika.
Schließlich sollte untersucht werden, ob sich Vertreter unterschiedlicher Therapieschulen im Hinblick auf die Angaben zu Therapieprozess und therapeutischer Interaktion unterscheiden.

Entsprechend der relativ unstrukturierten Datenlage, dem erst schwach entwickelten theoretischen Ansatz in Bezug auf die dargestellte Thematik und der Tatsache, dass keine vergleichbaren Studien existieren, handelt es sich bei der vorliegenden Arbeit um eine explorative Untersuchung. Diese sollte es ermöglichen, Hypothesen für den therapeutischen Prozess und Anhaltspunkte für vertiefende Studien zu generieren. Aus den mit Hilfe eines Fragebogens (ein Muster des Fragebogens kann bei der Autorin abgefordert werden) ermittelten Daten lassen sich einige Hinweise für die therapeutische Arbeit ableiten, die im Rahmen dieses Kapitels dargestellt werden sollen. Die Ergebnisse dürfen jedoch keinesfalls generalisiert werden, da sie auf subjektiven Bewertungsprozessen der befragten Therapeutinnen basieren.

Die Fokussierung auf CSA (Child Sexual Abuse) basiert weder auf der Annahme kausaler Zusammenhänge zwischen CSA und Ess-Störungen noch auf der Annahme, dass sexuellen Misshandlungen in der Kindheit unbesehen mehr Bedeutung für Ätiologie und Therapie der Ess-Störungen beigemessen werden sollte als anderen Belastungsfaktoren in der Biographie der Klientinnen.

Einschätzungen von CSA-Prävalenz, Symptomausprägung und Symptomverlauf

Aus den Angaben der Studienteilnehmerinnen wird unmittelbar deutlich, dass Therapeutinnen, die schwerpunktmäßig Klientinnen mit Ess-Störungen behandeln, in ihrer täglichen Arbeit auf sexuell traumatisierte Frauen vorbereitet sein sollten. Nach Angaben der befragten Therapeutinnen wurde ungefähr ein Drittel der essgestörten Klientinnen in der Kindheit Opfer sexueller Gewalt. Daraus leitet sich die Forderung nach einer fundierten Aus- und Weiterbildung auf dem Gebiet der Psychotraumatologie sowie einer Bereitschaft der Therapeutinnen zur Auseinandersetzung mit der CSA-Problematik ab.

Im Hinblick auf die zur Einschätzung vorgegebenen Phänomene beschrieben die Therapeutinnen einige relevante Unterschiede zwischen Klientinnen mit und ohne sexuelle Missbrauchserfahrungen, die darauf hindeuten, dass die Therapie von sexuell misshandelten Klientinnen mit Ess-Störungen unter erschwerten Bedingungen verläuft. Unterschiede sahen sie am deutlichsten in einer stärkeren Symptombelastung der sexuell misshandelten Klientinnen. Diese besteht ihnen zufolge jedoch nicht im Hinblick auf die Ausprägung der Kernsymptome der Ess-Störung, sondern vielmehr in Form einer deutlich stärker ausgeprägten assoziierten Psychopathologie in Form unspezifischer Symptome und spezifischer komorbider psychischer Störungen. Als Bereiche, in denen sexuell misshandelte essgestörte Klientinnen meist stärker belastet sind, kristallisierte sich die negative Einstellung zum eigenen Selbst, Defizite in der Selbstregulationsfähigkeit, interpersonelles Misstrauen und erhöhte Probleme im Hinblick auf das Erkennen, Setzen und Einhalten von Grenzen heraus.

Im Rahmen der Informationserhebung und Beurteilung der Klientin genügt es deshalb ganz offensichtlich nicht, lediglich Angaben über Ess-Störungsspezifische Symptome zu erheben. Aufgrund der deutlich erhöhten Symptombelastung der Klientinnen mit CSA-Erfahrungen sollten nicht Ess-Störungsspezifische Symptome und komorbide psychische Störungen bei ihnen besonders aufmerksam abgeklärt werden. Die multiple Symptombelastung lässt fundierte diagnostisch-therapeutische Kenntnisse im Hinblick auf die unterschiedlichsten Störungsbilder ebenso erforderlich erscheinen wie ein erhöhtes Ausmaß sozialer und fachlicher Kompetenz der Therapeutin. Inwiefern Therapeutinnen zur Erhebung von Informationen über traumatische Erfahrungen, traumaspezifische Störungsmuster oder komorbide Symptome (halb-)standardisierte Interviews oder Fragebögen einsetzen, wie sie z. B. von Teegen (2001) oder Connors (2001) genannt werden, ist abhängig von ihren individuellen Präferenzen. Empfehlenswert erscheint es, als Therapeutinnen mit diesen Instrumenten vertraut zu sein um darin enthaltene Fragestellungen flexibel anwenden zu können.

Relevant erscheint auch die Erfahrung der Therapeutinnen, dass sexuell misshandelte essgestörte Klientinnen meist mehr Therapieerfahrung, insbesondere im Hinblick auf andere ambulante Psychotherapieversuche, mitbringen. Da die Klientin der Therapie und der Therapeutin aufgrund der vorausgegangenen Therapien (v. a. wenn diese wenig erfolgreich waren) möglicherweise voreingenommen gegenübersteht, sollten diesbezügliche Erfahrungen und Erwartungen der Klientin im Rahmen der Therapie möglichst frühzeitig angesprochen und geklärt werden. Generell deutet die höhere Anzahl an Therapieversuchen darauf hin, dass die Therapiebedingungen für Klientinnen mit traumabezogenen Ess-Störungen möglicherweise noch nicht spezifisch genug sind, um eine Bewältigung der komplexen traumabezogenen Störungsmuster zu ermöglichen. Diese Vermutungen äußerten bereits Teegen und Cerney-Seeler (1998), die fanden, dass sexuell misshandelte Klientinnen mit traumabezogenen Ess-Störungen signifikant häufiger eine oder mehrere Psychotherapien hinter sich hatten als sexuell misshandelte Frauen ohne Ess-Störungen.

Der Therapieprozess

Informationserhebung

Wie an anderer Stelle in diesem Buch bereits beschrieben wurde, sollte der Klientin in der Therapie die Möglichkeit gegeben werden, über (sexuelle) Misshandlungserfahrungen zu sprechen, ohne dass sie dieses Gespräch selber initiieren muss. Dies geschieht am besten, indem die Therapeutin die Thematik routinemäßig und transparent zu Beginn der Therapie anspricht. Die Ergebnisse der Befragung deuten jedoch darauf hin, dass sich dieses Vorgehen in der Praxis noch nicht im erwünschten Maße durchgesetzt hat. Von den befragten Therapeutinnen integriert nur jede Dritte Fragen nach CSA-Erfahrungen der Klientin in die routinemäßige Informationserhebung zu Beginn der Therapie. Die meisten von ihnen thematisieren CSA nur dann, wenn sie den Verdacht haben, dass dies für die Klientin relevant ist, d. h. wenn sie vermuten, dass diese in der Kindheit selbst Opfer sexueller Misshandlungen geworden ist. In beiden Fällen favorisierten die Therapeutinnen mitunter ein indirektes Ansprechen der Missbrauchsproblematik (z. B. in Form von Geschichten oder der Frage nach besonders belastenden Lebenserfahrungen). Das Ansprechen sexueller Misshandlungserfahrungen nur bei Verdacht erscheint allerdings problematisch. Da es keine Symptome oder Verhaltensweisen gibt, die spezifisch für CSA sind und deshalb verlässlich auf entsprechende Erfahrungen der Klientin hinweisen, sind die Therapeutinnen bei diesem Vorgehen ganz auf ihre Erfahrungen, Intuitionen und ihr klinisches Urteilsvermögen angewiesen. Auch wenn man annimmt, dass dies alles gut ausgeprägt ist, besteht doch die Gefahr, dass bis zum Entschluss der Therapeutin, das Thema »sexueller Missbrauch« anzusprechen, wichtige Zeit der Therapie verstreicht. Wie der erste Teil des Fragebogens bestätigte, können bei Klientinnen mit CSA-Erfahrungen Probleme und Symptome erwartet werden, die weit über die »allgemeine« Ess-Störungs-Symptomatik hinausgehen. Für eine korrekte Diagnose und adäquate Behandlung wäre es deshalb erforderlich, Informationen über CSA-Erfahrungen (ebenso wie über andere belastende oder traumatische Erfahrungen) der Klientin zu erheben. So kann z. B. eine Gewichtsab- oder -zunahme aufgrund assoziierter Faktoren (z. B. Einsetzen der Periode, Entwicklung weiblicher Formen) mit traumabezogenen Ängsten verbunden sein, die die Therapeutin richtig einordnen muss, um ihnen adäquat zu begegnen. Die Relevanz entsprechender Fragen wird deutlich, wenn man bedenkt, dass vermutlich ca. ein Drittel des Klientels der auf die Behandlung von Ess-Störungen spezialisierten Therapeutinnen in der Kindheit sexuell misshandelt wurde. Es ist durchaus denkbar, dass sie auf diese Weise von sexuellen Misshandlungen bei einer noch größeren Klientinnengruppe erfahren würden.

Ihr abwartendes Verhalten begründen die befragten Therapeutinnen damit, dass sie die Klientin nicht durch ein zu frühes Ansprechen der Misshandlungen überfordern oder retraumatisieren wollen. Nach Woltereck (1994) drückt diese Haltung eine erhöhte Achtung der Autonomie der Klientin aus und ermöglicht es, die Klientin in der Therapie ihren eigenen Weg und ihr eigenes Tempo finden zu lassen. Das eine schließt das andere jedoch nicht aus. So bedeutet die Tatsache, dass eine Therapeutin die Misshandlungsthematik zu Beginn der Therapie anspricht, noch lange nicht, dass diese sofort ins Zentrum der Therapie rücken muss. Vielmehr soll es der Klientin signalisieren, dass die Therapeutin bereit und kompetent ist, auch diese Problematik mit ihr zu bearbeiten.

»Stellenwert« der Missbrauchsproblematik in die Therapie

Im Hinblick auf den Stellenwert, den die Missbrauchsproblematik im Rahmen der Therapie einnimmt, ließen sich nur einige übergeordnete Prinzipien erfassen, da das Studiendesign die Komplexität des therapeutischen Vorgehens und die Individualität der einzelnen therapeutischen Prozesse sehr stark vereinfachte.

Zum Ausdruck kam jedoch sowohl die Ablehnung der Annahme monokausaler oder spezifischer Zusammenhänge zwischen CSA und Symptomatik oder CSA und Therapieprozess als auch die Ablehnung der Annahme, allein durch eine Integration der traumatischen Erfahrungen die Ess-Störung zu »heilen«. Sehr deutlich klang an, dass die Therapeutinnen die Missbrauchserfahrungen und die Symptome der Ess-Störung als miteinander vernetzte Aspekte eines komplexen Gefüges betrachten, die gemeinsam bearbeitet werden müssen. Ein symptomzentriertes Vorgehen erscheint ihnen ebenso unangemessen wie eine Fokussierung auf die sexuellen Misshandlungen. Dementsprechend streben nur wenige Therapeutinnen eine Reduktion der Ess-Störungssymptomatik an, bevor sie die Missbrauchsproblematik[3] thematisieren. Die meisten befürworten vielmehr ein individuums- und prozessorientiertes Vorgehen, das sich primär nach den individuellen Bedürfnissen und Ressourcen der einzelnen Klientin richtet.

Zu Beginn der intensiveren therapeutischen Auseinandersetzung mit den Missbrauchserfahrungen verschlechtert sich nach Erfahrung der befragten Therapeutinnen bei den meisten Klientinnen sowohl die Kernsymptomatik der Ess-Störung als auch die assoziierte Symptomatik.

Die Bedeutung der Aufarbeitung des CSA für einen stabilen Symptomrückgang lässt sich nach Ansicht der meisten Therapeutinnen nur individuell bewerteten. In der Fachliteratur gilt die Auseinandersetzung mit den missbrauchsbezogenen Emotionen und Kognitionen als relevant, da sie dazu beiträgt, die Funktionalität der Symptome zu klären, nach und nach konstruktivere Bewältigungsstrategien aufzubauen, die Klientin langfristig zu stabilisieren und eine Symptomverschiebung während oder nach der Therapie zu vermeiden (Everill et al., 1995b; Vogelgesang u. Eyman, 1997; Krieger-Baulig, 1999). Die Verarbeitung der Missbrauchserlebnisse alleine führt jedoch selten zum »Verschwinden« der Symptome und Schwierigkeiten. Auch die befragten Therapeutinnen haben die Erfahrung gemacht, dass die Symptome zwar im Zusammenhang mit dem CSA entstanden sein mögen, im Verlauf der Zeit jedoch eine Eigendynamik entwickeln und daher unabhängig von dem Trauma therapeutisch behandelt werden müssen (Wipplinger u. Amann, 1998b). Die Bedeutung der Aufarbeitung des CSA für den

Heilungsprozess kann ihnen zufolge nur individuell beurteilt werden. Die Integration des Traumas scheint in Übereinstimmung mit der Literatur zwar das definierte Idealziel vieler Therapeutinnen zu sein, lässt sich jedoch nicht immer realisieren, da das Vorgehen in der Praxis immer entsprechend den Ressourcen und Bedürfnissen der jeweiligen Klientin gestaltet werden muss.

Weitere wesentliche Inhalte und Ziele der Therapie

Hinweise auf erhöhte Probleme essgestörter Klientinnen mit sexuellen Missbrauchserfahrungen im Hinblick auf das Erkennen, Setzen und Einhalten von Grenzen sowie auf die Bedeutung der Verbesserung ihrer Fähigkeiten im Umgang mit Grenzen und der Förderung ihrer Autonomie und Selbstregulation zogen sich wie rote Fäden durch die Antworten. Es wurde jedoch nicht nur die Verbesserung der Fähigkeiten der Klientin im Umgang mit Grenzen angesprochen, sondern auch die Anforderung an die Therapeutin, sich selbst als Person abzugrenzen und der korrekten Wahrung der Grenzen der Klientin erhöhte Aufmerksamkeit zukommen zu lassen (indem sie z. B. bei der Wahl der therapeutischen Interventionen verstärkt darauf achtet, dass diese die Fähigkeiten der Klientin zur Abgrenzung nicht überschreiten oder die Grenzen der Klientin in besonderem Maße betont).
Als weitere zentrale Inhalte der Therapie kristallisierten sich die Beziehungsfähigkeit, der Umgang mit Sexualität, der Aufbau von Selbstachtung und Selbstfürsorge sowie die allgemeine Stabilisierung und Strukturierung der Klientin und die Stärkung ihrer Persönlichkeit (inkl. Auseinandersetzung mit der weiblichen Rolle und der weiblichen Sexualität), die Verbesserung der Selbst- und Körperwahrnehmung, des Vertrauens in die eigenen Wahrnehmungen und des Ausdrucks psychischer und physischer Befindlichkeiten, die Verbesserung des Selbstwertgefühls, die Auseinandersetzung mit der eigenen »Rolle« als Frau und mit der Sexualität sowie die Förderung der Selbstfürsorge und des Selbstwertgefühls heraus. Innerfamiliär missbrauchte Klientinnen müssen sich außerdem intensiver mit ihrer Herkunftsfamilie auseinander setzen. Bei der Gestaltung der Therapie spielen Sicherheit und Schutz der Klientinnen eine besondere Rolle.
Ebenso wie die Symptomatik scheint sich auch die Therapie sexuell misshandelter Klientinnen weniger im Hinblick auf die Arbeit an Kernbereichen der Ess-Störung (z. B. Normalisierung des Essverhaltens) zu unterscheiden, sondern vielmehr im Hinblick auf Bereiche, die vermutlich durch die Misshandlungserfahrungen geschädigt wurden und bei sexuell misshandelten

Klientinnen deshalb intensiver bearbeitet werden müssen (z. B. Aufbau und Wahrung interpersonaler Grenzen).

Therapeutische Verfahren und Vorgehensweisen

Die befragten Therapeutinnen orientieren sich bei der Bearbeitung des CSA im Rahmen der Therapie an den individuellen Zielen und Ressourcen der einzelnen Klientin. Aus dem Vergleich der Antworten ging hervor, dass weder die Beschreibung der Therapiegestaltung noch die Einschätzungen der therapeutischen Interaktion mit sexuell misshandelten Klientinnen mit Ess-Störungen gravierend durch die primäre therapeutische Orientierung beeinflusst wird. Die Ergebnisse deuten vielmehr darauf hin, dass die Therapeutinnen ungeachtet ihrer primären therapeutischen Orientierung ein methodenintegratives, individuums- und prozessorientiertes Vorgehen unter besonderer Berücksichtigung der Stärkung von Autonomie und Selbstregulation der Klientin beschrieben haben, wie es auch in der Literatur empfohlen wird.

Als besonders geeignet wurden Interventionen beschrieben, die der Stabilisierung der Klientin zuträglich sind und ihr in besonderem Maße Sicherheit und Schutz gewährleisten. Dementsprechend betrachteten die Therapeutinnen Verfahren und Vorgehensweisen, die die Wahrung der Grenzen und die Sicherheit der Klientin nicht ausreichend gewährleisteten, als ungeeignet.

Die befragten Therapeutinnen empfehlen für die Arbeit mit sexuell misshandelten essgestörten Klientinnen v. a. erlebnis- und emotionsorientierte Verfahren. Geschätzt wurden dabei insbesondere Methoden, die die Möglichkeit zur nonverbalen Kommunikation boten. Körpertherapeutische Interventionen werden für die Arbeit mit dieser Klientinnengruppe dagegen nur bedingt empfohlen. Sie eignen sich vermutlich am ehesten als Element eines multimodalen Therapiekonzepts und müssen entsprechend den besonderen Bedürfnissen sexuell misshandelter Klientinnen modifiziert werden. Ihr Einsatz birgt wesentliche Chancen (z. B. Verbesserung der Körperwahrnehmung), aber auch viele Risiken (z. B. Retraumatisierung, Grenzüberschreitungen) und setzt eine differenzierte Beurteilung der Ressourcen der Klientin voraus. Die Therapeutin muss bei deren Durchführung besonders aufmerksam auf eine korrekte Klärung und Einhaltung der interpersonalen Grenzen und der Grenzen der Belastbarkeit der Klientin achten, da sexuell misshandelte Klientinnen mit Ess-Störungen in Bezug auf das Erkennen, Setzen und Einhalten von Grenzen häufig erhöhte Defizite aufweisen.

Auch die Anwendung verhaltenstherapeutischer und tiefenpsychologischer

Verfahren wurde meist im Rahmen eines multimodalen Vorgehens empfohlen. Die Verhaltenstherapie wurde mitunter sehr kritisch betrachtet, wobei jedoch nicht gesagt werden kann, ob sich diese Aussagen auf kognitiv-behaviorale oder rein behaviorale Interventionen bezogen. Verfahren, die auf Verhaltens- und Gewichtskontrolle basieren oder unangemessen stark symptomzentriert sind, wurden mitunter abgelehnt. Vermutlich resultiert die Ablehnung der Verhaltenstherapie aus dem »mechanistischen« Image der »alten« Verhaltenstherapie. Möglicherweise sind auch die vor einigen Jahren von Teegen (1993) und Teegen et al. (1995) formulierten Vermutungen noch heute aktuell und Kenntnisse über die nachgewiesene Wirksamkeit kognitiv-behavioraler Interventionen bei sexuell traumatisierten Klientinnen, in der Behandlung von Angststörungen, Vermeidungsverhalten und der PTB haben sich in der Praxis noch immer nicht im wünschenswerten Ausmaß durchgesetzt.

Auf deutliche Ablehnung traf auch die »klassische« Psychoanalyse, die generell als ungeeignet zur Behandlung essgestörter Klientinnen gilt.

Vereinzelt und in relativ allgemeiner Form wurden hypnotherapeutische Interventionen empfohlen. Möglicherweise haben sich auch Erkenntnisse über das Potenzial hypnotherapeutischer Verfahren zur Behandlung sexuell traumatisierter essgestörter Klientinnen in der Praxis ebenfalls noch nicht in wünschenswertem Maße durchgesetzt.

Die Aussagen zur Familientherapie lassen vermuten, dass systemische Therapien, die dem Opferschutz oberste Priorität einräumen, auch in der Behandlung erwachsener CSA-Opfer sehr sinnvoll sein können. Nur wenige der Befragten empfahlen die Anwendung spezifischer Vorgehensweisen oder Prinzipien der Traumatherapie.

Die therapeutische Maxime des »Empowerment«, welche als ein zentraler Aspekt der Arbeit mit traumatisierten Klientinnen gilt, wurde wiederholt hervorgehoben. In diesem Zusammenhang wiesen die Therapeutinnen darauf hin, dass sie nicht nur durch spezifische Interventionen, sondern auch durch ihre allgemeine Haltung der Klientin gegenüber erheblich zu deren persönlichem Empowerment (als Therapieziel) beitragen können. Immer wieder wurde der entscheidende Einfluss der Klientin auf die Gestaltung der Therapie betont und darauf hingewiesen, dass essgestörten Klientinnen mit sexuellen Missbrauchserfahrungen noch mehr Kontrolle über den Therapieprozess eingeräumt werden sollte als essgestörten Klientinnen mit anderen Belastungsfaktoren. Ganz im Sinne der Stärkung der Eigenverantwortlichkeit der Klientin wurde das Ausüben von Druck und Zwang sowie manipulatives und invasives Verhalten der Therapeutinnen als gänzlich unangemessen bewertet und ausdrücklich davor gewarnt, die Grenzen der Klientin zu

überschreiten, ihre Autonomie zu missachten und sie zu früh oder zu intensiv mit den traumatischen Erinnerungen zu konfrontieren.
Aus den Ergebnissen lässt sich die Empfehlung ableiten, Symptomatik und Missbrauchserfahrungen gemeinsam zu bearbeiten (z. B. in dem man einen »gemeinsamen Nenner« sucht wie Probleme beim Umgang mit Grenzen oder Schwierigkeiten, eigene Bedürfnisse wahrzunehmen etc.). Dabei sollte die Funktionalität der Symptome (im Rahmen der Missbrauchsbewältigung) vermehrt berücksichtigt werden. Besonders wichtig erscheint jedoch eine verstärkte Vermittlung von Informationen über therapeutische Interventionen, deren Wirksamkeit in der Behandlung (sexuell) traumatisierter Klientinnen belegt ist, um den betroffenen Klientinnen eine adäquate Versorgung zukommen zu lassen.

Therapieverlauf

Die Angaben zum zeitlichen Umfang der Therapie deuten darauf hin, dass der Zeit- und damit auch der Kostenaufwand für die Behandlung sexuell misshandelter Klientinnen mit Ess-Störungen meist erheblich über dem von essgestörten Klientinnen mit anderen Belastungsfaktoren liegt. Um befriedigende bis gute Therapieerfolge zu erzielen, ist ein größerer zeitlicher Rahmen nötig, wobei die von den Krankenkassen vorgegebenen Höchstgrenzen für die Finanzierung ambulanter Psychotherapie häufig überschritten werden und die ambulante Therapie vielfach durch stationäre Aufenthalte der Klientinnen unterbrochen wird.
Die Tatsache, dass für die durchschnittliche Therapie sexuell misshandelter Klientinnen mit Ess-Störungen meist mehr Sitzungen genannt wurden als für essgestörte Klientinnen mit anderen Belastungsfaktoren, lässt sich vermutlich auf die bei traumatisierten Klientinnen häufig schwerer ausgeprägte Symptomatik und die verstärkten Defizite im Hinblick auf soziale, emotionale, kognitive und behaviorale Kompetenzen attribuieren. Ihre Therapie erfordert ein langsameres Vorgehen und »kleinere Schritte« zum Erwerb der fehlenden Kompetenzen und der Modifikation dysfunktionaler Bewältigungsstrategien (vgl. Teegen, 2000; Vanderlinden u. Vandereycken, 1995b; Wonderlich et al., 1997; Banholzer, 1999).
Diese Erfahrungen sollten sowohl Therapeutinnen berücksichtigen und bei Beginn der Arbeit mit essgestörten Klientinnen, die in der Kindheit Opfer sexueller Gewalt wurden, auf eine lange und intensive Therapie vorbereitet sein als auch die Gutachter, die über die Bewilligung der Kostenübernahme durch die Krankenkasse entscheiden.

Therapeutische Interaktion

Interaktionscharakteristika sexuell misshandelter Klientinnen mit Ess-Störungen

Die Interaktion mit sexuell misshandelten, essgestörten Klientinnen wird durch erhöhte Unsicherheiten dieser Frauen in Bezug auf sich selbst und ihr Gegenüber erschwert.
Sexuell misshandelte Klientinnen mit Ess-Störungen scheinen im Vergleich zu essgestörten Klientinnen mit anderen Belastungsfaktoren v. a. ein erhöhtes interpersonelles Sicherheitsbedürfnis, ein geringeres Selbstwertgefühl und verstärkte Probleme im Umgang mit Grenzen aufzuweisen. Sie scheinen Therapie und Therapeutin häufiger ambivalent gegenüberzustehen.
Schwierigkeiten, anderen Menschen Vertrauen entgegenzubringen, werden in der Fachliteratur als typische und eine der häufigsten Konsequenzen von CSA für das »soziale Funktionieren« der Opfer beschrieben. Es handelt sich dabei um eine unmittelbar plausible Reaktion auf das Erleben der eigenen Hilflosigkeit in der Missbrauchssituation und wird häufig dadurch begünstigt, dass es sich bei den Tätern um Personen handelt, denen das Opfer vertraute oder auf die es angewiesen war. Die von den Therapeutinnen geschilderten Interaktionscharakteristika können in diesem Sinne als Schutzmechanismen der Opfer interpretiert werden, die vermutlich in und aus der Missbrauchssituation sowie dem damit verbundenen Macht- und Vertrauensmissbrauch entwickelt wurden und in dem damaligen Rahmen wichtige Funktionen erfüllten. Für die Gestaltung nichtmissbrauchender Beziehungen sind sie jedoch dysfunktional (vgl. Woltereck, 1994; Wenninger, 1997; Teegen, 2001).

Therapeutische Beziehung

Eine stabile therapeutische Beziehung wurde von den befragten Therapeutinnen als Voraussetzung für die Bearbeitung sexueller Missbrauchserfahrungen der Klientin bewertet. Die Mehrzahl der Befragten schrieb der therapeutischen Beziehung bei sexuell misshandelten Klientinnen eine erhöhte Bedeutung für den Therapieerfolg zu, einige maßen Beziehungsaspekten mehr Bedeutung bei als bestimmten Therapieverfahren. Die Therapeutinnen gaben an, bei der Arbeit mit sexuell misshandelten essgestörten Klientinnen besonders aufmerksam darauf zu achten, Machtstrukturen im Rahmen der

Therapie zu minimieren und für die Klientin als gleichberechtigte Person »greifbar« zu sein.
Die Therapeutinnen berichteten von erheblichen Schwierigkeiten in Aufbau und Gestaltung der therapeutischen Beziehung. Aufgrund der interaktionellen Schwierigkeiten dieser Klientinnengruppe erscheinen ausgeprägte Beziehungskompetenzen der Therapeutin erforderlich. Boos et al. (1999) haben darauf hingewiesen, dass problematische Persönlichkeitszüge von Klientinnen, die in der Kindheit Opfer sexueller Gewalt wurden, den Kontakt zur Therapeutin und damit die Therapie erschweren können. Noch mehr als in der Arbeit mit essgestörten Klientinnen mit anderen Belastungsfaktoren empfiehlt es sich deshalb, bei essgestörten Klientinnen, die sexuell misshandelt worden sind, die therapeutische Beziehung besonders gründlich zu reflektieren und in der Therapie zu thematisieren. Dadurch bietet sich die Möglichkeit zur Bearbeitung von Schwierigkeiten z. B. im Hinblick auf Vertrauen, selbstwertrelevante Themen oder das Setzen und Einhalten von Grenzen.

Die Person der Therapeutin direkt betreffende Aspekte

Die Arbeit mit sexuell misshandelten essgestörten Klientinnen stellt nach Erfahrung der befragten Therapeutinnen deutlich höhere Anforderungen an sie als die Arbeit mit essgestörten Klientinnen mit anderen Belastungsfaktoren.
Sexuell misshandelte Klientinnen mit Ess-Störungen benötigen ihnen zufolge ein erhöhtes Maß an Unterstützung in Form von Fürsorge, Sicherheits-, Stabilitäts-, Halt- und Strukturgebung durch die Therapeutin. Als besonders förderlich für den Heilungsprozess beschrieben die Befragten ein empathisches und stützendes Verhalten der Therapeutin, welches der Stabilisierung und der Stärkung der Autonomie und Selbstregulationsfähigkeit der Klientin zuträglich ist. Dazu gehört u. a., dass sexuell misshandelte Klientinnen mit Ess-Störungen in besonderem Maße die Kontrolle über den Therapieprozess behalten müssen. Ein fürsorgliches Verhalten, das über rein »behandlungstechnische« Funktionen hinausgeht, wird u. a. auch von Rorty und Yager (1996b) empfohlen. Die Autoren sind der Auffassung, dass therapeutische Neutralität in der Behandlung von interpersonell traumatisierten Klientinnen fehl am Platz ist und Therapeutinnen vielmehr – im Rahmen ihrer therapeutischen Rolle sowie unter besonderer Beachtung der Grenzen – »soothing, comfort, reassurance«[4] vermitteln müssen.
Angesichts der offensichtlich erhöhten Unsicherheit traumatisierter, essge-

störter Klientinnen im Hinblick auf sich selbst und die Therapeutin erscheint es sinnvoll, ihnen im Rahmen der therapeutischen Interaktion verstärkt Sicherheitssignale zu vermitteln. Diese können z. B. darin bestehen, dass die Therapeutin der Klientin signalisiert, dass sie erfahren und kompetent ist, verlässlich für die Klientin da ist (z. B. durch flexible zeitliche Planung), ihr glaubt, ihre vermeintlich »schlechten« Seiten ebenso annimmt wie die »guten« und selber ehrlich und konsequent ist. In diesem Zusammenhang sind auch Strukturiertheit und Transparenz der Therapie sowie die erhöhte Kontrolle der Klientin über den therapeutischen Prozess von großer Bedeutung. Das therapeutische Vorgehen sowie in der Therapie gültige Grenzen, Regeln und Abmachungen sollten besprochen und beiderseits verbindlich festgelegt werden. Schließlich erscheint es ratsam, in besonderem Maße auf Selbstabwertungsstrategien der Klientinnen zu achten und ihnen vermehrt selbstwertfördernde Informationen zu vermitteln (z. B. Betonung der therapeutischen Fortschritte, Betonung der Ressourcen).

Die Arbeit mit sexuell misshandelten essgestörten Klientinnen, welche ein »vorsichtigeres« und feiner graduiertes therapeutisches Vorgehens erfordert, stellt darüber hinaus erhöhte Anforderungen an die Geduld und Frustrationstoleranz der befragten Therapeutinnen.

»Schnelle« therapeutische Erfolge sind bei dieser Klientinnengruppe eher selten zu erwarten.

Als deutlich wichtiger bewerteten sie dementsprechend auch ihre therapiebezogene Sicherheit (z. B. fundierte Kenntnisse und Erfahrungen im Hinblick auf verschiedene Störungsbilder und therapeutische Interventionen) und den flexiblen Einsatz therapeutischer Methoden im Rahmen eines methodenintegrativen Vorgehens.

Im Hinblick auf die Bedeutung ihrer persönlichen Sicherheit und ihrer Funktion als Vorbild für die Klientin sehen die Therapeutinnen kaum Unterschiede zwischen der Arbeit mit sexuell misshandelten oder anderweitig belasteten essgestörten Klientinnen. Auch zwischen ihren Reaktionen auf essgestörte Klientinnen mit und ohne sexuelle Misshandlungserfahrungen berichten die Therapeutinnen kaum Unterschiede, obwohl sie den traumatisierten essgestörten Klientinnen eine stärker ausgeprägte Psychopathologie und dysfunktionalere Interaktionscharakteristika attestierten, die Gestaltung der therapeutischen Beziehung als erschwert bezeichneten und sich selbst mit erhöhten Anforderungen durch die Behandlung dieser Klientinnen konfrontiert sahen. Es fanden sich jedoch deutliche Anzeichen für eine erhöhte Belastung der befragten Therapeutinnen durch die Arbeit mit sexuell misshandelten Klientinnen. So führt die spezielle Problematik dieser Klientinnen bei den Therapeutinnen eigenen Angaben zufolge zu einer vermehrten emotionalen Betroffenheit, Überwältigung und subjektiv erlebten Überforderung. In Übereinstimmung damit betont Teegen (2001), dass selbst erfahrene, stabile und kompetente Therapeutinnen im Angesicht der »pathogenen Macht, die mit den Berichten über traumatische Erfahrungen verbunden ist« (ebd., S. 272), nicht immer über ausreichende Bewältigungsstrategien verfügen. Damit konform berichteten die befragten Therapeutinnen, sich bei der Arbeit mit sexuell misshandelten Klientinnen mit Ess-Störungen häufiger bzw. stärker überfordert zu fühlen und in vermehrtem Maße emotionale Betroffenheit, Überwältigung, Wut und Aggressionen verspüren als bei essgestörten Klientinnen mit anderen Belastungsfaktoren. Diesen Aussagen entsprechen die in der Fachliteratur geschilderte Reaktionen auf die Auseinandersetzung mit (sexueller) Gewalt in Form von Gefühlen der eigenen Ohnmacht, Hilf- und Hoffnungslosigkeit und des »Ausgebranntseins« sowie Ängsten, der Klientin vor dem Hintergrund der eigenen Kompetenz und der eigenen Persönlichkeit nicht gerecht werden zu können (vgl. Rorty u. Yager, 1996b; Woltereck, 1994; Teegen 2001; Maercker, 1997b).

Keine Unterschiede zwischen der Arbeit mit essgestörten Klientinnen mit sexuellen Missbrauchserfahrungen oder anderen Belastungsfaktoren erlebt die überwiegende Mehrheit der befragten Therapeutinnen im Hinblick auf Gegenübertragungsreaktionen, Hilflosigkeit, Resignation oder Unsicherheit, dem Überschreiten der eigenen Grenzen oder dem übermäßigen Drang zu handeln und Veränderungen herbeizuführen.

Das Supervisionsbedürfnis der Therapeutinnen ist bei sexuell misshandelten Klientinnen nur wenig stärker als bei essgestörten Klientinnen mit anderen Belastungsfaktoren. Entgegen diesen Aussagen wird in der Literatur ausdrücklich auf die besondere Bedeutung der Supervision bei der Behandlung sexuell misshandelter Klientinnen zur Wahrung der Psychohygiene der Therapeutin hingewiesen. Diese dient der Entlastung der Therapeutin, der Wahrung der Grenzen ihrer Belastbarkeit, der Klärung ihrer Reaktionen auf das Gehörte, dem »Transparentmachen« von Gegenübertragungsreaktionen und nicht zuletzt dem Schutz der Therapeutin vor sekundärer Traumatisierung. Erhöht wurde der Supervisionsbedarf bei den befragten Therapeutinnen v. a. durch ihre intensiveren affektiven Reaktionen auf sexuell misshandelte Klientinnen, die als stärker empfundene eigene Hilflosigkeit und Überforderung sowie ihre vermehrte Tendenz zum Überschreiten der eigenen Grenzen. Aus ebendiesen Gründen warnt Zielke (1998) eindringlich davor, sich den besonderen Anforderungen der Klärung (sexueller) Traumata und der Therapie misshandelter Klientinnen ohne fachspezifische Beratung und Betreuung zu stellen. Neben einer spezifischen Fort- und Weiterbildung hält er eine dauerhafte fachliche Betreuung und Supervision insbesondere dann für dringend erforderlich, wenn wenig erfahrene Therapeutinnen mit misshandelten Klientinnen arbeiten. Möglicherweise verfügen die befragten Therapeutinnen über andere Strategien zur Bewältigung der erhöhten Anforderungen und persönlichen Belastungen (z. B. Austausch mit erfahrenen Kollegen, ausgeglichenes Verhältnis traumatisierter und nichttraumatisierter Klientinnen, Wahrung der persönlichen Grenzen, Balance zwischen Beruf und Privatleben).

Bedeutung der therapeutischen Orientierung

Abschließend sei noch erwähnt, dass statistisch signifikante Unterschiede zwischen den Angaben der Verhaltenstherapeuten, Tiefenpsychologen und Vertretern sonstiger Therapieschulen nur vereinzelt ermittelt wurden. Insgesamt erwecken die Ergebnisse eher den Eindruck, dass es sich bei den Unterschieden, die in der Theorie zwischen Verhaltenstherapie und Tiefenpsychologie beschrieben werden, größtenteils um plakative Positionierungen handelt, die in der Praxis weniger relevant sind. Dort scheinen sich die Vorgehensweisen in Form eines störungsspezifischen, multimodalen Vorgehens im Sinne einer allgemeinen Psychotherapie aneinander anzunähern (z. B. Grawe, 1998).

Insgesamt bekräftigen die Ergebnisse der Fragebogenuntersuchung Forderungen nach Leitlinien für die therapeutische Praxis oder Aus- und Weiterbildungskonzepte, die der speziellen Problematik sexuell misshandelter Klientinnen mit Ess-Störungen Rechnung tragen. Als Schritt in diese Richtung kann ein derzeit in Auckland, Neuseeland, erarbeitetes Trainingsprogramm betrachtet werden, anhand dessen klinisches Personal lernen soll, das Thema Missbrauch in die psychosoziale Anamneseerhebung zu integrieren (Heim, 2002). Auch wenn dieses Programm nicht speziell für essgestörte Klientinnen mit sexuellen Missbrauchserfahrungen konzipiert ist, könnte es dennoch zur Erhöhung der Aufdeckungsrate entsprechender Erfahrungen und zum Anbieten gezielterer Therapien beitragen. Die Entwicklung und Implementierung geeigneter Therapien, die den spezifischen Kernstörungen und der Bedeutung der Misshandlungen gerecht werden, erfordert vermutlich noch eine Reihe weiterer empirischer und praktischer Arbeiten.

Anmerkungen

1   Das folgende Kapitel ist Teil einer Diplomarbeit (Haller, S. (2002)).
2   Im Text wird die feminine Form der Personenbezeichnung für Betroffene von Ess-Störungen und sexueller Kindesmisshandlung verwendet. Dieser in der Fachliteratur häufig anzutreffenden Schreibweise liegen empirische Befunde zugrunde, die darauf hindeuten, dass Frauen und Mädchen häufiger sexueller Gewalt (in der Kindheit) ausgesetzt sind und häufiger unter Ess-Störungen leiden als Männer und Jungen.
3   Die Missbrauchsproblematik muss entsprechend der Fragebogeninstruktion als ein der Störung zugrunde liegender Problembereich verstanden werden.
4   Frei übersetzt beschreibt dies ein Verhalten der Therapeutin, das sich als Schmerzen lindernd, wohltuend, Trost spendend, unterstützend, beruhigend, immer wieder bestätigend etc. umschreiben lässt.

Sexuelle Kindesmisshandlung und Ess-Störungen[1]

Susanne Haller

Sexuelle Kindesmisshandlung: Definitionen und Begriffe

Obwohl sexuelle Kindesmisshandlung (Child Sexual Abuse/CSA) seit Mitte der 80er Jahre auch in Deutschland verstärkt diskutiert wird, existieren in der Fachliteratur bislang keine einheitlichen Begriffe, sondern vielfältige, teilweise sehr unterschiedliche Termini und Definitionen. Diese sind geprägt durch die theoretischen, wissenschaftlichen, weltanschaulichen und ethischen Orientierungen der Verfasser und betonen dementsprechend unterschiedliche Kriterien, wie z. B. Art und Dauer der sexuellen Handlung, Alters- und Kompetenzgefälle, Beziehung zwischen Täter und Opfer, Bedürfnisbefriedigung der Mächtigeren, Missachtung des Willens und der Gefühle des Kindes, Gebot der Geheimhaltung, subjektive Wahrnehmung des Kindes oder wissentliches Einverständnis des Opfers. Diese Kriterien sind mit wenigen Ausnahmen schwer operationalisierbar, wodurch weitere Unklarheiten entstehen (vgl. Wipplinger u. Amann, 1998a; Deegener, 1998). Sexuelle Kindesmisshandlung wird im DSM-IV (APA, 1994) explizit als psychische Traumatisierung definiert. Im Gegensatz zu der allgemeinen Traumadefinition muss es dabei nicht zur Androhung oder dem Einsatz tatsächlicher körperlicher Bedrohung, Gewalt oder Verletzung kommen. Eine sexuelle Traumatisierung im Kindesalter entsprechend den DSM-IV-Kriterien (APA, 1998) liegt dann vor, wenn ein Kind mit sexuellen Erfahrungen konfrontiert werden, die seinem Entwicklungsstand unangemessen sind (APA, 1998). CSA wird im Kontext der modernen Psychotraumatologie-Forschung von verschiedenen Autoren als eine extreme Lebenserfahrung beschrieben, die einen Angriff auf die physische und psychische Integrität des Kindes darstellt, Gefühle der Ohnmacht und Isolation erzeugt und in der Regel mit Verwirrung, Hilflosigkeit, subjektiv erlebtem Kontrollverlust und/oder intensiver Angst erlebt wird. Sexuelle Traumatisierungen sind durch eine massive äußere Bedrohung, die Überflutung des Bewusstseins und die Überstimulierung aller Sinne so bedrohlich und stressbeladen, dass bestehende affektive und psychomotorische Schutz- oder Bewältigungsstrategien sowie vorhandene kognitive Schemata kurz- oder langfristig überfordert werden (Besser, 2001; Teegen, 1998; Herman, 1993; van der Kolk, 1998).

Zur Klassifikation traumatischer Ereignisse hat sich die Differenzierung in menschlich verursachte Traumata (»man made disasters«, z. B. CSA) und zufällige Traumata (Katastrophen, berufsbedingte und Unfalltraumata) bewährt.

Die Folgen von willentlich durch Menschen verursachten und zeitlich länger andauernden Traumata (Typ II) werden in der Literatur häufig als stärker beeinträchtigend beschrieben als die anderer Traumaformen (Maercker, 1997a; Butollo, Hagl u. Krüsmann, 1999; Poldrack u. Znoj, 2000). Sexuelle Traumatisierungen in der Kindheit unterscheiden sich von anderen traumatischen Erfahrungen grundsätzlich durch die mit der sexuellen Gewalt verbundene Tabuisierung und das Geheimhaltegebot (Steinhage, 1998).

Derartige Kategorien dienen jedoch lediglich als Richtlinien, um die vielfältigen Erscheinungsformen traumatischer Erfahrungen ansatzweise einordnen zu können. Eine zentrale Position bei der Bestimmung »traumatischer« Ereignisse muss stets dem individuellen Erleben und Bewerten der betroffenen Person zugeschrieben werden (Ruegg, 2001; Butollo et al., 1999; APA, 1998).

Auftreten und Umstände sexueller Kindesmisshandlung

Angaben über die Häufigkeit des CSA sind problematisch, da sie aufgrund eines Dunkelfeldes unbekannter Größe immer auf Wahrscheinlichkeitsangaben beruhen. Die Anzahl aktenkundiger »Fälle« sexualisierter Gewalt gegen Kinder (z. B. Jugendamt, Beratungsstellen), zur Anzeige gekommener Übergriffe (polizeiliche Kriminalstatistik) sowie die Ergebnisse sozialwissenschaftlicher Studien differieren deutlich. Empirische Studien im In- und Ausland ermittelten CSA-Prävalenzraten zwischen 6% und 36% für Frauen in nichtklinischen Populationen (Finkelhor, 1998; Ernst, 1998; Bange u. Deegener, 1996; Wenninger, 1997). In klinischen Stichproben wurden nach Saxe et al. (1993) Prävalenzraten zwischen 18% und 70% nachgewiesen (zitiert nach McFarlane u. Yehuda, 2000). Die deutlichen Differenzen zwischen den Häufigkeitsangaben beruhen nicht zuletzt auf den uneinheitlichen Definitionen von CSA, die den Studien zugrunde gelegt wurden (Engfer, 2000). Nach Sachsse (1997; zitiert nach Vogelgesang u. Eymann, 1997, o. A. d. Q.)

zeigt die empirische Traumaforschung, dass die Prävalenz nachgewiesener CSA-Erfahrungen, ausgehend von der Allgemeinbevölkerung, mit zunehmender Schwere der klinischen Störung der Studienteilnehmerinnen ansteigt. Generell bilden klinische Stichproben meist untypische Ausschnitte der Gesamtpopulation der CSA-Opfer ab, da die Betroffenen überproportional häufig wiederholten sexuellen Übergriffen durch nahe stehende Personen in Form körperlicher Kontakte sowie in Verbindung mit körperlicher Gewalt und/oder Zwang ausgesetzt waren (Bange u. Deegener, 1996; Engfer, 2000; Brockhaus u. Kolshorn, 1993).

Die Größe und Struktur des Dunkelfeldes sexueller Kindesmisshandlung wird mitunter äußerst kontrovers diskutiert. Diesbezügliche Annahmen sind jedoch stets spekulativ.

CSA umfasst die unterschiedlichsten Handlungen und Beziehungsstrukturen, die an dieser Stelle nicht dargestellt werden sollen. Ausführliche Informationen liefern z. B. Becker, Hörsch, Habermeier und Selg (1998) oder Bange und Deegener (1996). Es soll jedoch wichtig darauf hingewiesen werden, dass neben »direkten« sexuellen Missbrauchshandlungen weitere, viel subtilere Formen des CSA existieren (z. B. Beobachten beim Duschen/Umziehen, Ausfragen über sexuelle Erfahrungen, sexuelle Anspielungen), deren Auswirkungen von verschiedenen Autoren als ebenso negativ und weitreichend geschildert werden wie die der »direkten« sexuellen Übergriffe (vgl. Herman, 1993; Hirsch, 1993, 1998; Richter-Appelt, 1998; Rorty u. Yager, 1996a).

Grundsätzlich muss berücksichtigt werden, dass CSA selten als isolierte traumatische Erfahrung erlebt wird, sondern häufig ein Indikator für ein soziales Umfeld ist, in dem die Entwicklung der Kinder an sich schon problematisch und gefährdet ist. Viele der Opfer stammen aus dysfunktionalen Familienverhältnissen und werden zusätzlich physisch und psychisch vernachlässigt und/oder misshandelt (Kinzl, 1998a; Engfer, 2000; Mullen, 1998; Ernst, 1998).

Mögliche Folgen sexueller Kindesmisshandlung

Das Durchleben traumatischer Erfahrungen kann zu Beeinträchtigungen unterschiedlicher Funktionsbereiche führen und sich auf somatischer, emotionaler, kognitiver und/oder behavioraler Ebene auswirken. Die Bedeutung sexueller Missbrauchserfahrungen in der Kindheit als Risikofaktor für die Entstehung und Aufrechterhaltung der unterschiedlichsten psychischen, psychosomatischen und körperlichen Beeinträchtigungen im späteren Leben wurde wiederholt in Studien mit klinischen und nichtklinischen Populationen belegt (z. B. Mullen, Martin, Anderson, Romans u. Herbinson, 1993; Kendall-Tackett, Meyer-Williams u. Finkelhor, 1998; Finkelhor u. Dziuba-Leatherman, 1994; Beitchmann et al., 1992; Felitti et al., 1998; Finkelhor, 1998; Briere u. Elliott, 1994; Banholzer, 1999; van der Kolk, 2000). In verschiedenen Studien fand man, dass zwischen 20 und 50% der Opfer keine Symptome zeigen (Meichenbaum, 1994; Engfer, 2000). Dies kann verschiedene Ursachen haben, bedeutet jedoch nicht zwangsläufig eine gelungene Verarbeitung des CSA. Psychopathologische Auffälligkeiten im Zusammenhang mit CSA können als akute Reaktion auftreten und abklingen bzw. chronisch verlaufen, sie können sich auch erst nach einer längeren symptomfreien Zeit manifestieren und im zeitlichen Verlauf darüber hinaus in unterschiedlicher Ausprägung bestehen (Bange u. Deegener, 1996; Wipplinger u. Amann, 1998a; Hofmann, 1999).

Folgen für die langfristige psychische Entwicklung

Verschiedene Autoren haben die Fokussierung der Outcome-Forschung auf den Nachweis psychischer Störungen mit der Begründung kritisiert, dass auf diese Weise ein wesentlicher Teil der Folgen übersehen werde (Starr, MacLean u. Keating, 1991; Green, 1993; Mullen 1998). Nach Cole und Putnam (1992; zitiert nach Banholzer, 1999) handelt es sich dabei um die unter der Symptomebene liegende Ebene der psychischen Funktionen wie z. B. Selbstregulations-, Coping- und Abwehrfähigkeiten sowie intellektuelle und soziale Kompetenzen. Banholzer (1999) wies bei erwachsenen CSA-Opfern Funktionsstörungen des Selbstsystems u. a. in Form von geringer interner Kontrollüberzeugung sowie Beeinträchtigungen des Identitäts-, Selbst- und Welterlebens nach. In der Kindheit sexuell misshandelte Klientinnen haben ihm zufolge »insbesondere einen gestörten Zugang zu ihrem eigenen Körper und ein verzerrtes, negatives Bild von ihrem Körper« (ebd. S. 486). Unterschiedliche Studien fanden bei erwachsenen Missbrauchsopfern häufig defekte Selbstkonzepte und geringe Selbst(wert)-einschätzungen (z. B. Scham- und Schuldgefühle), eine Ablehnung des eigenen Körpers sowie deutliche Störungen der Körperwahrnehmung z. B. Bagley u. Ramsey, 1986; Finkelhor, 1983; Teegen, Beer, Pabst u. Timm, 1992; Wenninger u. Heiman, 1998; Kearney-Cooke u. Striegel-Moore,1994). Die mitunter geäußerte Vermutung, wonach im Zentrum der Schwierigkeiten der CSA-Opfer eine Störung des Selbstwertgefühls steht, die klinisch als Grundstörung bezeichnet werden kann, da sie sich in indi-

vidueller Intensität in den meisten Symptomen und Syndromen wiederfindet, wird durch empirische Belege bislang wenig gestützt (Joraschky, 2000; Kendall-Tackett et al., 1998).
Verschiedene Autoren bezeichnen die Beeinträchtigung der Entwicklung selbstregulatorischer Prozesse bzw. den Verlust der Fähigkeit zur Selbstregulation als vermutlich tiefgreifendste Wirkung der psychologischen Traumatisierung im Kindesalter (Teegen, 1999; van der Kolk, 2000). Tabelle 1 beschreibt weitere, bei erwachsenen CSA-Opfern häufig auftretende Schwierigkeiten.

Psychische oder psychosomatische Störungsbilder

Die CSA-Prävalenz wurde mittlerweile bei Betroffenen fast aller psychischen Störungsbilder mehrfach erhoben. Entsprechend breit gestreut sind die empirischen Befunde (vgl. Übersichten bei Finkelhor u. Browne, 1985; Beitchmann et al., 1992; Green, 1993). Fachleute bewerten die bestehenden Klassifikationssysteme jedoch als nur begrenzt geeignet zur Beschreibung der Folgen sexueller Kindesmisshandlung (Herman, 1993; Teegen et al., 1995; Everly, 1995).
Auf der Basis empirischer Befunde und klinisch-therapeutischer Erfahrungen vermuten heute verschiedene Autoren, dass interpersonelle Traumatisierungen in der Kindheit die Entstehung der verschiedensten psychischen Störungen beeinflussen können, wobei v. a. dissoziative Störungen, Somatisierungsstörungen, Substanzabusus, Borderline-Persönlichkeitsstörungen, Depressionen, posttraumatische Belastungsstörungen (PTB) und Ess-Störungen diskutiert werden. Als weitere psychische Störungen, die bei erwachsenen CSA-Opfern häufig diagnostiziert werden, nennt die Fachliteratur sexuelle Störungen, dissoziale und schizotypische Persönlichkeitsstörungen, Angst- und Schlafstörungen sowie Schizophrenie (Herman u. van der Kolk, 1987; Beitchmann et al., 1992; Browne u. Finkelhor, 1985; Teegen et al., 1992; Joraschky u. Egle, 2000; Wenninger, 1994; 1997; Fiedler, 1998).
Die Auflistung zeigt, dass fast jedes Störungsbild infolge sexueller Missbrauchserfahrungen auftreten kann und ein typisches »Missbrauchssyndrom« nicht existiert (vgl. Richter-Appelt, 1998b). Prinzipiell kann man davon ausgehen, dass die vermuteten Zusammenhänge lediglich für mehr oder weniger große Subgruppen von Klientinnen dieser Diagnosekategorien gelten und CSA in der Regel als unspezifischer Risikofaktor innerhalb einer Matrix weiterer Risiko- und Schutzfaktoren wirkt (Hoffmann et al., 2000; van der Kolk, 2000; Fiedler, 1998; Banholzer, 1999; Meichenbaum, 1994).

Tabelle 1: *Psychische Folgeerscheinungen nach CSA*

Soziale, interpersonelle und sexuelle Problemkonstellationen	
Kurzbezeichnung	**Mögliche Präsentation**
Störungen des Beziehungsverhaltens	Schwierigkeiten mit Vertrauen, Intimität und Selbstbehauptung, übermäßige interpersonale Sensibilität, geringe soziale Kompetenz, übertriebene Anhänglichkeit und Idealisierung und/oder Isolation und Abwertung, ausgeprägtes Kontrollbedürfnis, extreme Bemühungen, den Anforderungen anderer zu entsprechen, kein Gespür für die eigenen Grenzen sowie die Grenzen anderer Personen, Viktimisierung und v. a. Reviktimisierung, instabile und/oder unbefriedigende interpersonale Beziehungen.
Störungen der sozialen Anpassung	Erhöhte Wahrscheinlichkeit des sozioökonomischen Abstiegs erwachsener CSA-Opfer im Vergleich zu ihrer Herkunftsfamilie, aber auch ausgeprägte Leistungsorientierung.
Schwierigkeiten im Bereich der Sexualität	Sexuelle Funktionsstörungen, starke Beeinträchtigung des positiven Erlebens sexueller Aktivitäten, Promiskuität, Prostitution, verstärkte Angst vor und/oder Vermeidung von sexuellen Kontakten, frühe Schwangerschaften.

Emotionale, kognitive und behaviorale Folgeerscheinungen	
Kurzbezeichnung	**Mögliche Präsentation**
Emotionale Probleme	Subklinische depressive Symptome (Hoffnungslosigkeit, gedrückte Stimmung, emotionale Taubheit, geringe Anteilnahme an Aktivitäten oder Zukunftsplanung), Schwierigkeiten bei der Identifikation und Artikulation von Gefühlen (Alexithymie), Suizidideen und Suizidverhalten, Gefühle der Hilflosigkeit.
Subklinische Ängste	Chronische Erwartungsangst, Angst vor Kontrollverlust, vor Trennungen, vor körperlicher Berührung, Alpträume.
Symptome erhöhter Anspannung und Stresssensibilität	Unruhe, Getriebenheit, Konzentrations- und Gedächtnisstörungen, Schlafstörungen, Hypervigilanz, Schreckhaftigkeit.
Geringe Konfliktbewältigungskompetenzen	Reizbarkeit, Auto- und/oder Fremdaggression, geringe Frustrationstoleranz.
Spannungsreduzierende Verhaltensweisen	Substanzmissbrauch, »binging«, selbstverletzende Verhaltensweisen.

Vgl. Herman, 1993; Mullen, 1998; Butollo et al., 1999; Woltereck, 1994; Wenninger, 1994 und 1997; van der Kolk, 2000; Briere, 1996; Meichenbaum, 1994; Teegen et al., 1992; Bagley u. Ramsey, 1986; Schmidt, 2000; Banholzer, 1999

Ess-Störungen bei Opfern sexueller Kindesmisshandlung

Die bisherigen Studien zur Bedeutung des CSA für die Entstehung von Ess-Störungen lieferten äußerst heterogene Ergebnisse, die schwer vergleichbar sind. Die Prävalenzraten für CSA bei Probanden mit Ess-Störungen variieren in verschiedenen Studien deutlich: Es wurden Häufigkeiten zwischen 7 (Lacey, 1990) und 70% (Oppenheimer et al., 1985) gefunden. Bislang existieren lediglich zwei Metaanalysen, die Studien zu Zusammenhängen zwischen CSA und Ess-Störungen untersuchten. Diese fanden sehr geringe, positive Korrelationen zwischen den beiden Phänomenen (r = .06 nach Rind, Tromovitch u. Bauserman, 1998; r = .10 nach Smolak u. Murnen 2002). Häufiger wurde dagegen versucht, in Übersichtsarbeiten die mitunter kontroversen Studienergebnisse zusammenzufassen und zu beurteilen. Sie alle fanden eine Reihe methodischer Mängel und kamen zu dem Ergebnis, dass Zusammenhänge zwischen CSA und Ess-Störungen – wenn sie denn existieren – außerordentlich komplex sind (z. B. Pope u. Hudson, 1992; Connors u. Morse, 1993; Waller et al., 1994; Willenberg, 2000; Wooley, 1994; Wonderlich et al., 1997).

Zahlreiche methodische Probleme erschweren eine exakte Erfassung der diskutierten Phänomene: Generell werden durch sozialwissenschaftliche Studien ermittelte Prävalenzraten beeinflusst von der Stichprobe, der Erhebungsmethode, der Rücklaufquote und dem Befragungsinstrument (Elliger u. Schötensack, 1991). Studien zur Bedeutung des CSA für Ess-Störungen weisen darüber hinaus eine Reihe spezifischer methodischer Schwierigkeiten oder Mängel auf, welche die Ergebnisse beeinflussen und einen direkten Vergleich erschweren. Die Kritik betrifft die Studien in unterschiedlichem Ausmaß. Es handelt sich u. a. um definitorische Unklarheiten bzgl. des Konstrukts CSA, Unklarheiten aufgrund der Heterogenität des Konstruktes »Ess-Störungen«, Variationen bei den Stichproben sowie Variationen bei der Informationserhebung (vgl. Connors u. Morse, 1993; Pope u. Hudson, 1992; Schmidt u. Humfress, 1996; Vanderlinden u. Vandereycken, 1997; Brewerton et al., 1999; Schmidt, 2000).

Ein weiterer Aspekt, der die Klärung der Folgen des CSA erschwert, ist die häufig anzutreffende »kumulative Verkettung ungünstiger Umstände im biographischen Umfeld sexuellen Missbrauchs von Kindern und Jugendlichen« (Schmidt, 2000, S. 401). Studien, die lediglich das Vorliegen von CSA und Ess-Störungen untersuchen, sind nicht zuletzt deshalb äußerst problematisch (Waller et al., 1994; Schmidt, 2000).

Zusammenfassung bisheriger Erkenntnisse zum Zusammenhang zwischen Ess-Störungen und sexueller Kindesmisshandlung

Die Bedeutung des CSA hinsichtlich der Manifestation von Ess-Störungen ist bislang unklar, Studienergebnisse bis heute widersprüchlich und die Ansichten der Autoren kontrovers.

Unter Berücksichtigung der methodischen Mängel lassen sich aus den bisherigen Studien folgende Aussagen ableiten:

- Eine beträchtliche Anzahl der Frauen mit Ess-Störungen berichten über sexuelle Missbrauchserfahrungen (20–50% nach Vanderlinden u. Vandereycken, 1997). Die Prävalenz des CSA bei Personen mit Ess-Störungen entspricht ungefähr der bei Personen mit anderen psychischen Störungen, liegt jedoch vermutlich über der CSA-Prävalenzrate in der Allgemeinbevölkerung (Vanderlinden u. Vandereycken, 1997).
- Ein linear-kausaler Zusammenhang zwischen traumatischen Ereignissen und spezifischen psycho-pathologischen Folgeerscheinungen ist nicht anzunehmen. CSA ist weder ein hinreichender noch ein notwendiger Faktor für die Entstehung und/oder Aufrechterhaltung von Ess-Störungen (Vanderlinden u. Vandereycken, 1997; Kinzl, 1998b; Connors u. Morse, 1993; Pope u. Hudson, 1992).
- Einige Autoren vermuten, dass CSA ein unspezifischer Risikofaktor für die Entwicklung psychischer Störungen ist. Als solcher muss er auch in das bio-psycho-sozialen Ätiologiemodell der Ess-Störungen integriert werden, in dem traumatische Faktoren bislang eher vernachlässigt wurden (Pope u. Hudson, 1992; Kinzl, 1998b; Willenberg, 2000; Berliner, 1993; Vanderlinden u. Vandereycken, 1997).
- In einzelnen Fällen kann CSA einen wesentlichen Faktor für den Krankheits- und den Genesungsprozess darstellen. Seine spezifische Bedeutung sowie sein Zusammenwirken mit weiteren Faktoren in der Biographie einer Klientin ist individuell zu erarbeiten. Dabei muss berücksichtigt werden, dass CSA häufig »nur die Spitze des Eisbergs weiterer ungünstiger Entwicklungsbedingungen [ist]« (Kinzl, 1998b, S. 242; Vanderlinden u. Vandereycken, 1997).
- Es existiert vermutlich keine Beziehung zwischen dem Vorliegen von CSA an sich und dem Schweregrad einer späteren Ess-Störungen (Wonderlich et al., 1997). Einige Autoren vermuten jedoch, dass spezifische Charakteristika des CSA die Entstehung einer Ess-Störung begünstigen bzw. mit verstärkter Ess-Störungs-Symptomatik zusammenhängen (Mullen et al., 1993; Willenberg, 2000; Jacoby, Braks u. Köpp, 1996).

- Aktuelle Studien mit strengen methodischen Standards sprechen dafür, dass CSA häufiger von Klientinnen mit bulimischer als mit anorektischer Symptomatik berichtet wird. Deshalb wird von einigen Autoren vermutet, dass CSA v. a. in der Entstehung bulimischer Symptome bzw. der Bulimie als unspezifischer Risikofaktor wirkt (Wonderlich et al., 1996; Wonderlich et al., 1997; Dansky, Brewerton, Kilpatrick u. O‹Neil, 1997; Vanderlinden u. Vandereycken, 1997).
- Sexuell misshandelte Frauen mit Ess-Störungen zeigen in Abhängigkeit von der Ausprägung des CSA häufiger und schwerere komorbide psychische Störungen als nicht sexuell misshandelte Frauen mit Ess-Störungen. Es handelt sich dabei v. a. um Persönlichkeitsstörungen (v. a. Borderline-Persönlichkeitsstörung), dissoziative und affektive Störungen, Angststörungen, Störungen der Impulskontrolle und des Sozialverhaltens, Missbrauch psychotroper Substanzen, direkt selbstverletzende Verhaltensweisen und suizidale Tendenzen (Vanderlinden u. Vandereycken, 1997; Kinzl, 1998b).
- Welche Mechanismen zu gewichtsregulierenden Maßnahmen und Ess-Störungen nach sexuellen Missbrauchserfahrungen in der Kindheit führen, ist bis heute unklar. Diesbezügliche Annahmen sind größtenteils spekulativ (Thompson et al., 2001).
- Die kontroversen Forschungsergebnisse im Hinblick auf die Bedeutung des CSA für Ess-Störungen lassen die Annahme nosologischer Subgruppen realistisch erscheinen, in denen den Missbrauchserfahrungen jeweils unterschiedliche Bedeutung zukommt (Hoffmann et al., 2000).

Erklärungsansätze für die Symptomentwicklung nach sexueller Misshandlung in der Kindheit

Erleben, Bewerten und Verarbeiten des CSA bilden einen dynamischen und interaktiven Prozess und sind, wie menschliches Verhalten und psychische Störungen generell, multifaktoriell determiniert (Wipplinger u. Amann, 1998b; Hofmann, 1999; Briere, 1996; van der Kolk et al., 1996; Richter-Appelt, 1998b; Bender u. Lösel, 2000; Hoffmann, Egle u. Joraschky, 2000). In den vergangenen Jahren wurde intensiv nach Erklärungsansätzen für die Auswirkungen (sexueller) Kindesmisshandlung geforscht. Verschiedene Studien haben gezeigt, dass ein isolierter Risikofaktor in der Kindheit i. d. R. keine psychische Störung im Erwachsenenalter verursacht, wobei schwere Traumata (z. B. sexuelle Missbrauchserfahrungen mit Geschlechtsverkehr) vermutlich Ausnahmen bilden. Als pathogen gelten insbesondere

Traumata, die mit weiteren Risikofaktoren assoziiert sind und auf diese Weise kumulative Effekte erzielen. Die Befunde zu den langfristigen Auswirkungen bestimmter Formen von Stress, Verlust und Deprivation, wie sie sexuell missbrauchte Kinder häufig erfahren, verdeutlichen eindrucksvoll den Zusammenhang zwischen biologischen, psychologischen und sozialen Dimensionen des menschlichen Erlebens und Verhaltens. Viele Autoren warnen deshalb vor einer Überbewertung des CSA und weisen darauf hin, dass es naiv wäre, direkte kausale Beziehungen zwischen CSA und der Entwicklung spezifischer psychischer Symptome anzunehmen. Dadurch würden die äußerst komplexen Beziehungen, die zwischen spezifischen Traumata, sekundären Schwierigkeiten, defizitären Umweltbedingungen, der Beschaffenheit prä- und posttraumatischer Bindungsmuster, dem Temperament, individuellen Kompetenzen und anderen Beiträgen zur Entstehung posttraumatischer Probleme bestehen, stark vereinfacht (van der Kolk, 1998; 2000a; (Rutter, 1989; Häfner, Franz, Liebert u. Schepank, 2001; Calam, 1998). Bisherige Erkenntnisse lassen multifaktorielle und dynamische Rahmenmodelle zur Erklärung der Folgen des CSA sinnvoll erscheinen, wie sie für die Ätiologie der PTB existieren. Die Ansätze sollten ein komplexes Beziehungsgefüge zwischen psychologischen, physiologischen und sozialen Prozessen abbilden, die in Abhängigkeit von Merkmalen des Opfers, des sexuellen Missbrauchs und der Umwelt variieren (vgl. Unterteilung in Personen-, Stressor- und Umweltfaktoren, z. B. Green, Wilson u. Lindy, 1985; van der Kolk, 2000, Poldrack u. Znoj, 2000; Pynoos et al., 2000; Butollo et al., 1999; McFarlane u. Yehuda, 2000). Entsprechende Modelle scheinen bislang jedoch nur zur Erklärung der PTB, nicht aber spezifisch für die möglichen Folgen von CSA zu existieren. Demzufolge werden zu deren Erklärung meist ätiologische Modelle der PTB oder das Modell der traumatisierenden Dynamiken nach Finkelhor und Browne (1985) vorgeschlagen (Moggi, 1998; Walker, 1994; Mullen, 1998). Weitere wesentliche Erkenntnisse liefern entwicklungspsychologische Erklärungsansätze, die lange Zeit vernachlässigt wurden, sich jedoch zunehmend durchsetzen können (Teegen, 1999; Mullen, 1998; Pynoos et al., 2000). Die verschiedenen Perspektiven tragen zur Erklärung wesentlicher Facetten der Symptomentwicklung und -chronifizierung nach CSA bei und lassen sich größtenteils miteinander vereinbaren.

Zunehmend setzt sich ein Verständnis der traumabedingten Symptombildungen als (inzwischen) dysfunktionale Coping-Mechanismen zur Traumabewältigung durch. Direkt selbstverletzende Verhaltensweisen, dissoziative Symptome, Ess-Störungen, Substanzmissbrauch, exzessiver Lebenswandel (Gefahrensuche), Zwangsrituale, Reinszenierung vergangener traumatischer Situationen oder Aggressionen gegen andere werden von vielen Autoren als selbstzerstörerische und bizarre Versuche der Selbstregulation sowie als Bewältigungs-, »Selbstrettungs«- und Heilungsversuche interpretiert. In diesem Zusammenhang können sie z. B. dazu dienen, den wiederholten internalen Retraumatisierungen (z. B. durch Flashbacks oder die anhaltende Übererregtheit) entgegenzuwirken. Die Symptome sind eine Folge des CSA, können langfristig aber auch selber extrem schädigend wirken und die Entstehung weiterer negativer Folgen begünstigen (Briere u. Runtz,

Tabelle 2: *Faktoren, die das Ausmaß der psychischen Schädigung durch CSA begünstigen*

Prätraumatische/begünstigende Faktoren	
Relevante Faktoren	**Mögliche Ausprägung**
Psychische Vulnerabilitäten	weitere Stressfaktoren (z. B. Scheidung der Eltern),
Entwicklungs- und Erfahrungsstand	frühere Viktimisierungserfahrungen; Entwicklungsverzögerungen,
Psychosoziales Funktionsniveau	niedriges psychosoziales Funktionsniveau.

Peritraumatische/verursachende Faktoren	
Relevante Faktoren	**Mögliche Ausprägung**
Art und Schwere des Missbrauchs	CSA durch nahe stehenden und/oder mehrere Täter, hohe Frequenz und/oder lange Dauer, anale, orale oder vaginale Penetration,
Kognitive und emotionale Bewertung	»Sich-Aufgeben« des Opfers in der Situation, subjektiv erlebter Kontrollverlust,
Copingkapazitäten	Fehlen anderer Quellen der Selbstbestätigung; geringe kognitive Bewältigungsmöglichkeiten,
Situativer Kontext	ungünstige Lebensumstände (z. B. zusätzliche physische und/oder psychische Misshandlung).

Posttraumatische/aufrechterhaltende Faktoren	
Relevante Faktoren	**Mögliche Ausprägung**
Ausmaß und Verfügbarkeit familiärer und sozialer Unterstützung	geringe elterliche (v. a. mütterliche) Unterstützung während und nach der Aufdeckung,
Bewertung und Umgang mit CSA und dessen Folgen	negativer Copingstil, negative Kognitionen des Opfers bzgl. CSA und dessen Folgen,
Reviktimisierungen	Fortsetzung der Missbrauchserfahrungen nach der Aufdeckung.

Vgl. Meichenbaum, 1994; Maercker, 1998; Kendall-Tackett et al., 1998; Bange u. Deegener, 1996; Moggi, 1998; Spaccarelli u. Fuchs, 1998.

1993; Briere, 1996; Teegen, 1998, 2000; van der Kolk, 1998; 2000a; Besser, 2001; Butollo et al., 1999).

Die Tatsache, dass die Beeinträchtigungen der Missbrauchsopfer sowohl quantitativ als auch qualitativ variieren, kann auf unterschiedliche pathogenetische Einflussgrößen zurückgeführt werden (Bange u. Deegener, 1996). Eine weitgehend akzeptierte Systematik der Einflussgrößen in Bezug auf posttraumatische Störungen unterscheidet zwischen prä-, peri- und posttraumatischen Faktoren, was prinzipiell einer Einteilung in begünstigende, auslösende und aufrechterhaltende Faktoren entspricht. Die Annahme, dass bestimmte dispositionelle Bedingungen vorhanden sein müssen, damit sich belastende Erlebnisse störend auswirken, wird v. a. im Rahmen der Diathese-Stress-Modelle psychischer Störungen hervorgehoben (vgl. Maercker, 1998).

Mehrere Autoren gehen davon aus, dass die Symptombildung zunächst entscheidend durch die Art und Intensität des CSA geprägt wird, im weiteren Verlauf jedoch zunehmend durch die individuellen Vulnerabilitäten und Stärken des Opfers und dessen familiäres Umfeld erklärt werden kann (Engfer, 2000; Bange u. Deegener, 1996; Butollo et al., 1999). Mullen et al. (1996) fanden, dass viele der häufig mit dem CSA assoziierten Faktoren (z. B. familiäre Instabilität, ärmliche Lebensumstände) ebenso bedeutsam, wenn nicht gar bedeutsamer, für die psychosoziale Anpassung der Betroffenen sind als die traumatischen Erfahrungen selber (zitiert nach Calam, 1998). Tabelle 2 bildet einige Faktoren ab, die das Risiko einer psychischen Schädigung der Opfer erhöhen können.

Zukünftige Studien, Publikationen und therapeutische Interventionen sollten vermehrt die Interaktion multipler Risiko- und Schutzfaktoren in der Biographie der Betroffenen berücksichtigen (Mullen, 1998; van der Kolk, 2000). Deren differenzierte Erfassung und Bewertung im Rahmen retrospektiver Studien wird jedoch erschwert durch die Konfundierung der einzelnen Faktoren v. a. bei lang andauerndem CSA und die Tatsache, dass die einzelnen Faktoren nicht per se protektiv bzw. pathogen wirken, sondern stets im Kontext individuell assoziierter Faktoren betrachtet werden müssen (Schmidt, 2000; Bender u. Lösel, 2000).

Annahmen zur Ätiologie der Ess-Störungen unter Berücksichtigung sexueller Missbrauchserfahrungen in der Kindheit

Wie bereits geschildert wurde, ist die Bedeutung des CSA für die Ätiologie der Ess-Störungen bislang weitgehend unbekannt. Allgemein gültige Erklärungsansätze der Ess-Störungen im Kontext sexueller Missbrauchserfahrungen kann es nicht geben.

Nachdem sich die Annahme kausaler Zusammenhänge nicht aufrechterhalten ließ, entwickelten verschiedene Autoren komplexe, multifaktorielle Bedingungsgefüge (z. B. Calam u. Slade, 1994; Pitts u. Waller, 1993; Connors u. Morse, 1993; zitiert nach Jacoby et al., 1996).

Verständnis der Ess-Störungen im Rahmen des Konstrukts der posttraumatischen Belastungsstörung

In der Literatur finden sich verschiedene Vorschläge für die Konzeptualisierung der Ess-Störungen bei traumatisierten Frauen anhand des Konstruktes der PTB. Root (1991) interpretiert die Ess-Störung als eine Form geschlechtsspezifischer PTB und vermutete dabei spezifische Zusammenhänge zwischen CSA und Ess-Störungen, die sich nicht bestätigen ließen (zitiert nach Kearney-Cooke u. Striegel-Moore, 1994). Rorty und Yager (1996b) konzeptualisieren Ess-Störungen bei traumatisierten Frauen anhand des Konstrukts der komplexen PTB (vgl. Herman, 1993, 1995; Pelcovitz et al., 1997). Sie integrieren in ihrem Konzept eine Vielzahl empirischer Befunde und Annahmen zur Funktionalität der Ess-Störung, deren Symptomatik sie als Versuch verstehen, überwältigende Gefühlszustände zu regulieren und ein kohärentes Selbst- und Weltbild aufzubauen (vgl. Calam, 1998). Der Gültigkeitsnachweis ihrer Annahmen dürfte sich teilweise schwierig gestalten. Auf phänomenologischer Ebene bietet der Ansatz von Rorty und Yager (1996b) zwar interessante Überlegungen, es erscheint jedoch stark pauschalierend, Ess-Störungen bei Opfern von Kindheitstraumata generell als (komplexe) PTB zu konzeptualisieren.

Hilfreich und relevant für die Arbeit mit traumatisierten Klientinnen mit Ess-Störungen erscheinen insbesondere Überlegungen zur Bedeutung dissoziativer Symptome bzw. Störungen von Aufmerksamkeit und Bewusstsein. Diese gelten als charakteristisches Symptom traumatisierter Klientinnen und bilden eine der wesentlichen Symptomgruppen der PTB. Auch bei Klientinnen mit Ess-Störungen finden sich Berichte über entsprechende

Symptome. So wird auch der Zustand während eines Essanfalls mitunter als dissoziative Erfahrung geschildert.

Der französische Psychiater Pierre Janet vermutete bereits um die Jahrhundertwende, dass dissoziierte traumatische Erinnerungen als kausale Faktoren an der Genese der Anorexie beteiligt sein könnten. Um eine dauerhafte Besserung der Symptomatik zu erzielen, hielt er es für wichtig, diese traumatischen Erfahrungen in die Behandlung zu integrieren (vgl. Vanderlinden u. Vandereycken, 1995a, 1997). Die Annahmen Janets gerieten für lange Zeit in Vergessenheit und wurden erst Mitte der 70er Jahre wieder entdeckt. Heute beschäftigen sich v. a. Johan Vanderlinden und Kollegen (1992, 1995a, 1997) mit der Bedeutung dissoziativer Symptome bei traumatisierten Klientinnen mit Ess-Störungen.

Im Rahmen der Hypnoseforschung in Bezug auf Ess-Störungen, die Mitte der 80er Jahre einsetzte, fand man bei Klientinnen mit Ess-Störungen eine deutlichere dissoziative Psychopathologie als bei Vpn mit gesundem Essverhalten. Die in den empirischen Studien nachgewiesenen dissoziativen Symptome waren bei Klientinnen mit Bulimie und atypischen Ess-Störungen in der Regel stärker ausgeprägt als bei Klientinnen mit Anorexie und entsprachen in manchen Fällen klinisch relevanten dissoziativen Störungen. Die Mehrzahl der betroffenen Frauen wies schwere traumatische Erlebnisse auf (Vanderlinden, van Dyck u. Vandereycken, 1990; Sanders, 1986; Pettinati, Horne u. Staats, 1985; Rosen u. Petty, 1994, zitiert nach Vanderlinden et al., 1992 und Vanderlinden u. Vandereycken, 1995a, 1997). Verschiedene Autoren nehmen Zusammenhänge zwischen traumatischen Kindheitserfahrungen, Ess-Störungen und Dissoziationen an und weisen auf den möglichen Einfluss dissoziativer Mechanismen v. a. in der Ätiologie der Bulimie und atypischer Ess-Störungen hin (z. B. Miller, McClusky-Fawcett u. Irving, 1993; Vanderlinden, Vandereycken, van Dyck u. Vertommen, 1993). Vanderlinden und Vandereycken (1995a) kamen aufgrund klinisch-therapeutischer Erfahrungen und (eigener) Studienergebnisse zu der Annahme, dass »trauma-induzierte dissoziative Erfahrungen in einer beträchtlich großen Subgruppe von Patientinnen mit Ess-Störungen (insbesondere bei Bulimia nervosa und bei atypischen Ess-Störungen) eine wichtige Rolle bei der Entstehung der Pathologie spielen könnten« (ebd. S. 70). Sie vermuten, dass traumatische Kindheitserlebnisse weniger als Risikofaktoren für die typische Ess-Störungssymptomatik wirken, sondern eher die Manifestation dissoziativer Symptome und die Herausbildung eines negativen Körpererlebens begünstigen, die häufig bei Klientinnen mit Ess-Störungen anzutreffen sind (vgl. Vanderlinden u. Vandereycken, 1995a, 1997; Rorty u. Yager, 1996b). Briere (1992) sowie Everill, Waller und MacDonald (1995) vermuten dagegen, dass dissoziative Symptome mediierende Faktoren zwischen CSA und bulimischen Symptomen darstellen.

Die Annahme, dass dissoziative Phänomene eine Ursache oder eine Folge der bulimischen Symptome darstellen oder als mediierende Faktoren oder komorbide Psychopathologie im Kontext von CSA und Ess-Störungen zu verstehen sind (Rorty u. Yager, 1996b; McManus, 1995; zitiert nach Schmidt et al., 1997).

Funktionale Zusammenhänge zwischen sexuellen Misshandlungen und Ess-Störungen

Verschiedene Autoren weisen darauf hin, dass die Ess-Störungssymptomatik bei traumatisierten Klientinnen bestimmte Funktionen im Sinne von Bewältigungsversuchen bzw. Anpassungsleistungen an die traumatischen Erfahrungen erfüllen können und sich deshalb von den potenziellen Funktionen bei Klientinnen mit anderen Belastungsfaktoren unterscheiden kann (z. B. Schwartz u. Gay, 1996; Vanderlinden u. Vandereycken, 1997). Einem Verständnis möglicher Funktionen der Ess-Störung im Kontext unbewältigter traumatischer Erfahrungen wird grundlegende Bedeutung für die Therapie beigemessen.

Einige Funktionen, die dem »binging«, »purging«, restriktiven Essverhalten und der intensiven Beschäftigung mit Nahrung in der Literatur zugeschrieben werden, sind Inhalt der folgenden Abschnitte. Die dortige Aufzählung ist weder erschöpfend, noch sind die genannten Funktionen ausschließ-

---

- Selbstbestrafung bzw. Bestrafung des eigenen Körpers.
- Fortsetzung der Misshandlung und Missachtung des eigenen Körpers und der eigenen Person während des Missbrauchs.
- Bestrafung des missbrauchenden oder nicht schützenden Elternteils (v. a. durch die lebensbedrohlichen Konsequenzen des Fastens bei AN).
- Symbolische Reinigung von dem sexuellen Missbrauch.
- Reinszenierung des sexuellen Missbrauchs (da sowohl das gestörte Essverhalten (v. a. BN, BED) als auch CSA in der sozialen und psychischen Isolation der Betroffenen stattfinden und beide mit Schuld- und Schamgefühlen und subjektiv erlebtem Kontrollverlust verbunden sind).

Vgl. Hummel u. Dörr, 1996; Schwartz u. Gay, 1996; Brown, 1997; Root u. Fallon, 1989; Weissman, 1995; Calam u. Slade, 1994

Übersicht 1: Mögliche Funktionen der ED im Kontext von Schuld- und Schamgefühlen

lich für sexuell misshandelte Frauen mit Ess-Störungen oder für jede dieser Frauen relevant. Für die einzelne Betroffene kann die Ess-Störungen vermutlich unterschiedliche, z. T. auch gegensätzliche Funktionen erfüllen, die individuell eruiert werden müssen.

Umgang mit Scham und Schuld
Root und Fallon (1989) interpretieren die Veränderung der äußeren Erscheinung (Gewichtsreduktion oder -zunahme) als eine in der Regel unbewusst ablaufende Bewältigungsstrategie, die auf die Überzeugung des Opfers zurückzuführen ist, den Übergriff aufgrund ihrer äußeren Erscheinung provoziert zu haben. Schuldgefühle im Hinblick auf die Misshandlungen werden bei körperlich, seelisch oder sexuell misshandelten Kindern in der Regel als Schutzfunktion vor dem Erleben vollkommener Hilflosigkeit beschrieben (vgl. Summit, 1983). Häufig wird berichtet, dass Betroffene ihre bulimische Symptomatik als ekelhaft, sich selbst als willenlos, schwach und ohne Selbstkontrolle erleben und bewerten. So bestätigt sich in der Symptomatik möglicherweise ihre Sicht von sich selbst als schlecht und wertlos und ihre Überzeugung, die Misshandlungen verdient zu haben (Root u. Fallon, 1989; Schwartz u. Gay, 1996).
Übersicht 1 fasst weitere mögliche Funktionen der Ess-Störungssymptomatik, wie sie in der Literatur im Hinblick auf die Bewältigung von Scham- und Schuldgefühlen beschrieben werden, zusammen.

Selbstregulation
Störungen der Selbstregulationsfähigkeit werden als eine der schwerwiegendsten Folgen sexueller Traumatisierungen in der Kindheit beschrieben. Darunter fallen u. a. auch Störungen der Affektregulation, die Vermutungen zufolge auch an der Entstehung und Aufrechterhaltung von Ess-Störungen sowie an Rückfällen beteiligt sind (z. B. berichten Klientinnen mit ED häufig von Schwierigkeiten in der Regulation von Gefühlen im Vorfeld eines bulimischen Anfalls) (Rorty u. Yager, 1996a/b). »Binging«, Erbrechen und/ oder zwanghafte körperliche Betätigung werden in der Literatur als effektive Strategien der Affektregulation beschrieben. Die Betroffenen erfahren eine vorübergehende Entspannung und Erleichterung, die in großem Maße selbstverstärkend wirkt und im Sinne der Lerntheorie schnell und nachhaltig konditioniert wird (Root u. Fallon, 1989; Briere, 1992). In der Literatur werden vielfältige Funktionen beschrieben, die »binging«, Erbrechen und/oder zwanghafte körperliche Betätigung für einige Klientinnen mit mangelnden Selbstregulationsfähigkeiten erfüllen können. Diese werden in Übersicht 2 zusammengefasst.

- Herstellung eines Zustands der dissoziativen Betäubung: dysfunktionale Copingstrategie im Umgang mit belastenden, unbewältigten Erinnerungen an das Trauma und damit assoziierten negativen Gedanken, inneren Bildern und Gefühlen (z. B. Angst, Wut, (Selbst-)Hass, Verzweiflung, Schmerz, Minderwertigkeit).
- Vermittlung sensorischer Reize, die mit dem wahrgenommenen psychischen Schmerz inkompatibel sind.
- Ausfüllen einer subjektiv empfundenen inneren Leere.
- Bindung der Aufmerksamkeit an die augenblickliche Gegenwart zur vorübergehenden Ablenkung von anderen Lebensereignissen und Gefühlen.
- Selbstberuhigung, Stressbewältigung und Spannungsreduktion, z. B. im Hinblick auf die Bewältigung von PTB- Symptomen (z. B. Hypervigilanz, flash-backs) oder belastenden emotionalen Zuständen.

Vgl. Root, 1991; Root u. Fallon, 1989; Fallon u. Wonderlich, 1997; Schwartz u. Gay, 1996; Briere, 1992; Hummel u. Dörr, 1996; Everill et al., 1995; Sachau u. Schröder, 1995; Heatherton u. Baumeister, 1991; Brown, 1997

Übersicht 2: Mögliche Funktionen der ED im Kontext der Selbstregulation

Darüber hinaus wird berichtet, dass CSA-Opfer durch den Einsatz dysfunktionaler Copingmechanismen in einen Zustand allgemeiner emotionaler Taubheit geraten können, der auch Emotionen und Erfahrungen betrifft, die nichts mit Missbrauch zu tun haben. Dem »binging«, »purging« und den direkt selbstverletzende Verhaltensweisen wird in diesem Kontext mitunter die Funktion zugeschrieben, diese dissoziativen Zustände zu unterbrechen, so dass die Klientin sich wieder »lebendig« fühlt (Briere, 1992; Vanderlinden u. Vandereycken, 1997; Root u. Fallon, 1989; Sachsse, 2001; van der Kolk, 2000).

(Wieder-)Erlangen von Kontrolle, Macht und Sicherheit

Traumatische sexuelle Misshandlungen führen meist zu einem subjektiv erlebten Kontrollverlust über das eigene Leben und den eigenen Körper. Das (Wieder-) Erlangen von Macht und Kontrolle über sich und die Umwelt wird als weitere potenzielle Funktion der Ess-Störungen bei CSA-Opfern beschrieben. Der Körper und seine Funktionen werden dadurch tatsächlich teilweise kontrolliert (z. B. Amenorrhoe). Darüber hinaus können ritualisierte Essgewohnheiten im Rahmen der Ess-Störungen ersatzweise ein Gefühl der Kontrolle vermitteln, indem sie das Leben strukturieren und vorhersagbar machen (Brown, 1997; Root u. Fallon, 1989; McFarlane, McFarlane u. Gilchrist, 1988). Auch die bei Betroffenen häufig zu beobachtende starke Orientierung an äußeren, gesellschaftlich vorgegebenen Werten, Zielen und (vermuteten) Anforderungen lässt als strukturgebende Funktion der Ess-Störung interpretiert. Sie ist vermutlich besonders relevant für Frauen, die aufgrund von Entwicklungsdefiziten weder ein stabiles internes Wertesystem, noch ein stabiles Selbst-, Fremd- und Weltbild aufbauen konnten (Rorty u. Yager, 1996b; Kearney-Cooke u. Striegel-Moore, 1994). McFarlane et al. (1988) vermuten aufgrund ihrer Erfahrung in der Behandlung traumatisierter Klientinnen mit, dass die belastenden intrusiven Gedanken an traumatische Erlebnisse durch die exzessive gedankliche Beschäftigung mit dem Thema Essen ersetzt werden. Diese seien zwar ähnlich alles durchdringend, würden aber als weniger belastend erlebt. Mögliche Schutzfunktionen, die »binging« und restriktives Essverhalten für einige Betroffene erfüllen können, bildet Übersicht 3 ab.

All diese dysfunktionalen Copingstrategien tragen lediglich dazu bei, die mit dem Missbrauch assoziierten Emotionen und Kognitionen zu unterdrücken, so dass keine Integration des Traumas erreicht werden kann. Stattdessen können die belastenden Erinnerungen immer wieder »angetriggert« werden, was einen Rückgriff auf die Symptomatik hervorrufen und so zur Chronifizierung der Störung beitragen kann (Rorty u. Yager, 1996b).

- Verbergen der weiblichen Formen durch Gewichtsabnahme oder -zunahme, um sexuell unattraktiv zu werden und so weitere Übergriffe zu verhindern.
- Versuche der Realisierung psychischer und physischer Abgrenzung, Autonomie und Individualisierung.
- »Anfressen« einer symbolischen Schutzschicht.
- Versuch zu „verschwinden", sich klein zu machen durch Gewichtsabnahme.
- Erzeugen von Mitleid oder Schuldgefühlen beim Täter durch Gewichtsabnahme oder -zunahme.

Vgl. Schwartz u. Gay, 1996, Root u. Fallon, 1989; Weissman, 1995

Übersicht 3: *Mögliche Schutzfunktionen der Ess-Störungssymptomatik*

Erklärungsansatz nach Vanderlinden und Vandereycken (1997)

Vanderlinden und Vandereycken (1997) konzeptualisieren die Zusammenhänge zwischen traumatischen Erfahrungen und psychopathologischen Folgen anhand der mediierenden Faktoren. Ihr multifaktorielles Modell integriert das Funktionsniveau des Opfers zum Zeitpunkt des Beginns der traumatischen Erfahrungen, Merkmale des Traumas wie Art, Schwere und Ausmaß und initiale Reaktionen der Opfers, Reaktionen anderer auf Mitteilungsversuche des Opfers, Merkmale des familiären Hintergrundes und die

Art und Weise der Erziehung, weitere Life-Events sowie das Selbstkonzept des Opfers. Ihre Annahmen stellen die Autoren in der folgenden Graphik dar (vgl. Abbildung 1).

Abbildung 1: Ein multifaktorielles Modell von Trauma und Dissoziationen (Vanderlinden u. Vandereycken, 1997, S. 28; Übers. S. H.)

Die Autoren weisen darauf hin, dass die dargestellten Faktoren interagieren und individuell stark variieren können. Die Ausprägung und Interaktion der Faktoren entscheidet ihnen zufolge über die psychosoziale Anpassung der Traumaopfer. Diese kann abgebildet werden auf einem Kontinuum zwischen konstruktiver Integration der traumatischen Erfahrungen in die emotionalen und kognitiven Strukturen des Individuums auf der einen Seite bis hin zur Abspaltung der Erfahrungen vom Bewusstsein (Dissoziation), die mit den unterschiedlichsten psychopathologischen Symptomen verbunden ist auf der anderen Seite. Die verschiedenen Formen der ED können in diesem Kontext unterschiedliche Funktionen erfüllen (Vanderlinden u. Vandereycken, 1997).

Bei dem Modell von Vanderlinden und Vandereycken fällt besonders die explizite Berücksichtigung weiterer Life-Events positiv auf. Generell liegt der Vorteil von Mediatorenmodelle darin, dass sie einen flexiblen Rahmen bilden, in den einerseits vielfältige empirische Befunde integriert und andererseits die individuellen Verläufe abgebildet werden können.

Zur Therapie sexuell misshandelter Klientinnen mit Ess-Störungen
Grundlegende Annahmen und Erkenntnisse

Entscheidend für die Therapie von Klientinnen, deren Ess-Störungen durch die traumatischen Kindheitserfahrungen mit bedingt wurde, ist laut Calam (1998), die Relevanz des CSA sowie der assoziierten Schwierigkeiten zu erfassen und in adäquater Weise in die Therapie zu integrieren, ohne dabei die Kernsymptomatik der Ess-Störung zu vernachlässigen (vgl. Krieger-Baulig, 1999). In der Literatur wird übereinstimmend gefordert, den Missbrauch und seine Folgen – wenn diese für die aktuelle Problematik relevant sind – gleichberechtigt in die Therapie der Ess-Störung zu integrieren (Brink, 1996). Als wesentliche Ziele der Therapie traumabedingter Ess-Störungen werden die Normalisierung des Essverhaltens, die Unterstützung der Klientin bei der Entwicklung alternativer Copingstrategien und die Steigerung der Autonomie und Selbstregulation der Klientin genannt (vgl. Root u. Fallon, 1989; Gleaves u. Eberenz, 1994; Vanderlinden u. Vandereycken, 1997; Fallon u. Wonderlich, 1997). Unabhängig von der theoretischen Orientierung, die der Therapie zugrunde liegt, raten Fallon und Wonderlich (1997) mit den hier beschriebenen Klientinnen besonders an Gefühlen der Machtlosigkeit, Scham, Isolation sowie an Verlusterlebnissen zu arbeiten. Weitere wichtige Themen, die im Verlauf dieser Therapien i. d. R. bearbeitet werden müssen, sind Grenzziehung, Selbstfürsorge, Schuld, Depressivität, (unterdrückter) Ärger, geringes Selbstwertgefühl und das Gefühl der eigenen Unzulänglichkeit (Dansky et al., 1997; Tice, Hall, Beresford, Quinnones u. Hall, 1989).

Verschiedene Autoren beklagen eine mangelnde Berücksichtigung der Bedeutung sexueller Missbrauchserfahrungen für die Gestaltung und den Verlauf der Therapie sexuell misshandelter Klientinnen mit Ess-Störung. Eine ausschließliche Diskussion über das Ausmaß des CSA führt »auf einen Nebenkriegsschauplatz« (Weissman, 1995, S. 85) und trägt wenig dazu bei, effektive Behandlungsstrategien für die Betroffenen zu entwickeln (Kearney-Cooke u. Striegel-Moore, 1994; Rorty u. Yager, 1996b; Wooley, 1994; Fallon, Sadik, Saoud u. Garfinkel, 1994). Bislang wird das diagnostisch-therapeutische Vorgehen meist anhand von Fallberichten geschildert (z. B. Calam, 1998; Tobin, 1995) oder auf »bestehende Maßnahmen, die sich zur Besserung traumainduzierter Symptome bewährt haben« (Waller et al., 1994, S. 91) verwiesen. Nur wenige Artikel befassen sich ausschließlich mit der Gestaltung der Therapie (sexuell) traumatisierter Klientinnen mit Ess-

Störungen (z. B. Kearney-Cooke u. Striegel-Moore, 1994; Root u. Fallon, 1989; Fallon u. Wonderlich, 1997), und es existiert vermutliche eine einzige Monographie über den theoretischen und praktischen Rahmen der Behandlung dieser Klientinnengruppe (Vanderlinden u. Vandereycken, 1997; Vandereycken, 2001).
Dementsprechend existieren auch nur wenige Studien zur Evaluation der Therapie traumatisierter Klientinnen mit Ess-Störungen. Die wenigen vorliegenden Therapiestudien sind widersprüchlich. Leider liefern sie auch keine Informationen über das Ausmaß, in dem die Problematik des sexuellen Missbrauchs im Rahmen der Therapie bearbeitet wurde oder über die durchgeführten Interventionen bzw. Therapieprogramme.
Zusammenfassend muss festgehalten werden, dass nach dem heutigen Stand der Forschung eine abschließende Antwort auf die Frage nach der Wirksamkeit »traditioneller« Ess-Störungs-Therapien bei traumatisierten Klientinnen nicht möglich ist und bislang auch keine Erkenntnisse darüber vorliegen, welche Form der Therapie für traumatisierte Klientinnen mit Ess-Störungen am besten geeignet ist. Studien haben jedoch gezeigt, dass sexuell misshandelte Klientinnen mit Ess-Störungen vor, während und auch nach der Therapie häufig eine schwerere Symptombelastung aufweisen als essgestörte Klientinnen, die in der Kindheit nicht sexuell misshandelt wurden. Um diesen in der Therapie adäquat beggnen zu können, fordern Fachleute mit großer Übereinstimmung, die Modifikation »traditioneller« Therapieprogramme für Ess-Störungen und die Integration traumatherapeutischer Ansätze (vgl. Anderson et al., 1997; Wonderlich et al., 1997; Teegen u. Cerney-Seeler, 1998; Gleaves u. Eberenz, 1994).

Therapie erwachsener Opfer sexueller Kindesmisshandlung

Allgemeine Prinzipien und wesentliche Ziele der Therapie

Traumafolgen und Traumatherapie werden derzeit intensiv erforscht. Nach Richter-Appelt (1995) existiert kaum eine Therapiemethode, die nicht für die Behandlung erwachsener Frauen mit CSA-Erfahrungen empfohlen wird. Dennoch liegen nur vereinzelte, kontrollierte Therapiestudien und keine Therapievergleichsstudien vor. Die wenigen Untersuchungen deuten darauf hin, dass kognitiv-behaviorale, psychoedukative und supportive, emotional prozessierende Interventionen wirksam sind (Chard, Weaver u. Resick, 1997; Meichenbaum, 1994; Zlotnick et al., 1997). Regehr und Glancy (1997) konnten in ihrer Übersichtsarbeit lediglich für zeitlich begrenzte, gruppentherapeutische Interventionen Erfolge für einen Teil der Klientinnen empirisch belegen.

Als wesentlich für die Bewältigung traumatischer Erfahrungen gilt eine Integration von Kognitionen, Affekten, Körpererleben und Handlungserfahrungen. Für die therapeutische Arbeit mit traumatisierten Menschen wird in der Regel ein störungsspezifisches, methodenintegratives und personenzentriertes Vorgehen empfohlen. Die Therapie sollte sich nicht auf eine Interventionsebene beschränken. Wichtig ist der variable und flexible Einsatz von Methoden und Vorgehensweisen, die auf körperlicher, emotionaler, behavioraler und kognitiver Ebene ansetzen. Schulenspezifische Interventionen sollten generell in ein umfassendes Gesamtkonzept eingebettet werden. Häufig integrierte Methoden entstammen kognitiv-behavioralen, katathym-imaginativen, konstruktiv-narrativen und psychodynamischen Therapieansätzen sowie der Gestalt- und Hypnotherapie. Darüber hinaus können körper-, kunst- oder musiktherapeutische Methoden sowie psychoeduka-

- »Empowerment« (d. h. Förderung der Selbstwirksamkeitserwartungen Stärkung von Autonomie und Selbstregulation [v. a. Stärkung der emotionalen Regulation, Affekttoleranz, Stärkung der Impulskontrolle])
- Kontrolle über den Erinnerungsprozess (Reduktion bestehender Amnesien, Intrusionen und Flashbacks; Aufbau einer kohärenten, sinnvollen Lebensgeschichte, die mit einem zukunftsorientierten Leben kompatibel ist),
- Verbesserung interpersonell-interaktiver Fertigkeiten, Aufbau sozialer Kontakte,
- Verbesserung des Selbstwertgefühls (z. B. Abbau von Schuld- und Schamgefühlen), Stärkung der Autonomie,
- Verbesserung der Selbstwahrnehmung (z. B. Bedürfniswahrnehmung),
- Abbau von passiv-depressiven und/oder (auto-) aggressiven Verhaltensmustern,
- Aufbau bzw. Verbesserung der Selbstfürsorge,
- Abbau bzw. Modifikation dysfunktionaler kognitiver Schemata,
- Konfrontation mit den traumatischen Erfahrungen und den traumabedingten Veränderungen,
- falls vorhanden: Reduktion der PTB-Symptome; lernen mit evtl. verbleibenden Stressreaktionen umzugehen,
- Traumasynthese: Synthese der verbalen, bildlichen, affektiven und körperlichen traumatischen Erinnerungen,
- Traumaintegration: Aufbau kognitiver Strukturen, die eine sinnhafte Integration der traumatischen und traumabedingten Erfahrungen ermöglichen.

Vgl. Wenninger, 1997; Besser, 2001; Butollo et al., 1999; Vogelgesang u. Eyman, 1997; Lebowitz et al., 1993; Peichl, 1997

Übersicht 4: *Ziele der Therapie von CSA-Opfern*

tive Elemente zum Tragen kommen (Peichl, 1997; Turner et al., 2000; Meichenbaum, 1994; Sachsse, 2001; Butollo et al., 1999). Traumaspezifische Therapieverfahren betonen trotz einiger Unterschiede übereinstimmend die Bedeutung (a) der Konfrontation mit dem Trauma, (b) der kognitiven Umstrukturierung und (c) der therapeutischen Beziehung (Senf u. Broda, 2000).
Als obsolet gilt, nach den Leitlinien der AWMF (online), die Anwendung »nicht traumaadaptierter psychodynamischer oder behavioraler Techniken (z. B. unmodifiziertes psychoanalytisches Verfahren, unkontrollierbare Reizüberflutung [...]), alleinige Pharmakotherapie sowie alleinige, unvorbereitete Traumakonfrontation ohne Einbettung in einen Gesamtbehandlungsplan« (ebd.). In der Fachliteratur werden folgende Ziele für die Behandlung von CSA-Opfern beschrieben (vgl. Übersicht 4):
Verbindliche Richtlinien zur Behandlung erwachsener CSA-Opfer lassen sich nach Ansicht von Regehr und Glancy (1997) bislang nicht definieren, da die vorliegenden empirischen Daten unzureichend und verwirrend sind.

Die Phasen der Traumatherapie

Man nimmt heute an, dass die Psychotherapie traumatisierter Klientinnen, entsprechend dem Verlauf der posttraumatischen Bewältigungsreaktionen, bestimmte Phasen durchlaufen muss. Moderne traumatherapeutische Konzepte basieren auf den von Herman (1993) beschriebenen Phasen
(1) Sicherheit,
(2) Erinnerung und Trauern sowie
(3) Neuorientierung.

Die Phasen dienen als flexibler Rahmen, der an die Bedürfnisse und Kapazitäten der jeweiligen Klientin adaptiert werden muss. Die Übergänge zwischen den Phasen sind fließend, wobei die zentralen Entwicklungsaufgaben aufeinander aufbauen. Rückschritte sind jederzeit möglich (Besser, 2001; Lebowitz et al., 1993; Reddemann u. Sachsse, 2000; Butollo et al., 1999; Meichenbaum, 1994).

Phase I: Sicherheit und Stabilisierung
Übersicht 5 beschreibt wesentliche Inhalte der ersten Phase der Traumatherapie, in deren Zentrum die Herstellung äußerer und emotionaler Sicherheit und Stabilität der Klientin steht. Das Erreichen der dort beschriebenen Ziele

Ziel: *Aufbau und Festigung von Sicherheit und Stabilität*
Toleranzschwelle für Konflikte: Niedrig   Zeitliche Orientierung: Gegenwart

Herstellung von äußerer und innerer Sicherheit
- Aufbau einer stabilen, vertrauens- und respektvollen therapeutischen Beziehung.
- Klare Strukturierung der Therapie (z. B. Erläuterung von Möglichkeiten, Grenzen und Vorgehensweise).
- Therapieverträge bzw. -vereinbarungen (z. B. bzgl. Auto- und Fremdaggression, Alkohol-, Drogenkonsum).
- Beendigung eventuell bestehender Täterkontakte bzw. aktueller traumatischer Situationen.
- Unterstützendes und fürsorgliches Verhalten der Therapeutin (z. B. Unterstützung bzgl. medizinischer Versorgung, Schutz vor Überforderung durch Verminderung von Belastungen/Anforderungen).
- Förderung der Selbstverantwortlichkeit und -fürsorge (z. B. autonome Befriedigung der Grundbedürfnisse).
- Etablierung von Krisenhilfe.
- Prüfung der Indikation zu stationärer Aufnahme und Behandlung komorbider psychischer Störungen.

Kontrolle und Reduktion der Symptomatik/Stabilisierungsarbeit, ressourcenorientiertes Vorgehen
- Psychoedukation (z. B. bzgl. der Symptome).
- Konzeptualisierung und Anerkennung der Symptome als Copingstrategien.
- Erarbeiten eines funktionalen Modells der Entstehungs- und aufrechterhaltenden Bedingungen der Symptomatik.
- Verbesserung der Selbstwahrnehmung (z. B. Identifizierung/Differenzierung von Körperwahrnehmungen).
- Modifikation pathologischer Selbstkontrollversuche (z. B. Alkohol-, Drogen-, Medikamentenmissbrauch).
- Erlernen von Coping Skills für spezifische Symptome (z. B. Grounding-Techniken bei Dissoziationen).
- Erlernen von StrEess-, Angstbewältigungs- und Selbstberuhigungsstrategien sowie Distanzierungstechniken.
- Aufbau/Verbesserung von Selbstliebe und -akzeptanz.
- Entspannungstechniken in dieser Phase oft noch nicht geeignet, da Klientin eine gewisse Vigilanz braucht, um sich selbst zu spüren und/oder sich sicher zu fühlen.
- Verbesserung der Selbstakzeptanz und Selbstwirksamkeitsbewertung.
- Verbesserung des Bezugs zum Körper (positive Körpererfahrungen, Restrukturierung des Körperbildes).
- Klärung und positive Modulation grundlegender kognitiver Schemata.
- Evtl. pharmakotherapeutische Abschirmung (adjuvant, symptomorientiert; Achtung: besondere Suchtgefährdung von PTB-Klientinnen (v. a. Benzodiazepine) und Gefahr des sog. »Kindling«-Phänomens).

Vgl. Peichl, 1997; Reddemann u. Sachsse, 2000; Besser, 2001; Butollo et al., 1999; Meichenbaum, 1994; Teegen, 1998; Lebowitz et al., 1993; Hofmann, 1999; Maercker, 1997a

Übersicht 5: *Die erste Phase der Traumatherapie: Sicherheit und Stabilisierung*

kann sich äußerst schwierig und langwierig gestalten (Lebowitz et al., 1993). Eine anschauliche Beschreibung und Begründung der Stabilisierungsphase liefern Reddemann u. Sachsse (1997).

Phase II: Traumaexposition, -synthese und -integration
Eine Konfrontation mit traumatischen Erinnerungen ist nicht notwendig, wenn die Klientin »ein befriedigendes Leben führt und keine emotionalen, perzeptiven oder behavioralen Intrusionen aus der Vergangenheit sich der Gegenwart bemächtigen« (van der Kolk, McFarlane u. van der Hart, 2000, S. 320). Ein aufdeckendes Vorgehen gilt als absolut kontraindiziert bei akuter Suizidgefahr, psychotischem Erleben oder anhaltendem Täterkontakt bzw. erneuter traumatisierender Lebenssituation. Eine relative Kontraindikation besteht bei instabiler psychischer, sozialer und/oder körperlicher Situation. Kontraindiziert ist des Weiteren eine Traumaexposition durch nicht gründlich weitergebildete Therapeutinnen oder ohne das Einverständnis der Klientin (AWMF online; Besser, 2001; Reddemann u. Sachsse, 1997, 1998). Die Reaktivierung und Modifizierung des traumatischen Materials mit Hilfe geplanter und dosierter Konfrontation (graduierte Exposition) wird in den verschiedenen therapeutischen Schulen auf unterschiedliche Art und Weise durchgeführt. Grundlegende Basis bildet jedoch stets das Prinzip von Foa, Steketee und Rothbaum (1989, zitiert nach van der Kolk et al., 2000), welches besagt »dass neue Informationen eingeführt werden müssen, die mit den starren traumatischen Regeln inkompatibel sind« (S. 323). Nach Foa und Kozak (1985, zitiert nach van der Kolk et al., 2000) erfordert eine erfolgreiche Traumaexposition
(1) die Aktivierung der Traumastruktur (Kognitionen, Affekte und Körperreaktionen) und
(2) die Vermittlung traumadiskrepanter Informationen (z. B. dass die Klientin jetzt in Sicherheit ist).
Die Konfrontation dient keinesfalls der symbolischen Reinszenierung des Traumas, sondern dem Erleben von Kontrolle und der Fähigkeit, mit den traumatischen Erinnerungen umzugehen. Sie zielt nicht auf Katharsis ab, sondern intendiert eine Integration der Erinnerungen in das biographische Gedächtnis und die Gesamtpersönlichkeit der Betroffenen (vgl. Reinecker, 1999; Lebowitz et al., 1993). Vorgehensweisen, die der Klientin ein möglichst schonendes, ihrer psychischen Belastbarkeit angepasstes Wiedererleben der traumatischen Erinnerungen ermöglichen, sind vermutlich am besten geeignet. Das zur Heilung notwendige Ausmaß an Erinnerung und Aufdeckung wird in der Fachwelt kontrovers diskutiert. Die meisten Autoren halten eine ausschließliche Arbeit an Themen der Vergangenheit aufgrund

Ziel: *Klärung, Synthese und Integration der traumatischen Erfahrung; Befähigung zur Erinnerung an das Trauma, ohne von negativen Gefühlen überwältigt zu werden die damit assoziiert sind*
Toleranzschwelle für Konflikte: Niedrig   Zeitliche Orientierung: Vergangenheit

Traumaexposition
- Schrittweise Konkretisierung der Erinnerungen entsprechend den Ressourcen und Bedürfnissen der Klientin.
- Strukturierung und Steuerung der Traumaexposition (z. B. hypnotherapeutische, imaginative Methoden, graduierte Exposition, EMDR, Körpertherapietechniken),
- Kombination konfrontativer und stützender Elemente (Stabilisierung nach jeder Traumabegegnung!),
- Restrukturierung und Kommunikation von Kognitionen, Bildern, Affekten und Körpersensationen, die mit dem Trauma assoziiert sind (Traumasynthese),
- Reduzierung der angstauslösenden Wirkung objektiv ungefährlicher konditionierter Reize.

Kognitive Interventionen
- Auseinandersetzung mit der Bedeutung des CSA für das Leben der Klientin (z. B. Zusammenhänge zwischen traumatischen Erfahrungen und aktuellen Beschwerden und Kognitionen, Trauerprozess),
- kognitiv-emotionale Klärung der Erfahrungen, Neubewertung und Integration (sinn- und bedeutungsgebende therapeutische Interventionen):
  - Bildung eines neuen Bezugsrahmens zur Bewertung der Erfahrungen für die Gegenwart und die Zukunft,
  - Kognitiv-emotionale Einordnung der traumatischen Erfahrungen in diesen neuen Bezugsrahmen (Sinnfindung),
  - Aufarbeitung der sexuellen Gewalterfahrung im Rahmen der übrigen Lebensgeschichte (individuelle, soziale und kulturelle Aspekte müssen beachtet werden),
  - Modifikation dysfunktionaler Kognitionen.

Weitere Interventionen
- Auf- oder Ausbau interpersoneller Kompetenzen, Ressourcenmobilisierung, Modifikation dysfunktionaler (= Aufbau funktionaler) Coping Skills,
- Prüfung der Indikation zur stützenden stationären Kriseninterventionen,
- Prüfung der Indikation zur Gruppentherapie, um Trauerarbeit zu erleichtern, Krisen zu mildern, Gefühl der Isolation zu mindern und interpersonelle Schwierigkeiten zu reduzieren.

Vgl. Peichl, 1997; Reddemann u. Sachsse, 1997; 2000; Besser, 2001; Butollo et al., 1999; Meichenbaum, 1994; Teegen, 1998

Übersicht 6: *Die zweite Phase der Traumatherapie: Traumaexposition, -synthese und -integration*

> **Ziel: *Wiederherstellung und Festigung sozialer Kontakte, Unterstützung bei beruflicher Orientierung, Rückfallprävention***
> Toleranzschwelle für Konflikte: Hoch   Zeitliche Orientierung: Zukunft
>
> - Ausdruck und Überwindung von Trauer, Wut-, Hass- und Rachegefühlen,
> - Aktzepieren und Abschließen des Erlebten (Entwicklung vom »Opfer« zur »Überlebenden« oder »Zeugin«),
> - Generalisierung der neuen Erlebens- und Verhaltensweisen,
> - Aufbau bzw. Stärkung nicht missbräuchlicher interpersoneller Beziehungen,
> - Thematisierung von Schwierigkeiten in zwischenmenschlichen Beziehungen (z. B. Vertrauen, Sexualität),
> - Selbstschutz vor Reviktimisierung,
> - Kommunikation und Realisierung eigener sexueller Wünsche und Bedürfnisse,
> - Beschäftigung mit Themen und Projekten der Gegenwart und Zukunft,
> - Wiederaufbau eines Gefühls von Sinnhaftigkeit (z. B. spirituelle oder religiöse Zeremonien, evtl. Engagement für andere Opfer),
> - Suche nach Möglichkeiten der »Wiedergutmachung« auf symbolischer bzw. metaphorischer Ebene, evtl. Überlegungen hinsichtlich juristischer Konsequenzen aus distanzierter Perspektive*,
> - je nach Gegebenheiten: Familientherapie, Versöhnungsarbeit,
> - Sicherstellen, dass Therapieerfolge erkannt und internal attribuiert werden,
> - Rückfallprävention: z. B. Strategien zum Umgang mit »Rückfällen«, Sensibilisierung für Warnsignale,
> - evtl. Teilnahme an Selbsthilfegruppe.
>
> Vgl. Peichl, 1997; Reddemann u. Sachsse, 1997, 2000; Besser, 2001; Butollo et al., 1999; Meichenbaum, 1994; Teegen, 1998; Wenninger, 1997; Turner et al., 2000; Lebowitz et al., 1993
> *Bedarf immer einer gründlichen Abwägung der Vor- und Nachteile sowie intensiver Vor- und Nachbereitung in der Therapie.

Übersicht 7: *Die dritte Phase der Traumatherapie: Neuorientierung und konkrete Zukunftsplanung*

empirischer und klinisch-therapeutischer Erfahrungen für nicht notwendig bzw. nicht sinnvoll. Nach Beutler u. Hill (1992) existieren keine Beweise dafür, dass traumatisierte Klientinnen von Interventionen, die primär die traumatische Geschichte fokussieren, mehr profitieren als von therapeutischen Vorgehensweisen, die sich hauptsächlich auf die Gegenwart beziehen. Die vollständige Erinnerung aller Missbrauchsmomente scheint keine notwendige Voraussetzung einer erfolgreichen Therapie erwachsener CSA-Opfer zu sein und ist aufgrund von Gedächtnisbeeinträchtigungen oft auch nicht möglich. Prinzipiell sollte die Klientin das Ausmaß der Konfrontation selber bestimmen (Meichenbaum, 1994; Wenninger, 1997; Vogelgesang, 1999; Mullen et al., 1993; Lebowitz et al., 1993; Wipplinger u. Amann, 1998b). Übersicht 6 stellt zentrale Aufgaben der zweiten Phase dar.

Phase III: Neuorientierung

Einige Autoren beschreiben im Anschluss an die traumazentrierte Arbeit eine Phase der Neuorientierung, in der es um ein Verarbeiten, Verschmerzen und Akzeptieren der Erfahrungen und den Aufbau einer konkreten Zukunftsperspektive geht. Übersicht 7 beschreibt die Inhalte und Ziele dieser Phase.

Andere Autoren empfehlen im Anschluss an eine erfolgreiche traumazentrierte Psychotherapie (Phase eins und zwei) eine »normale« Psychotherapie, um dauerhafte Verbesserungen sowie weitere Entwicklungen der Klientin zu ermöglichen und Rückfälle zu vermeiden. Diese kann v. a. bei Klientinnen mit lang andauernden und früh beginnenden sexuellen Gewalterfahrungen äußerst zeitintensiv sein (Besser 2001; Reddemann u. Sachsse, 1997; Sachsse, 1998).

Empfehlungen zur Therapiegestaltung
Informationserhebung und Beurteilung der Klientin

Ausgehend von Erkenntnissen, dass eine beachtliche Subgruppe der Klientinnen mit Ess-Störungen über dissoziative Symptome und traumatische Kindheitserfahrungen berichtet, besteht breite Übereinstimmung darüber, dass Fragen zu sexueller, körperlicher oder emotionaler Kindesmisshandlung sowie zu aktuellen Viktimisierungserfahrungen in die Informationserhebung integriert und im Rahmen der Beurteilung der Klientin berücksichtigt werden sollten. Es wird darauf hingewiesen, dass Therapeutinnen Misshandlungserfahrungen bei Klientinnen mit vorherigen, abgebrochenen oder erfolglosen Therapieversuchen sowie schweren komorbiden Störungen besonders aufmerksam abklären sollten (Hall, Tice, Beresford, Wooley u. Hall, 1989; Brown, 1997; Kearney-Cooke u. Striegel-Moore, 1994; Fallon u. Wonderlich, 1997; Root u. Fallon, 1989; Vanderlinden u. Vandereycken, 1997; Wooley, 1994; Brink, 1996; Gleaves u. Eberenz, 1994). Die Erhebung missbrauchsbezogener Informationen ist u. a. auch deshalb wichtig, weil die Folgen des Missbrauchs (z. B. dissoziative Symptome, Hyperarousal, Autoaggression, Störungen der Affekt- und Impulskontrolle, Reviktimisierungserfahrungen) traditionellen Interventionen im Rahmen der Behandlung der Ess-Störungen entgegenwirken können (vgl. Brink, 1996; Fallon u. Wonderlich, 1997). Darüber hinaus ist es zur Erstellung der zutreffenden Diagnose erforderlich, traumatische Erfahrungen in der Vergangenheit der Klientin sowie deren Bedeutung für das Erleben und Verhalten der Klientin zu explorieren (z. B. Vanderlinden u. Vandereycken, 1995b; van der Kolk, 2000). Fragen nach traumatischen Erfahrungen sollten i. d. R. routinemäßig und transparent zu Beginn der Behandlung gestellt werden. Die Therapeutin muss dabei sehr sensibel und aufmerksam sein. Traumaexperten empfehlen, nicht den Begriff sexueller Missbrauch zu verwenden, da manche Klientinnen ihre Erfahrungen nicht als Missbrauch bewerten. Stattdessen sollte nach unangenehmen oder ungewollten sexuellen Erfahrungen gefragt werden und darauf hingewiesen werden, dass dies für manche Klientin mit Ess-Störungen relevant ist (Connors, 2001; Kearney-Cooke u. Striegel-Moore, 1994; Brown, 1997; Vanderlinden u. Vandereycken, 1997; Brink, 1996). Der Klientin wird auf diese Weise die Möglichkeit gegeben, zum jetzigen Zeitpunkt oder später über ihre CSA-Erfahrungen zu sprechen. Dies ist v. a. deshalb wichtig, weil viele Klientinnen die Therapie aufgrund der Ess-Störungen beginnen und den CSA aus verschiedenen Gründen nicht von sich aus ansprechen:

(a) Sie bringen die Schwierigkeiten, aufgrund derer sie die Therapie beginnen, nicht in Verbindung mit dem CSA,
(b) sie haben Hemmungen aufgrund von Schuld-, Scham- und Stigmatisierungsgefühlen oder
(c) ihre Erinnerung ist aufgrund von Dissoziationssymptomen eingeschränkt (Wenninger, 1997).

Studien, die anamnestische und katamnestische Häufigkeitsangaben verglichen, fanden übereinstimmend, dass ungefähr die Hälfte der Betroffenen ihre CSA-Erfahrungen erst im späteren Verlauf der Therapie berichtete (Jacoby et al., 1996; Miller, 1993; Wooley, 1994).
Im Hinblick auf die Erhebung traumatischer Erfahrungen mit Hilfe standardisierter Verfahren existiert keine empirische Basis für den bevorzugten Einsatz von Fragebögen oder standardisierten Interviews (Vanderlinden u. Vandereycken, 1997). Nach Douzinas et al. (1994) hat es sich am effektivsten erwiesen, der Klientin zuerst einen detaillierten Fragebogen zu geben und im Anschluss daran ein persönliches Interview zu führen.
Die Informationserhebung verläuft meist therapiebegleitend und in mehreren Phasen. Sie kann sich über längere Zeit hinziehen und sollte äußerst behutsam gestaltet werden. So lässt sich die schrittweise Verbalisierung z. B. durch den Einsatz nonverbaler Medien (z. B. Sand, Ton, Farben) erleichtern (Teegen, 2000; Meichenbaum, 1994; Wenninger, 1997; Courtois, 1999; Kearney-Cooke u. Striegel-Moore, 1994; Vanderlinden u. Vandereycken, 1997). Bei Klientinnen, die erstmalig über den Missbrauch sprechen bzw. psychosozial und/oder körperlich instabil sind, sollte eine Aus-

einandersetzung mit den Erinnerungen und assoziierten Gefühlen nur aus distanzierter Perspektive und stark strukturiert erfolgen. In der Literatur wird wiederholt darauf hingewiesen, dass eine detaillierte Befragung zu (sexuellen) Traumata kontraindiziert ist, bevor nicht ausreichend Stabilisierungs- und Vorbereitungsarbeit durchgeführt wurde. Für ein solches Vorgehen wurden z. T. schwerwiegende negative Konsequenzen beschrieben (Meichenbaum, 1994; Reddemann u. Sachsse, 2000; Boos et al., 1999; Teegen, 2000; Vogelgesang, 1999). Nach Erfahrungen von Tice und Kollegen (1989) bedeutet es in der Regel einen Effektivitätsgewinn für die Therapie und einen großen Fortschritt für die Klientin, wenn diese ihre Missbrauchserfahrungen in der Therapie anspricht (vgl. Hermann, 1993). Dabei ist es von elementarer Bedeutung, der Klientin die Kontrolle über den Aufdeckungsprozess zu überlassen. Direkte Fragen erhöhen die Wahrscheinlichkeit, CSA-Erfahrungen aufdecken und bearbeiten zu können. Sie erleichtern den Klientinnen das »Darüber-Sprechen« und vermitteln ihnen eher das Gefühl, verstanden und akzeptiert zu werden. Die Therapeutin signalisiert auf diese Weise ihre Bereitschaft, über die Erfahrungen zu sprechen, ihre Vertrautheit mit der Thematik und ihre Bewertung des CSA als relevante Lebenserfahrung der Klientin (Kearney-Cooke u. Striegel-Moore, 1994; Wenninger, 1997; Courtois, 1999; Woltereck, 1994; Brown, 1997).

Spezifische Fragen zu den Missbrauchserfahrungen erfüllen außer diagnostischen auch therapeutische Funktionen. Sie ermöglichen neben einem Verständnis der Entwicklung der Klientin und ihrer Annahmen über sich und die Welt auch die Modifikation selbst beschuldigender Kognitionen sowie die Klärung eventueller funktionaler Zusammenhänge zwischen dem CSA und der Ess-Störung (Fallon u. Wonderlich, 1997).
Berichtet eine Klientin von CSA, so darf dieser nicht generell als ursächlicher oder perpetuierender Faktor der Ess-Störungen vorausgesetzt werden. Ebenso kann er nicht ungeprüft dazu verwendet werden, das gesamte Leiden der Klientin zu erklären. Die tatsächlichen Auswirkungen des Missbrauchs müssen genau eruiert und in Relation zu anderen Faktoren im Leben der Klientin gesetzt werden. Darüber hinaus muss die Plausibilität alternativer Erklärungsmuster der Ätiologie der Ess-Störung geprüft werden, um der Klientin gerecht zu werden (Waller, 1996; Calam, 1998; Connors, 2001). Generell sollten zu Beginn jeder Ess-Störungen-Therapie mit CSA-Opfern routinemäßig und einfühlsam die in Übersicht 8 zusammengefassten Informationen erhoben werden.
Zum Schutz der Klientin vor einer Überflutung und Überforderung durch

ihre traumatischen Erinnerungen, empfehlen verschiedene Autoren z. B. ein »debriefing« der Klientin im Anschluss an die Traumaexploration (Brown, 1997; Kearney-Cooke u. Striegel-Moore, 1994).

Behandlungsabfolge

Wird die Missbrauchsthematik als relevant für die aktuellen Probleme der Klientin beurteilt, so stellt sich die Frage, in welcher Therapiephase die traumatischen Erinnerungen intensiver bearbeitet werden sollen. Prinzipiell müssen missbrauchsbezogene und essstörungsspezifische Interventionen selbstverständlich den individuellen Bedürfnissen der Klientin angepasst werden. Dabei stellt sich häufig die Frage, ob »mehrgleisig« oder themenzentriert gearbeitet werden kann bzw. soll.
In der Literatur wird meist als erster Schritt der Aufbau alternativer Copingstrategien empfohlen, die den Umgang mit den Folgen des CSA (z. B. Flashbacks, Hyperarousal) erleichtern. Andernfalls behalten dysfunktionale Copingstrategien wie das gestörte Essverhalten ihre Bedeutung bei (vgl. Krieger-Baulig, 1999; Gleaves u. Eberenz, 1994). Zu diesem Zweck raten Gleaves und Eberenz (1994), kognitiv-behaviorale Interventionen, die sich auf die allgemeinen Folgen des CSA beziehen, vor oder parallel zu den Ess-Störungsspezifischen Maßnahmen zu setzen. Wonderlich et al. (1997) weisen darauf hin, dass bei vielen der hier beschriebenen Klientinnen komorbide psychische Störungen (z. B. Substanzabhängigkeit) gebessert werden müssen, bevor die eigentliche Therapie der ED begonnen werden kann. Vanderlinden und Vandereycken (1997) streben in der ersten Therapiephase eine Reduktion der Symptomatik der Ess-Störungen und eine allgemeine Stabilisierung der Klientin an, bevor in einem späteren Stadium der Therapie das traumatische Material bearbeitet wird. Traumatisierte Klientinnen benötigen zum Aufbau von Selbstkontrolle bzw. zur Normalisierung des Essverhaltens häufig mehr Zeit und ein fein(er) graduiertes Vorgehen. Dies resultiert u. a. daraus, dass mit der Reduktion des symptomatischen Verhaltens bzw. mit der Gewichtszunahme eine Reihe traumabezogener Ängste assoziiert sein können. Erst wenn die Klientin ausreichend Selbstkontrolle sowie eine allgemeine Verbesserung von Symptomatik und Gewicht erreicht hat und ein tragfähiges, vertrauensvolles therapeutisches Arbeitsbündnis aufgebaut werden konnte, sollte die Therapeutin zur Exploration zugrunde liegender Problembereiche (z. B. traumatische Kindheitserfahrungen) übergehen (vgl. Krieger-Baulig, 1999; Gleaves u. Eberenz, 1994; Vanderlinden u. Vandereycken, 1997; Calam, 1998). Da eine Konfrontation mit der psy-

Traumabezogene Informationen

- ★ Missbrauchsbezogene Variable (z. B. spezifische Details über die Missbrauchshandlungen, Alter, Anzahl der Täter, Beziehung zum Täter, Häufigkeit, eigene Reaktionen (behavioral, emotional, kognitiv),
- ★ Entwicklungsstand des Opfers zu Beginn des Missbrauchs,
- ★ Anamnese weiterer pathogener Einflüsse in Kindheit, Jugend und Erwachsenenalter (z. B. auslösende Ereignisse bzgl. ED; Reviktimisierungen),
- ★ Familienvariable (z. B. Funktionalität der Struktur der Herkunftsfamilie, (aktuelle) Situation in der eigenen Familie, Beziehungsgestaltung in der Partnerschaft, aktuelle gewalttätige Beziehungen),
- Aktuell verfügbare Ressourcen und Schutzmechanismen,
- Bisherige Bewältigungsversuche (z. B. Mitteilungsversuche und diesbezügliche Reaktionen anderer),
- Kognitive Bewertung und Verarbeitung des CSA durch die Klientin.

Empfohlenes Vorgehen	**Zeitpunkt**
(teil-)standardisierte Interviews oder Fragebögen, sokratischer Dialog.	Zu Therapiebeginn, therapiebegleitend.

Symptomatik

- Ess-Störungssymptomatik,
- ★ Selbstkonzept und Körperbild,
- komorbide psychische Störungen (v. a. dissoziative Störungen, Störungen der Impulskontrolle, Borderline Persönlichkeitsstörung; PTB),
- Suizidalität,
- Prätraumatische psychische Gesundheit,
- Aktuelles Funktionsniveau (z. B. in sozialen Beziehungen, am Arbeitsplatz),
- Funktionalität der Symptomatik.

Empfohlenes Vorgehen	**Zeitpunkt**
Multimodaler, mehrdimensionaler Ansatz; standardisierte störungsspezifische Instrumente	Zu Therapiebeginn, therapiebegleitend.

Vgl. Wenninger, 1997, Meichenbaum, 1994; Vanderlinden u. Vandereycken, 1997; Fallon u. Wonderlich, 1997; Kearney-Cooek u. Striegel-Moore, 1994; McFarlane, McFarlane u. Gilchrist, 1988; Connors, 2001; Teegen, 2001; Waller et al., 1994; Calam, 1998

Übersicht 8: *Informationserhebung bei sexuell misshandelten Klientinnen*

Anmerkung: In der Literatur werden die mit einem Stern (★) gekennzeichneten Aspekte als wesentliche Mediatorvariable diskutiert, die möglicherweise mit der Ess-Störungs-Ssymptomatik bei CSA-Opfern zusammenhängen und deshalb wesentliche Informationen und Richtlinien für die Therapieplanung vermitteln können.

chologischen Bedeutung der Ess-Störung laut Vanderlinden und Vandereycken (1995a) häufig eine emotionale Krise und einen Rückfall in die Symptomatik verursacht, muss die Klientin von der Therapeutin sorgfältig auf diesen Schritt vorbereitet werden. Wird die Therapie im ambulanten Setting durchgeführt, sollte in diesem Stadium des Therapieprozesses die Indikation zu einer vorübergehenden stationären Aufnahme geprüft werden, um der Klientin ausreichend Sicherheit und Schutz zu gewährleisten. Von den Klientinnen wird es häufig als Erleichterung empfunden, die erste Traumaexposition im geschützten stationären Setting durchzuführen, wo sie vor weiteren Belastungen abgeschirmt sind (vgl. Boos et al., 1999; Köpp, 2000; Vanderlinden u. Vandereycken, 1995b; 1997; Tobin, 1995; Calam, 1998; Waller et al., 1994).

Im weiteren Verlauf der Therapie müssen die individuellen Funktionen des Essverhaltens geklärt und durch funktionalere Verhaltensweisen ersetzt werden. In diesem Zusammenhang wird i. d. R. eine parallele und integrative Arbeit an der Ess-Störungen und den Misshandlungserfahrungen beschrieben. Krieger-Baulig (1999) sieht den

> »... Grundkonflikt in der therapeutischen Arbeit mit diesen Patientinnen [...] darin, dass die Symptomatik der Ess-Störung immer im Zusammenhang mit der Beziehungsdynamik des Missbrauchs zu sehen ist. Man kann diese Bereiche nicht voneinander trennen; beide müssen gleichzeitig angegangen werden. Dies bedeutet eine therapeutische ›Gratwanderung‹, denn Essmanagement wird sinnlos, wo die bulimische Symptomatik noch eine wichtige Funktion innerhalb der Beziehungsdynamik des Missbrauchs hat. [...] Die Gratwanderung besteht darin, einen Mittelweg zu finden, der Patientin das gestörte Essverhalten nicht ganz zu nehmen, es ihr aber auch nicht ganz zu lassen, sondern mit ihr auch an Verbesserungen des Essverhaltens zu arbeiten« (ebd., online).

Grundlegende Voraussetzung ist, dass die Therapeutin mögliche Auswirkungen einer Missbrauchsvorgeschichte auf die therapeutische Beziehung kennt. Bei Vanderlinden und Vandereycken (1997) findet sich eine Beschreibung relativer Kontraindikationen der Traumabearbeitung. In diesen Fällen sollte v. a. eine Besserung der essstörungsspezifischen Symptomatik sowie eine allgemeine Stabilisierung der Klientin angestrebt werden und eine Traumaexploration aufgeschoben oder gar nicht durchgeführt werden. Ein symptomorientiertes Vorgehen kann nach Schmidt und Humfress (1996) »den einfachsten und sichersten gemeinsamen Nenner für Patientin und Therapeut/in darstellen« (ebd. S. 58). Die Autorinnen weisen jedoch darauf hin, dass eine rein symptomorientierte Therapie ohne die Möglichkeit zur Arbeit an Kindheitserlebnissen von einigen Klientinnen als »irrelevant empfunden werden kann« (ebd. S. 58). Sowohl eine Fokussierung auf die Misshandlungserfahrungen als auch ein rein symptomzentriertes Vorgehen bergen das Risiko eines Therapieabbruchs in sich, falls die Klientin das Gefühl hat, dass wesentliche Aspekte ihrer Problematik vernachlässigt werden. Bislang ist es unklar, ob bzw. in welchen Fällen die Missbrauchsproblematik vor, während oder nach einer symptomzentrierten Behandlung der Ess-Störung bearbeitet werden sollte (Waller et al., 1994; Schmidt u. Humfress, 1996).

Analyse der funktionalen Zusammenhänge

Wie van der Kolk (2000a) bemerkt, wird die Art der Behandlung entscheidend dadurch bestimmt, ob Therapeutinnen die Symptome »als bizarre Verhaltensweisen, die abgeschafft werden müssen, oder als fehlgeleitete Versuche der Selbstregulation [verstehen]« (ebd. S. 170). Eine Konzeptualisierung der Symptomatik als posttraumatische Reaktion, Anpassungsleistung oder dysfunktionalen Bewältigungsversuch der (sexuellen) Traumatisierungen in der Kindheit sowie das Wissen über mögliche Funktionen der Symptome gilt als äußerst hilfreich für die Gestaltung der Therapie sexuell missbrauchter Frauen mit Ess-Störungen. Dies erleichtert das Verständnis der bei diesen Klientinnen häufig anzutreffenden ausgeprägten selbstzerstörerischen Komponente und Therapieresistenz sowie weiterer mitunter bizarrer oder paradoxer Facetten der Symptomatik.

Ohne die Modifikation und Integration des CSA und seiner Konsequenzen ist eine dauerhafte Normalisierung des Essverhaltens nach Ansicht erfahrener Kliniker und Autoren unwahrscheinlich. Darüber hinaus besteht die Gefahr einer Symptomverschiebung. In der Fachliteratur wird übereinstimmend darauf hingewiesen, dass ein wesentlicher Teil der psychotherapeutischen Behandlung traumatisierter Klientinnen mit Ess-Störungen darin besteht, ihnen ein Verständnis möglicher funktionaler Zusammenhänge zwischen dem CSA bzw. den unbewältigten traumatischen Erfahrungen und der Ess-Störung zu ermöglichen. Die Entwicklung eines plausiblen Modells, und damit das Verständnis der funktionalen Zusammenhänge zwischen dem Trauma und der Ess-Störungen, bildet eine wesentliche Voraussetzung für den Aufbau alternativer Verhaltensweisen. Klientinnen, die psychologischen Gedankengängen zugänglich sind und die ihrer Ess-Störung bestimmte Funktionen in der Bewältigung des CSA zuschreiben, profitieren vermutlich besonders von einer Analyse der funktionalen Aspekte der

Symptomatik im Kontext der Missbrauchsbewältigung. Durch »Refraiming« der Symptome als Überlebensstrategie kann die Klientin lernen, die Symptome zu verstehen und zu akzeptieren. Ausgehend von der Identifizierung der positiven Aspekte der Symptomatik (z. B. Schutzfunktionen) kann die Klientin versuchen, »die darin bisher gegen sich selbst gerichteten Potentiale [...] konstruktiv zu nutzen« (Bröckling, 1992, S. 23). Darüber hinaus ermöglicht die Kenntnis der funktionalen Aspekte der Ess-Störung die Antizipation von Fluktuationen der Symptomatik, wodurch die Wahrnehmung subjektiver Kontrolle erhöht wird. Auf diese Weise kann ein Verständnis der Zusammenhänge helfen, die häufig automatisierten dysfunktionalen Verhaltensweisen und Kognitionen im Rahmen der Ess-Störung zu unterbrechen und dadurch zur Stabilisierung des Essverhaltens beitragen (Rorty u. Yager, 1996a; Calam u. Slade, 1989; Calam, 1998; Vanderlinden u. Vandereycken, 1997; Kearney-Cooke u. Striegel-Moore, 1994; Root u. Fallon, 1989; Fallon u. Wonderlich, 1997; Schmidt u. Humfress, 1996; Vogelgesang u. Eymann, 1997; Meyer-Gutknecht, Vogelgesang u. Jahrreis, 1997; Schwartz u. Gay, 1996; Schwartz u. Cohn, 1996; Bröckling, 1992; Krieger-Baulig, 1999; Hummel u. Dörr, 1996; Weissman, 1995).
Ein Verständnis möglicher Funktionen der Ess-Störungen im Kontext des sexuellen Traumas (bzw. der Lebensgeschichte) aufzubauen kann relativ viel Zeit und den Einsatz multipler therapeutischer Methoden erfordern (Fallon u. Wonderlich, 1997). Da Zusammenhänge auf unterschiedlichen Ebenen hergestellt werden sollten, empfehlen Fallon und Wonderlich (1997) diesbezüglich den Einsatz kognitiver und affektiver therapeutischer Interventionen.

Aufbau alternativer Bewältigungsstrategien

Die Integration von Interventionen zur Exploration emotional belastender Erinnerungen in die Gesamtbehandlung erfordert eine sorgfältige Planung. Explorative Interventionen müssen mit Strategien der Eindämmung emotional belastender Erinnerungen entsprechend den Kapazitäten der Klientin ausbalanciert werden (vgl. Fallon u. Wonderlich, 1997; Vanderlinden u. Vandereycken, 1995a). Dies zu gewährleisten ist einerseits die Aufgabe der Therapeutin, andererseits soll die Klientin in der ersten Therapiephase mit therapeutischer Hilfe funktionale Bewältigungsstrategien erarbeiten, die ihr u. a. den Umgang mit emotional belastenden Zuständen ermöglichen. Diese Kompetenzen müssen vor einer Auseinandersetzung mit den traumatischen Erfahrungen erworben werden, da anderenfalls die Gefahr besteht, dass die

Tabelle 3: Beispielhafte Copingstrategien

Behaviorale Strategien	Emotionale und kognitive Strategien
• Gespräche mit anderen Menschen suchen; • sportliche Betätigung; • Tagebuch schreiben (augenblickliche Gefühle); • Planung des Ess-Brech-Anfalls als Reaktion auf erwartete intensivste Gefühle; • Atem- und Entspannungstechniken (entsprechend den Bedürfnissen traumatisierter Klientinnen).	• imaginative Techniken; • Prognose des Erlebens und Verhaltens in bestimmten Situationen; • Entspannungsverfahren oder Selbsthypnoseinduktion; • Ablenkung und Entspannung durch Hören der Lieblingsmusik; • transistorische Objekte (z. B. aufbauende Briefe).

Fallon u. Wonderlich, 1997; Vanderlinden und Vandereycken, 1997; Kearny-Cooke u. Striegel-Moore, 1994

Klientin weiterhin auf dysfunktionale Bewältigungsmechanismen zurückgreift. »Nimmt« man der Klientin ihre Symptomatik bevor sie adäquatere Copingstrategien entwickeln konnte, so erhöht sich das Risiko einer Symptomverschiebung (Fallon u. Wonderlich, 1997; Brown, 1997; Vanderlinden u. Vandereycken, 1997).

Copingstrategien, die Alternativen zu den selbstdestruktiven Verhaltensweisen bilden, sollten spannungsmindernd und aufmerksamkeitsbindend bzw. ablenkend wirken, ohne dabei den Kontakt zur Realität einzuschränken. Sie müssen den individuellen Präferenzen, Ressourcen und Bedürfnissen der Klientin angepasst werden. Strategien zur Eindämmung emotional belastender Erinnerungen kommt im Rahmen ambulanter Therapien vermutlich besondere Bedeutung zu, da die Klientin zwischen den einzelnen Sitzungen auf sich allein gestellt ist. In der Literatur werden u. a. die folgenden Strategien empfohlen (vgl. Tabelle 3).

Anforderungen an die Therapeutin

Ein fundiertes theoretisches Wissen über mögliche Auswirkungen sexueller Missbrauchserfahrungen in der Kindheit und effektive Behandlungsstrategien werden in der Literatur übereinstimmend als nicht ausreichend für eine erfolgreiche Therapie der CSA-Opfer bewertet. Als wesentlich für die therapeutische Arbeit mit diesem Klientel gilt eine Auseinandersetzung mit eigenen ethischen Werten, dem Welt-, Männer- und Frauenbild sowie die Orientierung an gewissen Maximen, die zu einem großen Teil feministischen

Ansätzen entstammen. Neben einer hohen fachlichen Kompetenz, Empathiefähigkeit und Belastbarkeit sind auf Therapeutinnenseite fundierte Kenntnisse über die möglichen Auswirkungen traumatischer Erfahrungen nötig (z. B. Besonderheiten des Beziehungsverhaltens sexuell missbrauchter Klientinnen), um den beschriebenen Emotionen, Kognitionen und Verhaltensweisen sexuell missbrauchter Klientinnen adäquat begegnen zu können. Die Arbeit mit Traumaopfern erfordert von der Therapeutin ein großes Ausmaß an Flexibilität, Engagement sowie die differenzierte Anwendung multipler therapeutischer Methoden (Lebowitz et al., 1993; Wenninger, 1997; Maercker, 1997b; Vogelgesang, 1999; Zielke, 1998; Woltereck, 1994).

Therapeutinnen müssen in der Lage sein, »in die traumatische Wirklichkeit der Patienten einzutreten« (Teegen, 2000, S. 347) und z. T. sehr intensive Gefühle von Trauer, Wut, Hass, Ekel, Scham oder Verzweiflung zu ertragen und zu bewältigen. Gleichzeitig müssen sie »die klinische Perspektive beibehalten« (Teegen, 2000, S. 347). Die angemessene Moderierung von Überengagement und Distanzierung in der Arbeit mit sexuell missbrauchten Klientinnen wird als mögliche Schwierigkeit der Therapeutinnen geschildert (Wilson u. Lindy, 1994; Woltereck, 1994; Zielke, 1998; Wipplinger u. Amann, 1998b). Übereinstimmend wird die Notwendigkeit einer guten traumatherapeutischen Ausbildung hervorgehoben. Diese ist wichtig, um einerseits den Bedürfnissen der Klientinnen gerecht zu werden und andererseits »sich als TherapeutIn gesund zu erhalten, nicht auszubrennen und sich entsprechend abgrenzen zu können« (Gurris, 2000, S. 63). Die Notwendigkeit von themenbezogener Selbsterfahrung, Fall- und Teamsupervision, kollegialer Intervision und Debriefing (Ansprechen/Rekonstruieren von Tatsachen und Emotionen, die zur primären/sekundären traumatischen Erfahrung gehören. Außerdem Instruktion und Information bzgl. Bewältigungsstrategien [vgl. Perren-Klingler, 2000]) wird besonders betont »zur Reflexion der Arbeit, Psychohygiene und zum Schutz vor Überflutungen bei sexualisierten Gewaltschilderungen« (Karcher, 2000, S. 36, vgl. Maercker, 1997b; Zielke, 1998).

Die Therapie von Klientinnen mit traumabezogenen Ess-Störungen erfordert zusätzliche traumatherapeutische Kenntnisse der Therapeutinnen bzw. eine Zusammenarbeit mit Fachleuten auf dem Gebiet der Psychotraumatologie. Besonders dann, wenn die Klientin komorbide psychische Störungen wie z. B. eine schwere Persönlichkeitsstörung oder eine (komplexe) PTB aufweist, wird die Behandlung häufig als »zeitaufwendig, multimodal und turbulent« (Wonderlich et al., 1997, S. 1114, Übers. S. H.) geschildert. Nach Woltereck (1994) kommt es bei Klientinnen mit traumatischen Kindheitserfahrungen meist zu langjährigen Therapieprozessen (als Orientierungshilfe nennt sie eine Dauer von zwei bis fünf Jahren) (vgl. Wooley, 1994; Fallon u. Wonderlich, 1997; Calam, 1998; Vanderlinden u. Vandereycken, 1997; Waller et al., 1994). Standardisierte Elemente der Ess-Störungs-Therapie müssen häufig entsprechend den Bedürfnissen der traumatisierten Klientin modifiziert werden, wobei Therapeutinnen in hohem Maße auf die eigene Kreativität angewiesen sind (Calam, 1998; Meichenbaum, 1994).

Die Bedeutung des Geschlechts der Therapeutin wird kontrovers beurteilt. Einige Autoren vermuten, dass Frauen diese Klientinnen besser behandeln können (Root u. Fallon, 1989; Wooley, 1994). Nach Waller (1996) sind grundsätzlich weder Männer noch Frauen besser geeignet. Vielmehr sollte im Rahmen der Therapie auf die Geschlechtsrollen sowie die daraus resultierende Dynamik eingegangen werden. Wooley (1994) empfiehlt Therapeutinnen, der Klientin/dem Klienten generell anzubieten, im Bedarfsfall ihre Erfahrungen mit einem Vertreter des anderen Geschlechts zu besprechen.

Interaktionsverhalten und therapeutische Beziehung

Grundlage jeder Therapie ist ein stabiles und vertrauensvolles Arbeitsbündnis zwischen Therapeutin und Klientin. Dieses gilt als besonders wichtig für den Verlauf der Therapie, verläuft aufgrund bestimmter Übertragungs- und Gegenübertragungsphänomene jedoch häufig unter erschwerten Bedingungen (Vogelgesang, 1999; Wenninger, 1997; Wipplinger u. Amann, 1998b; Zielke, 1998; Briere, 1996; Woltereck, 1994; Hofmann, 1999).
In den vorherigen Ausführungen wurden bereits die vielfältigen interpersonellen Schwierigkeiten und dysfunktionalen Überzeugungen in Bezug auf sich und andere Personen angesprochen, die bei Opfern interpersoneller Gewalt in der Kindheit auftreten können. Es wird deshalb empfohlen, bei dem Aufbau und der Gestaltung der therapeutischen Beziehung mit diesen Klientinnen bestimmte, erfahrungsgemäß auftretende Schwierigkeiten zu berücksichtigen (vgl. Tabelle 4).

Die durch Unterstützung, Wertschätzung und Sicherheit gekennzeichnete Beziehung soll der Klientin sowohl eine Modifikation ihrer Annahmen und ihres Verhaltens in Bezug auf sich selber als auch positive und korrektive Erfahrungen mit sozialen Beziehungen ermöglichen. Tabelle 5 bildet wesentliche Dimensionen der therapeutischen Beziehung ab, wie sie in der Therapie psychisch traumatisierter Klientinnen realisiert werden sollten.

Tabelle 4: *Interaktionsprobleme sexuell misshandelter Frauen im Rahmen der Therapie (erweitert nach Zielke, 1998)*

Merkmal	Merkmalbeschreibung
Ausgeprägtes interpersonelles Sicherheitsbedürfnis/kontrollierende Beziehungsgestaltung	Bedürfnis nach Kontrolle über Handlungsabsichten und -motive der Therapeutin, (verdecktes) Misstrauen, wiederholtes »Auf-die Probe-Stellen« von deren Authentizität, Empathie und Akzeptanz.
Sexualisierte Beziehungsgestaltung	Mangelnde Wahrnehmung bzw. Achtung interpersoneller Grenzen, provokantes sexualisiertes Verhalten.
Übergeneralisierende Verhaltensstrategien	Übergeneralisierung von Strategien der Beziehungsgestaltung sowie Handlungs- und Lebenskonzepte, die Sicherheit und Schutz vermitteln sollen, jedoch nicht flexibel einsetzbar sind.
Schwierigkeiten im Umgang mit Gefühlen	Schwierigkeiten mit Gefühlsregulation und -ausdruck.
(Selbst-)Abwertungsstrategien	Abwertung der eigenen (Behandlungs-)Bedürftigkeit, der therapeutischen Fortschritte sowie der Bedeutung der Therapeutin für die Veränderungen oder Glorifizierung der Therapeutin bei Abwertung der eigenen Person. Häufig auch Wechsel zwischen Idealisierung und Abwertung der Therapeutin.
Ausgeprägte interpersonelle Sensibilität	Sensibilität in Bezug auf Kritik und Zurückweisung sowie inkongruentes Verhalten der Therapeutin (»Double-bind«-Botschaften).

Vgl. Woltereck, 1994; Wenninger, 1997; Wipplinger u. Amann, 1998b; Zielke, 1998; Teegen, 2000; Briere, 1996; Hofmann, 1999

Spezifische Interventionen

Für die Behandlung der Ess-Störungen existieren verschiedene, lange erprobte, gut evaluierte und Erfolg versprechende Therapieverfahren. Diese werden grundsätzlich auch für die Therapie traumatisierter Klientinnen mit Ess-Störungen empfohlen (Calam, 1998; Brown, 1997). Als sinnvoll für deren Behandlung bewerten Fachleute Interventionen aus kognitiv-behaviora-

Tabelle 5: *Grundlegende Strategien der Beziehungsgestaltung mit traumatisierten Klientinnen*

Prinzip	Beschreibung
»Empowerment« (Stärkung von Selbstbestimmung, -verantwortung und -steuerung der Klientin)	vgl. Selbstmanagement-Ansatz (Kanfer, Reinecker u. Schmelzer, 1996); Maximum an *Transparenz* des therapeutischen Vorgehens und *Kontrolle* auf Seiten der Klientin durch Informationsvermittlung über Hintergründe und Durchführung aller therapeutischen Interventionen; Verhandlungen über Behandlungsrahmen. Klientin an allen Entscheidungen über Setting, Inhalt, Ziele und Pacing des therapeutischen Prozesses *maßgeblich beteiligen*. Herstellen von Vorhersagbarkeit und Verlässlichkeit (klare Strukturen, Informationen, Regeln, Grenzen und Rechte) sowie Vermeidung von Situationen der Ohnmacht und Hilflosigkeit der Klientin. Zulassen von Meinungsverschiedenheiten und Konflikten sowie die Förderung ihrer offenen und konstruktiven Bewältigung.
Parteiliche Abstinenz	*Parteilichkeit:* Unterstützendes Verstehen; Bereitschaft, sich auf die Seite der Klientin zu stellen, die sexuellen Gewalterfahrungen aus ihrer persönlichen Perspektive zu betrachten. *Abstinenz:* Professionelle Grundhaltung und Wahrung der beiderseitigen Grenzen.
Kompetenz im Umgang mit traumatisierten Klientinnen und traumabezogenen Symptomen signalisieren	Informationsvermittlung (z. B. über Zusammenhänge zwischen Trauma und Störungsmuster). Aufzeigen realistischer Therapieziele. Auf Berichte über traumatische Erfahrungen angemessen reagieren (z. B. zugewandt, keine starke emotionale Betroffenheit, Kongruenz zwischen verbalem und nonverbalem Ausdruck).
Ganzheitliche Sichtweise	Wahrnehmung und Akzeptanz der gesamten Person, Betonung der Ressourcen. Beachtung weiterer negativer Lebenserfahrungen, da sich i. d. R. nicht alle Schwierigkeiten der Klientin auf den CSA zurückführen lassen. Würdigung und Wertschätzung der Klientin als Expertin ihrer Selbst, einschließlich der Symptome als Copingmechanismen. Rein »technische« Behandlungen greifen bei traumatisierten Klientinnen zu kurz.
Klärung der Verantwortung für den Missbrauch	Diese trägt allein der Täter. Die Therapeutin muss den evtl. ambivalenten Gefühlen der Klientin gegenüber dem Täter Rechnung tragen.
Der Klientin glauben	vgl. Problematik des sog. »False Memory Syndromes« (siehe dazu Vanderlinden u. Vandereyckenm, 1997).

Vgl. Meichenbaum, 1994; Woltereck, 1994; Briere, 1996; Reddemann u. Sachsse, 2000; Wipplinger u. Amann, 1998b; van der Kolk, 2000; Lebowitz, Harvey u. Herman, 1993; Vanderlinden u. Vandereycken, 1997; Hofmann, 1999; Teegen, 2001

len Ansätzen (z. B. Tobin, 1995; Vanderlinden u. Vandereycken, 1997), feministischen Ansätzen (z. B. Waller, 1996; Garner u. Needleman, 1997; Tobin, 1995; Kearney-Cooke u. Striegel-Moore, 1994), psychodynamischen Ansätzen (z. B. Kearney-Cooke u. Striegel-Moore, 1994; Tobin, 1995) sowie der Hypnotherapie (z. B. Vanderlinden u. Vandereycken, 1997). Wie bereits für die Therapie der Ess-Störungen und der traumabezogenen Symptomatik beschrieben wurde, gilt auch in diesem Kontext ein methodenintegratives Vorgehen als angebracht (Wonderlich et al., 1997; Tobin, 1995).

Therapiekonzepte für traumatisierte Klientinnen mit Ess-Störungen wurden z. B. von Vanderlinden und Vandereycken (1995a, 1997), Fallon und Wonderlich (1997) sowie Kearney-Cooke und Striegel-Moore (1994) entwickelt. Diese Therapieansätze basieren auf Erkenntnissen der Traumatherapie und integrieren entsprechende Interventionen und Prinzipien in die Arbeit an der Ess-Störungsproblematik. Beispielhaft werden an dieser Stelle die Interventionen nach Vanderlinden und Vandereycken skizziert, da diese am umfassendsten sind und auf differenzierten theoretischen Überlegungen und langjährigen klinischen Erfahrungen und empirischen Erkenntnissen basieren.

Interventionen nach Vanderlinden und Vandereycken

Kognitiv-behaviorale Interventionen

Vanderlinden und Vandereycken (1997) schildern verschiedene therapeutische Strategien für die Arbeit mit traumatisierten Klientinnen, die neben den Ess-Störungen komorbide Störungen der Impulskontrolle und dissoziative Störungen aufweisen. Sie beschreiben einen dreiphasigen Behandlungsprozess, der als flexibler Rahmen für die individuelle Therapie zu verstehen ist. Das grundlegende Ziel der Behandlung besteht für sie darin, dass die Klientin ausreichend Selbstkontrolle über ihr Denken, Fühlen und Handeln gewinnt.

Strukturiertheit, Psychoedukation und Sicherheit

Vanderlinden und Vandereycken (1997) messen der Einführung und Einhaltung expliziter und transparenter Strukturen in der Therapie sexuell und/oder physisch misshandelter Klientinnen mit Ess-Störungen elementare Bedeutung bei. Diese sind u. a. auch im Hinblick auf die Sicherheitsbedürfnisse dieser Klientinnen wichtig. Die Autoren empfehlen das Abschließen eines Therapievertrages, der Rechte und Pflichten bzw. Verantwortlichkeiten von Therapeutin und Klientin exakt definiert. Ein solcher Vertrag macht die therapeutische Beziehung für die Klientin einschätzbar und ermöglicht ihr das Erleben von Verlässlichkeit, Sicherheit und Eigenverantwortung. Um diese Aspekte zu fördern, ist es darüber hinaus wichtig, den Klientinnen, aber auch ihren engsten Bezugspersonen (z. B. Familienmitglieder, Partner), Informationen über Ess-Störungen, dissoziative Symptome und Störungen der Impulskontrolle zu vermitteln. Dies geschieht im Rahmen psychoedukativer Maßnahmen, die einen elementaren Bestandteil der Therapie, insbesondere in den Anfangsphasen, bilden.

Ausgehend von der therapeutischen Beziehung, die in gewisser Weise als Beispiel fungiert, sollte die Klientin ein sicheres und stabiles soziales Netz auf- bzw. ausbauen. Dazu gehört auch, dass sie lernt, welche sozialen Kontakte ihr schaden und welche gut für sie sind.

Im Rahmen der ersten Phase der Therapie betonen Vanderlinden und Vandereycken (1997) besonders die Gewährleistung körperlicher Sicherheit. Die Übernahme von Eigenverantwortung und das Wiedererlangen von Selbstkontrolle – von Vanderlinden und Vandereycken (1997) als elementare Therapieziele definiert – erfordern es, dass die Klientin in einem ersten Schritt lernt, für die eigene körperliche Gesundheit zu sorgen. Da die Problematik von Klientinnen mit Ess-Störungen i. d. R. eben gerade darin besteht, dass sie die dazu erforderliche Selbstkontrolle nicht aufbringen, muss dieses Ziel eng mit den Prinzipien der Strukturiertheit und Sicherheit der Therapie verbunden werden wie sie für die erste Phase traumatherapeutischer Ansätze beschrieben wurden.

Außerdem müssen der Klientin Strategien zur Verbesserung der Impulskontrolle vermittelt werden. Zu diesem Zweck existieren verschiedene therapeutische Interventionen (z. B. Strategien der dialektisch behavioralen Therapie nach Linehan, 1996a, b). Die Autoren selbst arbeiten v. a. nach den Prinzipien des Kontrakt Management: Dabei vereinbaren Therapeutin und Klientin z. B. vertraglich, wie sie sich im Falle von Selbstverletzungen der Klientin verhalten. Auf diese Weise soll u. a. verhindert werden, dass die Reaktionen des Behandlungsteams oder der Therapeutin das selbstverletzende Verhalten der Klientin positiv oder negativ verstärken und so zu dessen Verfestigung beitragen.

Identifizierung von Triggern
Mittels Selbstbeobachtung lernt die Klientin im Verlauf der Therapie, spezifische Stimuli zu identifizieren, die mit dissoziativen Reaktionen und/oder einem Kontrollverlust verbunden sind. Nach Vanderlinden und Vandereycken (1997) sind die in Übersicht 9 genannten Stimuli bei trauma-

(a) Situationen, mit einem direkten oder indirekten Bezug zum Trauma (z. B. ein bestimmtes Datum, die Aufforderung, sich für eine ärztliche Untersuchung auszuziehen).
(b) Bestimmte emotionale Befindlichkeiten (z. B. Frustration, Angst, Einsamkeit, aber auch positive Gefühle).
(c) Bestimmte physiologische Befindlichkeiten und körperliche Vorgänge (z. B. Menstruation).
(d) Bestimmte Nahrungsmittel, die durch klassische Konditionierung und Stimulusgeneralisierung mit dem CSA assoziiert wurden und nun phobieartige Reaktionen auslösen (z. B. Süßigkeiten, die die Klientin vom Täter bekam; Milch, Vanillepudding bei oraler Vergewaltigung mit dem erzwungenen Schlucken von Sperma).
(e) Reduktion des anorektischen/bulimischen Verhaltens (s. u.).
(f) Reviktimisierungserfahrungen (s. u.).

Übersicht 9: *Mögliche Auslöser dissoziativer Reaktionen oder des Verlusts der Impulskontrolle*

tisierten Klientinnen häufig als Auslöser für den Verlust der Impulskontrolle oder dissoziative Reaktionen zu beobachten.

Einige Anmerkungen zu Punkt (e) Reduktion des anorektischen/bulimischen Verhaltens sind von Bedeutung: Verschiedene Autoren haben im Zusammenhang mit der Beschreibung mutmaßlicher Funktionen des pathogenen Essverhaltens darauf hingewiesen, dass diese bei traumatisierten Frauen weit über gewichtsreduzierende Funktionen hinausgehen können. Es wird vermutet, dass eine Beendigung dieses Verhaltens für diese Klientinnen deshalb besonders schwierig ist. Besondere Beachtung sollte nach Vanderlinden und Vandereycken (1997) dem »purging« zukommen, welches ihrer Erfahrung nach aufgrund seiner Funktionalität im Kontext der Missbrauchsgeschichte häufig behandlungsresistent ist.

Therapeutische Interventionen, die auf eine Normalisierung des Essverhaltens abzielen (z. B. Verringerung der bulimischen Anfälle, Gewichtszunahme), führen nach Erfahrung mehrerer Autoren häufig zu einer Verschlimmerung von PTB-Symptomen (z. B. Intrusionen, Flashbacks) sowie weiteren dysfunktionalen und/oder destruktiven Verhaltensweisen (z. B. Selbst-/Fremdaggressionen).

Ebenso werden ernsthafte emotionale Krisen und Verschlechterungen der Ess-Symptomatik häufig dann beobachtet, wenn die Patientinnen mit den traumatischen Erinnerungen konfrontiert werden (vgl. Brown, 1997; Vanderlinden u. Vandereycken, 1997; Fallon u. Wonderlich, 1997; Root u. Fallon, 1989; Schwartz u. Gay, 1996; Tobin, Molteni u. Elin, 1995; McFarlane

et al., 1988). Vanderlinden u. Vandereycken (1995a,b, 1997) raten deshalb unbedingt zuerst zu einer Verbesserung der Ess-Symptomatik.
Ergänzend zu (f) Reviktimisierungserfahrungen soll erwähnt werden, dass diese massive Trigger für dissoziative Reaktionen, pathogenes Essverhalten und weitere impulsive Verhaltensweisen darstellen. Aufgrund des erhöhten Risikos von Missbrauchsopfern, erneute Viktimisierungen zu erleben, verstehen einige Autoren deren Prävention als zentrales Ziel der Therapie (Kearney-Cooke u. Striegel-Moore, 1994; Brown, 1997; Vanderlinden u. Vandereycken, 1997).

Aufbau neuer Verhaltensweisen, systematische Desensibilisierung und kognitive Verarbeitung
Basierend auf der Identifikation der relevanten Stimuli bzw. der Funktionalität der Symptomatik, können Fluktuationen im Essverhalten vorhergesagt werden und adäquatere Copingstrategien entwickelt werden (Vanderlinden u. Vandereycken, 1997).
Die identifizierten Stimuli werden nach dem Grad ihrer Bedrohlichkeit sortiert und dienen als Ausgangsbasis für eine graduierte Exposition mit Reaktionsverhinderung (systematische Desensibilisierung). Diese wird begonnen, sobald die Klientin über ausreichend alternative Copingstrategien verfügt. In der Regel beginnen die Autoren mit einer Konfrontation »in sensu«, die in schwierigen Fällen zuerst unter Hypnose durchgeführt werden kann. Im Anschluss an eine erfolgreiche Exposition »in sensu« kann eine Konfrontation »in vivo« durchgeführt werden. Dabei werden die Klientinnen meist zuerst mit Stimuli konfrontiert, die mit dem gestörten Essverhalten zusammenhängen. Ergänzend sollen sie ihre Erfahrungen mit dem Thema Essen auf verschiedenen Ebenen kommunizieren (z. B. im Gespräch mit anderen Personen, in Form von Tagebuchaufzeichnungen oder Bildern). Das Pacing der graduierten Konfrontation bestimmt die Klientin, während die Therapeutin Sorge für die Durchführbarkeit der Interventionen trägt (z. B. Schutz, Sicherheit der Klientin) (Vanderlinden u. Vandereycken, 1997).
Die graduierte Exposition muss ergänzt werden um Interventionen, die eine Integration des traumatischen Materials ermöglichen und zum Aufbau funktionaler und adaptiver Belief-Systeme beitragen. Zu diesem Zweck empfehlen Vanderlinden und Vandereycken (1997) die »Kognitive Verarbeitungstherapie« (Cognitive Processing Therapy, CPT) nach Resick und Schnicke.

Ergänzungen zum Einsatz kognitv-behavioraler Interventionen
Kognitiv-behaviorale Behandlungsansätze (CBT) haben sich sowohl in der Behandlung der CSA-Folgen als auch der Ess-Störungen bewährt (Fallon u.

Wonderlich, 1997). In Form von Kurzzeittherapien werden sie nach Ansicht von Tobin (1995) und Fallon und Wonderlich (1997) den Bedürfnissen traumatisierter Klientinnen allerdings nicht gerecht, da in diesem Rahmen meist nur die Symptome unter Vernachlässigung der zugrunde liegenden Bedingungen behandelt werden. Nach Fallon und Wonderlich (1997) müssen gerade in der Therapie sexuell misshandelter Klientinnen mit Ess-Störungen die Ursachen der dysfunktionalen Überzeugungen explizit angesprochen werden. Um eine dauerhafte Besserung zu erzielen, halten sie es für notwendig, die dysfunktionalen kognitiven Schemata der Klientinnen in Bezug auf die Missbrauchserfahrungen, sich selbst und die Welt zu modifizieren. Tobin (1995) beschreibt die psychotherapeutische Behandlung von schwer traumatisierten Klientinnen mit Ess-Störungen und ausgeprägten dissoziativen Symptomen als hochfrequente Langzeittherapie. Er betont, dass die üblichen kognitiv-behavioralen Therapien der Ess-Störungen um Interventionen ergänzt werden sollten, »die dem Ausmaß dissoziativer Symptome, der von der Klientin als bedrohlich erlebten Symptomreduktion, der Gefahr externalisierender Verhaltensweisen und den Schwierigkeiten in der therapeutischen Beziehung gerecht werden« (zitiert nach Calam, 1998, S. 148; Übers. S. H.). Dies trifft in besonderem Maße zu für Klientinnen mit (Symptomen) einer Borderline-Persönlichkeitsstörungen und/oder einer (komplexen) PTB (Wonderlich et al., 1997).

Spezifische Schwierigkeiten der Durchführung kognitiv-behavioraler Interventionen bei traumatisierten Klientinnen mit Ess-Störungen schildern mehrere Autoren in Bezug auf das Führen von Tagebüchern über das Essverhalten und/oder Gedanken, Gefühle und Situationen, die mit dem gestörten Essverhalten assoziiert sind: Sexuell misshandelte Klientinnen erleben diese Standardinterventionen häufig als bedrohlich und/oder intrusiv. In diesem Fall ist es wichtig, die Interventionen und das Pacing den individuellen Bedürfnissen der Klientin anzupassen und gemeinsam mit ihr realistische Ziele und Vorgehensweisen zu erarbeiten (Calam, 1998; Fallon u. Wonderlich, 1997; Vanderlinden u. Vandereycken, 1997).

Hypno-behaviorale Interventionen

Das Interesse an hypnotherapeutischen Behandlungsformen der Ess-Störungen hat in den letzten 20 Jahren enorm zugenommen (vgl. Vanderlinden u. Vandereycken, 1995a). Überlegungen zur Bedeutung dissoziativer Symptome bei Klientinnen mit Ess-Störungen und bei traumatisierten Klientinnen (s. o.) veranlassten u. a. die belgischen Spezialisten auf dem Gebiet der Ess-Störungen Johan Vanderlinden und Walter Vandereycken zur Integration hypnotherapeutischer Strategien in ihr Konzept der Ess-Störungs-The-

> *Inhalte der Phase 1: Stabilisierung und Symptomreduktion:*
> (a) Training in Selbsthypnose als Entspannungstechnik.
> (b) Erlernen von Selbstkontrolle über das Essverhalten.
> (c) Erhöhung der Motivation zur Veränderung.
>
> *Inhalte der Phase 2: Arbeit an zentralen Themen:*
> (a) Exploration von Ambivalenzen gegenüber einer Veränderung.
> (b) Exploration des dissoziierten Zustandes.
> (c) Exploration und Assimilation traumatischer Erinnerungen.
> (d) Korrektur irrationaler Wahrnehmungen und Überzeugungen.
>
> *Inhalte der Phase 3: Verhinderung von Rückfällen und Sicherstellen langfristiger Erfolge.*
>
> Vgl. Vanderlinden u. Vandereycken, 1995a, 1997; Vanderlinden et al., 1992

Übersicht 10: *Hypnotherapeutische Techniken in den drei Phasen des Behandlungsprozesses*

rapie. In den phasenhaften Ablauf der Therapie lassen sich unterschiedliche hypnotherapeutische Techniken integrieren (vgl. Übersicht 10).

Hypno-behaviorale Strategien der ersten Therapiephase: Stabilisierung und Symptomreduktion
In der ersten Phase soll das Erlernen von Selbsthypnose der Klientin das Erleben von Entspannung, Sicherheit und Selbstkontrolle ermöglichen. Das Setting, in dem die Hypnoseinduktion durchgeführt wird, muss bei traumatisierten Klientinnen i. d. R. modifiziert werden. So sollte die Klientin sitzen bleiben, da das Liegen traumatische Erinnerungen antriggern kann.
Eine Kombination kognitiv-verhaltenstherapeutischer und hypnotherapeutischer Techniken eignet sich nach Ansicht der Autoren äußerst gut zum Erlernen von Selbstkontrolle über das Essverhalten: Die Prinzipien der Selbstkontrolle werden erst erläutert und im Anschluss daran unter Hypnose trainiert.

Hypno-behaviorale Strategien der zweiten Therapiephase: Arbeit an zentralen Themen
Wenn in der zweiten Therapiephase die der Ess-Störungen zugrunde liegende Dynamik in der Therapie exploriert wird, muss nach Vanderlinden und Vandereycken (1995a; 1997) damit gerechnet werden, dass traumati-

sche Erinnerungen und Erfahrungen an die Oberfläche treten. Die in diesem Stadium der Therapie anstehenden Aufgaben lassen sich nach Erfahrungen der Autoren durch den Einsatz verschiedener hypnotherapeutischer Interventionen (Die Durchführung der Interventionen kann bei Vanderlinden und Vandereycken (1995a; 1997) nachgelesen werden. Ihre Darstellung würde den Rahmen der Arbeit sprengen.) besser bewältigen.

Die meisten Klientinnen mit Ess-Störungen stehen dem therapeutischen Prozess und damit assoziierten Veränderungen zwiespältig gegenüber. Diese Ambivalenz kann nach Vanderlinden und Vandereycken (1995a) u. a. mit dissoziierten traumatischen Erinnerungen zusammenhängen. Auch die Exploration der Ambivalenzen im Hinblick auf eine Veränderung gestaltet sich nach Erfahrungen der Autoren mit Hilfe indirekter hypnotherapeutischer Explorationstechniken häufig leichter als im direkten therapeutischen Gespräch.

Des Weiteren verwenden die Autoren hypnotherapeutische Techniken zur Exploration dissoziierter Zustände (ego-states), die bei Essgestörten (v. a. bulimischen) Klientinnen mitunter vermutet werden, sowie zur Identifikation und Exploration traumatischer Erinnerungen, die der ED zugrunde liegen können.

Für die Modifikation unrealistischer Wahrnehmungen und Überzeugungen empfehlen Vanderlinden und Vandereycken (1995a, 1997) eine Kombination hypnotherapeutischer Techniken mit Methoden der kognitiven Umstrukturierung. Ihrer Erfahrung nach beziehen sich die rigidesten Überzeugungen von Klientinnen mit Ess-Störungen in der Regel auf Körperbild, perfektionistische Einstellung und im Falle sexueller Missbrauchserfahrungen auf interne Schuldzuweisung. In ihrer klinisch-therapeutischen Tätigkeit beginnen die Autoren meist mit der Modifikation kognitiver Schemata, die mit der Ess-Störung zusammenhängen. Traumabezogene dysfunktionale Überzeugungen werden in der Regel erst in späteren Stadien der Therapie bearbeitet. Der Einsatz angeleiteter Imaginationen (unter Hypnose) wird von verschiedenen Autoren zur Erleichterung der kognitiven Umstrukturierung befürwortet (Vanderlinden u. Vandereycken, 1997; Hutchinson, 1994; Kearney-Cooke, 1988, zitiert nach Fallon u. Wonderlich, 1997).

Die Inhalte der dritten Therapiephase (Rückfallprophylaxe und Sicherstellen langfristiger Erfolge) werden von Vanderlinden und Vandereycken für traumatisierte Klientinnen mit Ess-Störungen nicht gesondert beschrieben.

Diskussion und Bewertung hypnotherapeutischer Strategien
Rational begründen lässt sich der Einsatz hypnotherapeutischer Strategien in der Therapie der Ess-Störungen durch die aktive Nutzung einer tatsäch-

lich vorhandenen Begabung vieler Klientinnen, da empirische Studien wiederholt erhöhte Suggestibilitätswerte für Klientinnen mit ED nachgewiesen haben (van Dyck, 1995). Erste kontrollierte Therapiestudien sprechen für die Effizienz »hypno-behavioraler« Ansätze (Griffiths, 1995; Griffiths, Hadzi-Pavlovic u. Channon-Litle, 1994, 1996, zitiert nach Vanderlinden und Vandereycken, 1997). Weitere kontrollierte Follow-up-Studien sind jedoch dringend erforderlich. Bislang liefert die Forschung weder explizite Gründe für noch gegen den Einsatz hypnotherapeutischer Strategien in der Ess-Störungs-Therapie. Dennoch werden diese v. a. in der Arbeit mit traumatisierten Klientinnen als äußerst hilfreich bewertet (vgl. Vanderlinden et al., 1992; Vanderlinden u. Vandereycken, 1995a, 1997; Vandereycken u. Meermann, 2000).

Vanderlinden und Vandereycken (1995a, 1997) warnen ausdrücklich vor dem leichtfertigen Einsatz hypnotherapeutischer Interventionen. Unter Berücksichtigung bestimmter Voraussetzungen und Risiken können sie den Autoren zufolge jedoch gerade für die Behandlung sexuell misshandelter Klientinnen mit Ess-Störungen bemerkenswerte Vorteile bieten.

Vanderlinden und Vandereycken (1995a) raten dringend dazu, hypnotherapeutische Techniken nur im Rahmen eines multidimensionalen Behandlungsplans zu verwenden und ihrem Einsatz eine detaillierte funktionale Analyse der Beschwerden sowie eine sorgfältige Planung der Gesamtbehandlung voranzustellen. Die Anwendung hypnotherapeutischer Interventionen im Rahmen der Traumaexploration und -konfrontation »sollte zeitlich korrekt und sorgfältig geplant werden« (ebd. S. 94). Die Therapeutin muss sorgfältig darauf achten, dass die Klientin von den unter Hypnose meist schnell auftauchenden schmerzlichen Erinnerungen nicht überflutet wird. Dies könnte äußerst negative Konsequenzen haben (z. B. Suizidgedanken, Rückfälle in die Ess-Störung etc.). Besteht bei der Klientin eine Amnesie in Bezug auf ihre Kindheit, so sollte diese Barriere respektiert und von (hypno-)therapeutischen Techniken, die mit dem vermeintlich erlebten Trauma zusammenhängende Vorstellungen oder Gefühle evozieren, abgesehen werden. Wesentliche Vorteile hypnotherapeutischer Verfahren in der Behandlung traumatisierter Klientinnen sehen Vanderlinden und Vandereycken (1995a, 1997) in deren guter Kombinierbarkeit mit kognitiv-behavioralen Techniken (v. a. Methoden der Selbstkontrolle) sowie in der Erfahrung, dass durch sie bestimmte Ziele, Interventionen und Inhalte der Therapie schneller und effektiver erreicht bzw. durchgeführt werden können. Dabei handelt es sich um

(a) die Exploration der Funktionen der Ess-Störung,
(b) das Finden einer ruhigen und sicheren Umgebung, welche Voraussetzung einer Traumakonfrontation ist,

(c) die Exploration, Assimilation und Integration dissoziierter traumatischer Erinnerungen,
(d) die Integration dissoziierter Aspekte der Persönlichkeit der Klientin,
(e) die Induktion oder Stärkung eines positiven Selbstkonzepts sowie einer besseren Bewältigung der Alltagsanforderungen und
(f) den Einsatz von Metaphern und bildhafter Sprache, die die Konfrontation mit dem Trauma erleichtern (Vanderlinden u. Vandereycken, 1995a, 1997).

Vanderlinden und Vandereycken (1995a) vermuten aufgrund langjähriger Erfahrungen, dass die Integration hypnotherapeutischer Elemente zu einer rationelleren und wirksameren Therapie der Ess-Störungen (insbesondere bei traumatisierten Klientinnen) beitragen kann. Empirische Belege dieser Annahme stehen bislang jedoch aus.

Literatur

Das umfangreiche Literaturverzeichnis zu den drei vorangegangenen Kapiteln kann bei der Autorin Susanne Haller angefordert werden.

Anmerkungen

1 Das folgende Kapitel ist Teil einer Diplomarbeit (Haller, S. (2002)), die am Lehrstuhl für Klinische Psychologie/Psychotherapie der Otto-Friedrich-Universität Bamberg angefertigt wurde.
2 Ansprechen/Rekonstruieren von Tatsachen und Emotionen, die zur primären/sekundären traumatischen Erfahrung gehören. Außerdem Instruktion und Information bzgl. Bewältigungsstrategien (vgl. Perren-Klingler, 2000).
3 Die Durchführung der Interventionen kann bei Vanderlinden und Vandereycken (1995a; 1997) nachgelesen werden. Ihre Darstellung würde den Rahmen der Arbeit sprengen.

Selbsterfahrungsbericht über sexuellen Missbrauch und Ess-Störungen
Anika, 33 Jahre, Bulimie und Adipositas

Im September 1999 nahm ich endlich die Suche nach meinem Leben auf. Es war der Tag, als ich mich in Therapie begab. Der Tag, an dem ich erkannte, dass ich *dieses* Leben nicht mehr will. Der Tag, an dem ich bereit war, mir helfen zu lassen. Der *Tag*, an dem alles von vorne begann!
Ich war 18–19 Jahre alt, als das Essen zu meinem unterbewussten Lebensinhalt wurde.
Dass ich an einer Ess-Störung erkrankt sein könnte, wurde mir erst mit ca. 26 Jahren bewusst.
Mein Gedanke, wenn ich wieder einmal Mengen in mich hineingestopft habe, war eher, ich sei einfach nur disziplinlos, hätte keine Selbstkontrolle und wäre einfach nur verfressen. Ich ging immer davon aus, dass das Essen die Hilfe für mich sei, die ich brauche. Es wurde mein bester Freund und größter Feind in einem.
Essen half mir Gefühle, die hochkommen wollten, mit jedem Bissen wieder runterzuschlucken, es war der beste Scheibenwischer, den ich mir für meine Seele nur wünschen konnte.
Außerdem konnte ich übers Essen Macht ausüben. Ich hatte die Macht darüber wann, wo, was und wie viel ich essen möchte. Ich *missbrauchte* das Essen. Gab den Missbrauch, den ich selbst erfahren musste, weiter. Durch dieses gestörte Essverhalten verlor ich jegliches Gefühl für Hunger, Appetit und Sättigung. Ich hörte erst auf zu essen, wenn mir kotzübel war.
Laut Psychotherapeuten und Psychologen lautet die Definition meiner Erkrankung Adipositas und Bulimia nervosa. Wie es dazu kommen konnte, wurde mir nach 3 Jahren Therapie und 13 Wochen Klinikaufenthalt so nach und nach klar, und ich kann mittlerweile meine Diagnose auch als Erkrankung annehmen und als solche sehen.
Mit ca. 13–14 Jahren wurde ich von einem volljährigen Freund meiner Brüder sexuell missbraucht. Diesen Missbrauch konnte ich 15 Jahre erfolgreich verdrängen. Dachte ich zumindest. Doch was ich als erfolgreiches Verdrängen definiere, brachte mir ca. 50 kg Gewichtszunahme, und zwar in knapp eineinhalb Jahren.

Kurz nach dem Missbrauch wollte ich mein äußeres Erscheinungsbild durch die Bekleidung meiner Brüder (weiter Schlabberlook) und kürzere Haare dem eines Jungen anpassen. Ich habe 7 Brüder und wünschte mir von ganzem Herzen, auch ein Junge sein zu können. Ich wollte nicht, dass die Jungen in meinem Alter auf mich aufmerksam werden und Gefallen an mir finden könnten, ich wollte es absolut nicht, was mich auch dazu veranlasst hat, keine Kleider oder Röcke zu tragen, keine Schwimmbadbesuche zu unternehmen, wo man doch sehen könnte, dass ich ein Mädchen bin, bloß nichts tun, was Mädchen sonst tun. Komischerweise verbrachte ich allerdings sehr viel Zeit mit Jungs, weil ich wahrscheinlich so sein wollte wie sie, machen wollte was sie machen.

Ich muss an dieser Stelle anfügen, dass mir diese Punkte erst durch die Jahre der Therapie klar geworden sind.

Und doch gab es den ein oder anderen, der mich so, wie ich war so und mich gegeben habe, mochte, nett fand, was mir überaus unangenehm war. Somit stellte ich fest, dass ich trotz meiner Kleidung und meiner Art immer noch zu ansehnlich war.

Nachdem ich durch die oben genannten Verhaltensmuster nicht erfolgreich war, musste ich auf eine andere Art und Weise für meine Mitmenschen und auch für mich selbst unattraktiv werden.

Mit knapp 19 lernte ich meinen heutigen Partner kennen, der natürlich auch irgendwann Sex mit mir wollte, und da ich ihn wirklich liebte und auch heute noch liebe, ließ ich mich darauf ein, zwar nur selten, was für mich jedoch eine absolute Leistung war, die ich im Unterbewussten, vielleicht auch im Bewussten, gar nicht wollte.

Mit der Zeit fing mein Gewicht an zu steigen, was mich veranlasst hat, meinen Freund darauf hinzuweisen, dass man einen solch *ekligen* und *schwabbeligen* Körper doch nicht anfassen bzw. auf irgendeine Art berühren kann. Ich wollte keine Nähe, kein Licht, nicht unbekleidet sein! Nähe konnte ich nur dann zulassen, wenn wir bekleidet waren, nur gekuschelt haben und mehr nicht. Meinen Freund störte mein Körper nicht, viel mehr störte ihn, wie ich über mich und meinen Körper sprach und dachte. Also musste dieser Panzer noch mehr werden, damit er bei Berührungen nicht an meine Seele herankam, in der so viel Verborgenes, für mich Unangenehmes lag, was mir auch gelang. Für mich lief irgendwann vieles nur oberflächlich ab, und dabei habe ich mich so sehr gehasst.

Ich habe mich *gehasst*, erst recht durch den *dicken, fetten* Panzer, den ich mir durch die Gewichtszunahme angelegt habe. Mein Partner jedoch liebte mich noch immer. Er lernte mich mit 63 kg kennen und liebte mich auch noch mit 110 kg, was mir unbegreiflich war.

Wie konnten Menschen *mich* mögen, *mich* lieben, *mich* respektieren und akzeptieren wenn *ich* es selbst nicht konnte und wollte?!
Je mehr Liebe ich erfuhr, umso mehr hasste ich mich. Wut konnte ich nicht spüren und nicht zeigen, da ich aus meiner Erfahrung wusste, dass man sich sowieso über mein *nein* bzw. über meine *Wut* hinwegsetzt, also richtete ich meinen Hass gegen mich, indem ich mir manchmal selbst z. B. den Kopf oder den Fuß gegen die Tür gestoßen habe, was mir aber letztendlich bewusst Angst machte.Und somit fing ich das *Kotzen* an, in der Hoffnung, es könnte noch viel mehr als das Gegessene rauskommen, was ich aber wiederum gar nicht zuließ.
Mein Leben empfand ich schlicht und einfach zum *Kotzen!!!*
Das Essen, mein Freund, wurde immer mehr zu meinem Feind, und die Macht, die ich dachte, übers Essen zu haben, hatte plötzlich nicht mehr ich, sondern auch dieses blöde Essen. Ich konnte ohne Essen nicht mehr sein, ich war davon regelrecht abhängig, es half mir zu »überleben«, und doch machte es mich auch depressiv, da ich mich mit meinem *Selbsthass* und meinem ekligen Körper immer mehr zurückzog, nicht mehr aus meinen vier Wänden herauswollte.
Es war nicht nur der sexuelle Missbrauch, der mich so sehr an meinem Leben zweifeln ließ, sondern auch der psychische, der vor allem von den Menschen ausging, denen ich vertraut habe, die mir sehr nahe standen und noch stehen. Menschen, für die ich immer alles getan habe, für die ich meine eigenen Bedürfnisse (die ich einmal hatte) immer hintanstellte, und doch war es noch zu wenig. Mein Leben war nicht wirklich *mein* Leben! Es wurde durch andere bestimmt und geführt. Denn *mein* Leben habe ich mit ca. 20 Jahren aufgegeben, und wenn ich die Gedanken hatte, *ich* möchte sterben, dann wollte nicht wirklich *ich* sterben, sondern dieser Teil in mir, der nicht zu mir gehörte. Ich wollte durch das Verlangen des Sterbens *mein Ich* zum Leben erwecken. Woran ich heute arbeite.
Mein Grundsatz war immer: »Du schaffst das schon alleine!« Aber mittlerweile weiß ich, dass man nicht alles alleine schaffen muss, dass man und auch ich Hilfe annehmen darf. Nicht *ich* muss immer den anderen helfen und nicht *ich* bin für das Leben der anderen verantwortlich. *Nein*, jeder, egal was ihm Schlimmes widerfahren ist, ist ab einem gewissen Alter für sich selbst verantwortlich und kann die Menschen, die ihm Böses getan haben, nicht für sein Leben verantwortlich machen. Man kann sie nur für die Sache verantwortlich machen und muss dann leider alleine bzw. mit Hilfe von evtl. Therapeuten schauen, das Leben wieder in den Griff zu bekommen, was absolut keine leichte Aufgabe wird oder ist.
Ich habe mich, nachdem ich das *Fressen* und das hohe Gewicht nicht mehr

wollte, wieder fragmental an den sexuellen Missbrauch erinnern können und Hilfe für mich beansprucht. Klar hat es sehr lange gedauert, bis ich mir die Therapie zugestanden habe. Selbst bei den Sitzungen dachte ich immer wieder, was mach ich eigentlich hier, mir geht es doch gut und ich schaff das doch alleine. Heute sag ich ganz ehrlich, ich würde wieder diese Art der Hilfe für mich beanspruchen, auch wenn es kein Honigschlecken war bzw. ist.

Ich beanspruche auch noch heute Therapiestunden für mich, weil ich einfach noch nicht an meinem Ziel angekommen bin, und ich kann nur jedem, der in Therapie ist oder sich begeben will, eines mitgeben. Arbeitet *aktiv* mit, auch wenn es noch so anstrengend und manchmal hoffnungslos erscheint, ihr steckt so viel Kraft, Energie in ein falsches Essverhalten oder Ähnliches, und dabei kann man diese Kraft so sinnvoll für *sich* und nicht *gegen sich* verwenden.

Heute bin ich 33 Jahre und absolut froh, dass ich wenigstens schon einmal darüber reden bzw. hier über meinen sexuellen Missbrauch schreiben kann, auch wenn ich noch nicht in meiner Familie darüber rede. Für mich ist einfach wichtig, dass ich es überhaupt mit meiner Person in Verbindung bringen und zulassen kann. Unter anderem habe ich auch wieder gelernt was Hunger, Sättigung und Appetit sind. Außerdem weiß ich mittlerweile auch, je mehr ich zu meinen eigenen Bedürfnissen, also ich zu mir finde und es mir dabei *gut* geht, umso weniger »missbrauche« ich das Essen, da ich schon gar kein Verlangen danach habe.

Zwischenzeitlich habe ich es auch geschafft, 25 kg abzunehmen, die ich jedoch aufgrund einer aufgetretenen chronischen Schilddrüsenerkrankung und so manchen »Vorfall« der Psyche nicht ganz halten konnte. Immerhin konnte ich aber in den letzten drei Jahren 15 kg dauerhaft halten, und ich bin mir sicher, dass ich es noch bis zu meinem »Wohlfühlgewicht«, dass, ich nicht von Kilos abhängig mache, schaffen werde.

Als ich die ersten 3 Jahre Therapie hinter mir hatte, habe ich für meine Therapeutin folgendes Gedicht geschrieben, das fast alles über mich, meine Gedanken und Gefühle aussagt:

Vor knapp 3 Jahren hat alles begonnen,
als ich das erste Mal bin zu Ihnen gekommen.
Die Schultern hingen, der Kopf geneigt,
ich hatte die erste Stunde fast nur geweint.
Von dem Leben, das ich führen sollte, wollte ich erzählen,
all die Dinge die mich, meine Seele quälen.
Immer wieder habe ich geschluckt,
mich nie gegen etwas aufgemuckt,
ich drohte daran zu ersticken
und wollte mir nun mein eigenes Leben stricken.
»Ich will«, sagte mir mein Verstand und mein Herz,
dabei verspürte ich so manchen Schmerz.
Um all die Jahr, das Erfahrene zu überstehen,
habe ich das Essen als besten Freund gesehen.
Was ist Trauer, was ist Wut?
Mann, tat mir das Essen gut!
Wie ein Scheibenwischer hat es funktioniert,
viele Gedanken, Gefühle ausradiert.
So vieles wollte ich nicht mehr machen wie bisher,
es jedoch zu ändern, fiel mir oftmals schwer.
Dann kam die Zeit, als das Essen befriedigte mich auch nicht mehr.
Im Gegenteil, es belastete meine Psyche zusätzlich sehr.
Es war die Zeit, als ich rief bei Ihnen an,
denn ich wusste, dass ich es ohne Hilfe nicht schaffen kann.
Nach meinen Gefühlen haben Sie mich gefragt,
»passt schon«, habe ich gesagt
Im Duden ist kein Gefühl mit der Definition »passt schon« zu finden,
scheinbar muss ich etwas in mir überwinden.
Ich muss einfach Gefühle zulassen,
um zu wissen, was ist trauern, was ist hassen.
Viele Gefühle kenn ich nun sehr gut,
nur eins macht noch Sorgen: die Wut.
Doch sie werde ich auch noch locken heraus,
dann gebe ich mir selber Applaus.
Zu Ende ist meine Therapiezeit leider,
aber »mein« Leben geht trotzdem weiter.
Geführt haben Sie mich nun jahrelang,
jetzt muss ich schauen, ob ich das Gelernte alleine kann.
Und wenn ich einmal fall nach hinten,
werde ich es überwinden,
denn ich denke einfach an die Zeit mit Ihnen zurück
und schon weiß ich, es geht »Stück für Stück«.

Körper und Identität am Beispiel der Ess-Störungen

Renate Feistner

Zusammenfassung

Ausgehend von der Fragestellung, welchen Zusammenhang Körper und Identität bei Ess-Störungen haben, wird ein zeitlich-räumliches Modell für positive und negative Identitätsentwicklung vorgestellt (Wachstums-Störungs-Modell der Identität), anhand dessen erklärt wird, warum der Körper bei Ess-Störungen andere Idenitätsbereiche repräsentieren muss (Symbolwert des Körpers). Ess-Störungen werden als gravierende Identitätsstörungen betrachtet, deren Dreh- und Angelpunkt der Körper ist und gleichzeitig als paradoxe Versuche, die beschädigte Identität mit Hilfe des Körpers zu retten (Teufelskreis).

»Der Körper ist der Übersetzer der Seele ins Sichtbare«, schrieb Christian Morgenstern.

Ist der Körper bei Ess-Störungen ein Schlachtfeld? Warum wird gerade der Körper zum Schlachtfeld? Inwieweit hat der Körper etwas mit der gesamten Identität zu tun? Was bedeutet die »orale Phase« für die Entstehung der Ess-Störungen? Warum wird eine Ess-Störung meist in der Pubertät ausgelöst? Wann entsteht die Körperidenität? Welche Rolle spielt sie im Gesamtzusammenhang der Identitätsentwicklung? Was symbolisiert der Körper? Können kulturelle und gesellschaftliche Einflüsse so stark sein, dass sie die Identität eines Menschen bedrohen? Warum haben Ess-Störungen in den letzten Jahren bei Frauen sprunghaft zugenommen?

Anhand dieser Fragestellungen versuche ich, einen Ariadne-Faden durch das Labyrinth der Identitäts-, Körper- und Ess-Störungsforschung abzuwickeln, um so zu einem vorläufigen Modell zu gelangen. Zunächst werden die Ess-Störungen beschrieben, Definitionen von Identität und die Entwicklung von Identität dargelegt. In einem zweiten Schritt versuche ich, jeweils eine Verknüpfung von Ess-Störung und Identität sowie Körper und Identität herauszuarbeiten. Schließlich möchte ich zeigen, was Körper, Identität und Ess-Störungen miteinander zu tun haben.

Welche Ess-Störungen gibt es?

Anorexia Nervosa

ist laut DSM-III-R (= Diagnostisches und statistisches Merkmal psychischer Störungen) gekennzeichnet durch Angst vor Gewichtszunahme (trotz Untergewichts), Weigerung, das Minimum des für Alter und Größe normalen Körpergewichts zu halten, Körperschemastörungen und Amenorrhoe. Zu den Nebenmerkmalen gehören bulimische Episoden, auffallendes Essverhalten, Verzögerung der psychosexuellen Entwicklung und Zwangsverhalten. Die Prävalenz wird mit 1–2% angegeben, der Anteil der betroffenen Frauen liegt bei 95%.

Bulimia Nervosa

wurde erst 1980 in das DSM aufgenommen. Hauptmerkmale sind wiederholte Episoden von Fressanfällen, Kontrollverlust in Bezug auf das Essverhalten, übertriebene Beschäftigung mit Figur und Gewicht, selbstinduziertes Erbrechen, Laxanzienmissbrauch, strenge Diät oder übermäßige sportliche Betätigung, womit die Gewichtszunahme verhindert werden soll. Nebenmerkmale: starke Gewichtsschwankungen, depressive Verstimmungen, Abhängigkeit von psychotropen Substanzen oder Borderline-Persönlichkeitsstörungen, Prävalenz zwischen 2,4% und 5% mit steigender Tendenz und hoher Dunkelziffer, 87% betroffene Frauen. (Feistner, 1993, S. 208–211).

Fresssucht (Binge eating)

Strittig ist, ob auch die Adipositas und die Fress-Sucht zu den Ess-Störungen gerechnet werden sollen, wenn psychische Ursachen, Verhaltens-, Wahrnehmungs- oder Kognitionsstörungen vorliegen. In das DSM IV wurde ein Vorschlag der Beschreibung von Binge Eating aufgenommen. Forschungskriterien: wiederkehrende Fressanfälle mit sehr großen Essensmengen, Gefühle der mangelnden Kontrolle über die Nahrungsaufnahme, zu schnelle Nahrungsaufnahme, Essen bis zur Übersättigung, kein Hungergefühl, heimliche Nahrungsaufnahme, Ekel-, Depressions- oder Schuldgefühle nach den Anfällen, ausgeprägtes Unwohlsein im Zusammenhang mit den

Fressanfällen, keine regelmäßigen Gewichtsregulationsmaßnahmen, Prävalenzzahlen hierzu fehlen noch.

Allen Ess-Störungen ist gemeinsam: Selbstwertproblematik, Probleme in der Identitätsentwicklung, Körperbildstörungen. Hierdurch wird bereits eine Querverbindung zwischen Identität – Körper – Ess-Störung deutlich. Das Körperbild (Body-Image) umfasst perzeptuelle, kognitive und emotionale Aspekte, es meint ein konzeptuelles Konstrukt unseres Körpers, das unbewusste Inhalte der Körpererfahrung einschließt (Körperselbst) (Willenberg, 1989, S. 173).

Was ist Identität?[1]

Definitionen und Begriffserklärungen

Definition »*Identität* läßt sich nunmehr bestimmen als die Einheit aus Selbstkonzept, Selbstwertgefühl und Kontrollüberzeugung eines Menschen, die er aus subjektiv bedeutsamen und betroffen machenden Erfahrungen über Selbstwahrnehmung, Selbstbewertung und personale Kontrolle entwickelt und fortentwickelt und die ihn zur Verwirklichung von Selbstansprüchen, zur Realitätsprüfung und zur Selbstwertherstellung im Verhalten motivieren« (Hausser, 1995, S. 66).
Identität ist ein *Relationsbegriff* (»Wer bin ich« im Vergleich zu anderen, zu früher usw.). Die Identität wird von jedem Menschen *selbst* konstruiert, d. h., dass sie im Gegensatz zu Rolle und Persönlichkeit *ursprünglich im Bewusstsein* existiert. Sie darf keinesfalls mit »Biographie« gleichgesetzt werden. *Subjektive Bedeutsamkeit* ist nichts anderes als die wahrgenomene Wichtigkeit, die ein Gegenstand für einen Menschen hat (= Filter für die Identitätsrelevanz von Erfahrungen). *Selbstbewertung* erfolgt durch *sozialen* und *individuellen* Vergleich als Bezugsnorm. Identität als situative Erfahrung umfasst die *kognitive* Komponente der Selbstwahrnehmung, die *emotionale* Komponente der Selbstbewertung und die *handlungsbezogene* Komponente der personalen Kontrolle. *Personale Kontrolle* stellt das Bedürfnis dar, auf Gegebenheiten und Ereignisse der Umwelt Einfluss zu nehmen. *Selbstkonzept* ist definiert als generalisierte Selbstwahrnehmung, *Selbstwertgefühl* als generalisierte Selbstbewertung und *Kontrollüberzeugung* als generalisierte personale Kontrolle. *Kernidentität* ist die Dynamik dieser drei Komponenten.

Identitätsfördernde Kriterien
sind Rollendistanz, Empathie, Ambiguitätstoleranz (imstande sein, widersprüchliche Rollenerwartungen bei sich und anderen wahrzunehmen und auszuhalten), Identitätsdarstellung (Fähigkeit, die eigene Identität in der sozialen Interaktion zu äußern, damit sie Berücksichtigung findet). *Selbstvertrauen* ist die Erfolgszuversicht im Hinblick auf die Fähigkeit, eigene Bedürfnisse zu befriedigen, eigene Handlungsziele zu erreichen. *Selbstvertrauen* betrifft die *individuelle, Selbstbewusstsein* die *soziale* Perspektive (Erfolgszuversicht im Hinblick auf die Fähigkeit, Zustimmung zu finden, andere zu überzeugen, sich zu behaupten und durchzusetzen).

Identitätsregulation
Es geht um die laufende Wechselwirkung zwischen der bestehenden Identität eines Menschen und neuen, diese bestätigenden oder verunsichernden Erfahrungen. Die Sollwerte der Identitätsregulation lauten vereinfacht: Ich sehe mich richtig, ich fühle mich gut dabei, ich bringe etwas zustande.

Identitätsassimilation
Anpassung neuer Erfahrungen an die bestehende Identität im Sinne einer *Identitätsstabilisierung. Identitätsakommodation*: Anpassung der bestehenden Identität an neue Erfahrungen im Sinne einer *Identitätsänderung*.
Ist die *Identitätsregulation* gestört, so steigt oder fällt das Selbstwertgefühl in Richtung der Extreme. Funktioniert die Identitätsregulation, so pendelt das Selbstwertgefühl im mittleren »gesunden« Bereich.

Identitätsentwicklung

Definition: *Identitätsentwicklung* ist als lebenslange, intra- und interindividuell variable Entwicklung aufzufassen. Identität soll nicht als eine Struktur verstanden werden, die zu einem bestimmten Zeitpunkt fertig ist und nun nicht mehr verändert werden kann, sondern als eine Leistung, die immer wieder erbracht werden muss.

ERIKSONS Phasenlehre der psychosozialen Entwicklung
Identitätsentwicklung ist eine psychosoziale Entwicklung mit ständiger Wechselwirkung zwischen Individuum und Gesellschaft als lebenslange Entwicklung. Unter Identität versteht Erikson (siehe dazu auch Tabelle 1)
– einen Kern der Persönlichkeit, der bei all seinen Veränderungen und Veränderungen der Umwelt stabil bleibt,

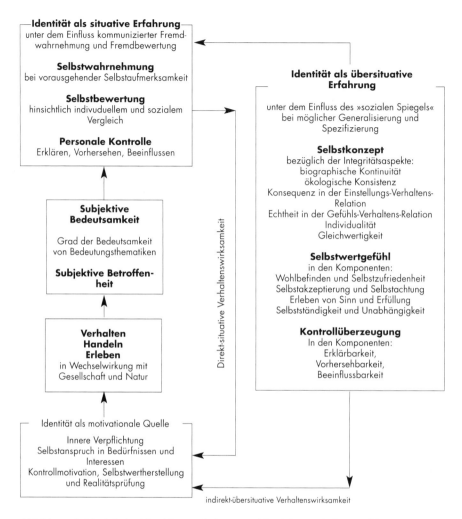

Abbildung 1: Modell der Identitätsregulation aus »Identitätspsychologie« (Hausser, 1995, S. 65).

– einen Gleichklang prinzipiell veränderlicher sozialer Rollen,
– einen entwickelten Lebensstil, der bestimmt, wie soziale Rollen ausgefüllt werden,
– spezielle Merkmale der Adoleszenzphase und
– die eigene Kontinuität im Umgang mit anderen.

Positiv an Eriksons Phasenlehre ist die Sichtweise einer lebenslangen Entwicklung. Es fehlt jedoch die Kontinuität, weil es präformierte und univer-

Tabelle 1: Identitäts- und Körperentwicklung

	A Psychosoziale Krisen	B Umkreis der Beziehungspersonen	C Elemente der Sozialordnung	D Psychosoziale Modalitäten	E Psychosexuelle Phasen	F Bedeutung des Körpers
I Säuglingsalter	Vertrauen gegen Misstrauen	Mutter	Kosmische Ordnung	Gegeben bekommen, Geben	Oral-respiratorisch, sensorisch-kinästhetisch (Einverleibungsmodi)	Trennung zwischen eigenem und Körper der Mutter noch nicht vollzogen (Symbiose)
II Kleinkindalter	Autonomie gegen Scham, Zweifel	Eltern	»Gesetz und Ordnung«	Halten (Festhalten), Lassen (Loslassen)	Anal-urethral muskulär (Retentiv-eliminierend)	Eigener Körper wird als unzulänglich oder grandios erlebt
III Spielalter	Initiative gegen Schuldgefühl	Familienzelle	Ideale Leibbilder	Tun (Drauflosgeben), »Tun als ob« (= Spielen)	Infantil-genital Lokomotorisch (eindringend, einschließend)	Lustvolle Erfahrungen mit dem Körper dienen zur Selbstständigkeitsentwicklung
IV Schulalter	Werksinn gegen Minderwertigkeitsgefühl	Wohngegend, Schule	Technologische Elemente	Etwas »Richtiges« machen, etwas mit anderen zusammen	Latenzzeit	Körper ist unbewusst, dient zur Erweiterung und Differenzierung des Lernens
V Adoleszenz	Identität und Ablehnung gegen Identitätsdiffusion	»Eigene« Gruppen, »die Anderen«. Führer-Vorbilder	Ideologische Perspektiven	Wer bin ich (wer bin ich nicht) – Das Ich in der Gemeinschaft	Pubertät	Ungewollte hormonelle Veränderung des Körpers, Unsicherheit, Zweifel, ist er o. k.
VI Frühes Erwachsenenalter	Intimität und Solidarität gegen Isolierung	Freunde, sexuelle Partner, Rivalen, Mitarbeiter	Arbeits- und Rivalitätsordnungen	Sich im anderen verlieren und finden	Genialität	Attraktivität, Jugend, Körper als Ware, Rollenidentität
VII Reifes Erwachsenenalter	Integrität gegen Verzweiflung	»Die Menschheit« »Die Menschen meiner Art«	Weisheit	Sein, was man geworden ist; wissen, dass man einmal nicht mehr sein wird.		Körper wird zum Problem/Sorge, Krankheit, Dysfunktion, Verfall

Anmerkungen: Um Körperdimension F erweitertes Schema (Feistner, 1997), beruhend auf ERIKSON-Diagramm D (Erikson, 1995, S. 214–215)

selle Entwicklungsphasen gibt. Die Kritik an Phasenlehren bezieht sich auf rigide, schematische Entwicklungsannahmen, die a priori bekannt sind und in immer der gleichen Reihenfolge ablaufen und sich bei jedem Individuum in gleicher Ordnung entfalten (Altersnormierung), ohne je eine Phase auszulassen. Jede Phase baut auf der vorausgehenden auf, ist komplexer und differenzierter als die vorausgehende und wird zur Basis für die nächste. Hinzu kommt die Irreversibilität einmal erfolgter Krisenlösungen, die im krassen Widerspruch zu heutigen, empirisch gesicherten Ergebnissen der Krisenbewältigung steht.

Impulse für die Identitätsentwicklung sind:
– *Sozialisation,*
– *kritische Lebensereignisse* (= Ereignisse, die durch Veränderungen der sozialen Lebenssituation gekennzeichnet sind und die mit entsprechenden Anpassungsleistungen beantwortet werden müssen),
– *Entwicklungsaufgaben* (= individuelle Setzungen, die sich sowohl auf die soziokulturelle Entwicklungsnorm wie auf die wahrgenommene eigene Leistungsfähigkeit bezieht, Distanz zwischen Norm und Fähigkeit).

Zur Sozialisation
Am besten erforscht wurden frühe Kindheit und Jugend. Die *Geburt* wird von Entwicklungspsychologen *als Ursprung der Identität* betrachtet. Für die Entwicklung des *Selbstwertgefühls* gibt es drei wesentliche Voraussetzungen in der Eltern-Kind-Interaktion:
1. Das vollkommene Akzeptieren des Kindes (bedingungslose Wertschätzung),
2. klar bestimmte und geltend gemachte Handlungsgrenzen,
3. Achtung und Spielraum für individuelles Handeln innerhalb bestimmter Grenzen.[2] Anfänge der Identitätsentwicklung liegen in der Entstehung des Körper-Selbst-Konzeptes beim Kleinkind. Der Beginn der Körperwahrnehmung ist mit dem Beginn der Selbstbewertung eng gekoppelt (»Good-Me«, »Bad-Me«, »Not-Me«). Ein psychoanalytisches Erklärungskonzept wird im letzten Abschnitt vorgestellt.

Entwicklung der Geschlechterrollen
Erste Entwicklung der sexuellen Identität und Geschlechterrollen in drei Stufen (nach H. M. Trautner in Geo-Wissen 23/95, Kindheit und Jugend, S. 84–89):
1. Stufe vom ersten bis dritten Lebensjahr: Mutmaßung über das Geschlecht mit Hilfe von Indizien (Frisuren, Kleidung, Stimme) und Testung der

Hypothesen. Bis ins dritte Lebensjahr halten es Jungen für möglich, später Mutter zu sein, Mädchen glauben, durch Verkleidung zum Mann zu werden.
2. Stufe vom dritten bis sechsten Lebensjahr: Erkennen, welchem Geschlecht man angehört, rigides Mann-Frau-Schema, das sehr konservativ ausgelebt wird. Freunde und Vorbilder werden fast ausschließlich aus dem eigenen Geschlecht ausgewählt. Glaube, dass Geschlechtszugehörigkeit durch *Verhalten* ausgelöst wird.
3. Stufe vom siebten bis elften Lebensjahr: Das rigorose »Entweder-Mann-oder-Frau«-Schema wird durch ein flexibles »beides mehr oder weniger« ersetzt. Kinder wissen jetzt, dass ihre *Geschlechtszugehörigkeit* durch die *Genitalien* bestimmt wird. Erkenntnis, dass *Geschlechterrollen* keine Naturgesetze, sondern Konventionen sind.

Auf die Entwicklung in der Adoleszenz werde ich später im Zusammenhang mit den Ess-Störungen näher eingehen.

Identitätsbildung und Identitätsänderung

Die Identifizierung mit Modellen ist Voraussetzung für Identitätsbildung und Identitätsänderung (Model-Lernen), Identitätsbildung ist ein Entwicklungs*prozess*, der abhängig ist von zwischenmenschlichen Beziehungen auf dem Wege von Reflektieren, Metakommunizieren, Verstehen, Missverstehen und Nichtverstehen. Der bewussteste Weg einer Identitätsänderung ist jener über eine Idenitätskrise und die Art ihrer Bewältigung.

Wie kommt es zu einer Identitätskrise?
Ein Lebensereignis muss als krisenhaft wahrgenommen werden, die Person fühlt sich überfordert, zwischen Verhaltensalternativen klar zu entscheiden. Die Bewältigungseinschätzung beruht auf der biographisch erworbenen Bewältigungskompetenz, der Kontrollüberzeugung und der Attributionstendenz. Durch die Relation von Situationseinschätzung und Bewältigungseinschätzung kann es zum Empfinden einer Belastung kommen. Es gibt vier Klassen von Bewältigungsstrategien: Abwehr, kognitive Umstrukturierung, erlernte Hilflosigkeit, Bewältigungshandlungen.

Was sind Merkmale einer Krise?
- Wiederholt fehlgeschlagene Bewältigungsversuche,
- Unterbrechung routinemäßiger Formen des Verhaltens durch soziale oder biologische Veränderungen (z. B. in der Pubertät),

- psychische Desintegration,
- Unvorhersagbarkeit,
- hohe subjektive Bedeutsamkeit und Betroffenheit,
- Fehlen kompensatorischer Entlastungen in anderen intakten Bereichen,
- Fehlen sozialer Unterstützung und eine
- niedrige biographisch erworbene Bewältigungskompetenz.

Von Identitätskrisen spricht man nur dann, wen all dies als eine *massive Bedrohung* oder bereits *erfolgte massive Minderung des Selbstwertgefühls* empfunden wird. Im letzten Abschnitt werde ich nochmals auf das Thema Identitätskrise zurückkommen.

Zusammenfassend lässt sich sagen, dass der Identitätsbegriff und die Identitätsentwicklung zwar sehr spezialisiert erforscht werden, dass jedoch kaum umfassende Modelle vorliegen, in die die »Puzzleteile« eingeordnet werden können. Was meines Erachtens in einem umfassenderen Modell berücksichtigt werden müsste, ist, welche Arten von Identitäten gibt es (auch aus der soziologischen Perspektive betrachtet), wie stehen diese in Relation zueinander, wie entwickeln sie sich (wobei die Entwicklung als zeitliches Kontinuum betrachtet werden muss), wie kann eine positive und eine negative Entwicklung dargestellt werden, wie eine Identitätskrise? Ich unternehme den Versuch, ein vorläufiges Modell zu entwickeln, das den genannten Anforderungen genügt.

Ausgehend von einem Identitätskern entwickelt sich die Körperidentität mit der sexuellen Identität. Diese bilden (eigentlich mit Image/Performance »Wie möchte ich erscheinen«) die individuelle Identität. Diese liegt eingebettet in der Familienidentität, die wiederum von der Identität der sozialen Bezugsgruppe (Rollenidentität) und der beruflichen Identität umschlossen ist. Den Hintergrund bilden die kulturelle und die Geschlechtsrollenidentität und die alles umgebende Identität des Menschen im Universum (religiösspirituelle Identität). (Bei den Identititätsbereichen beziehe ich mich teilweise auf die Kriterien der Identitätsstörung des DSM-III-R, S. 127). Das Modell hat jetzt noch eine gewisse Ähnlichkeit mit einem Phasenmodell, weil es zwar verschiedene Identitäten darstellt, aber die nächste Identität die vorhergehende enthält und somit komplexer und differenzierter als die vorausgehende ist. Jedoch verändert sich dieser Eindruck, sobald ich eine Zeitperspektive miteinbringe.[3] Ursprünglich plante ich, die Erikson'schen Entwicklungsphasen als Zeitachse einzusetzen, dies scheiterte jedoch daran, dass sie nicht kontinuierlich verlaufen und ich deshalb in Relation zu den einzelnen Identitäten nicht bestimmen kann, wo ich sie exakt auf der Zeit-Achse anordnen soll.

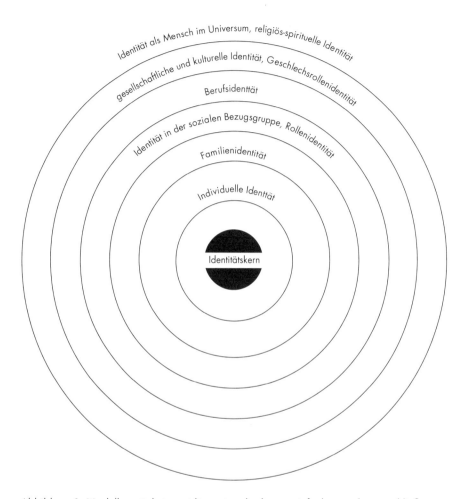

Abbildung 1: Modell zunächst zweidimensional, also vereinfacht, um den anschließenden Gedankengang deutlicher zu machen (Zweidimensionales Identitätsmodell, Feistner, 1996).

Wir haben nun die Möglichkeit, durch die räumliche Darstellung der Identitäten einerseits die Identitätsentwicklung zu erkennen, andererseits mit Hilfe der Hüllkurve (= Verbindung der einzelnen Identitätsscheiben) ein Bild vom derzeitigen Stand der *gesamten Identität* zu erhalten. In Bild 2 wird vorläufig (wegen der Übersichtlichkeit) ein stetiges Identitätswachstum angenommen. Krisen, Störungen, also negatives Identitätswachstum sind noch unberücksichtigt, ich gehe jedoch später darauf ein. Wenn ich nun irgendeinen Zeitpunkt der Identitätsentwicklung im Querschnitt betrachte (Bild 3), können vorhandene *Wechselwirkungen* zwischen den einzelnen Identitäten durch Pfeile dargestellt werden. Eine Pfeilrichtung nach außen bedeutet ein positives Wachstum dieser Identität, eine Pfeilrichtung nach innen bedeutet eine Abnahme oder Störung dieser Identitätsentwicklung.

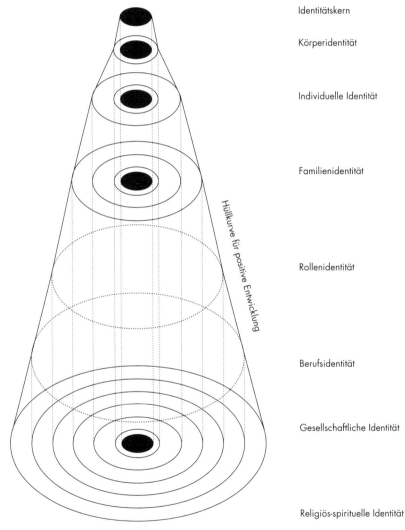

Abbildung 2: Zeitlich-räumliches Identitätsmodell

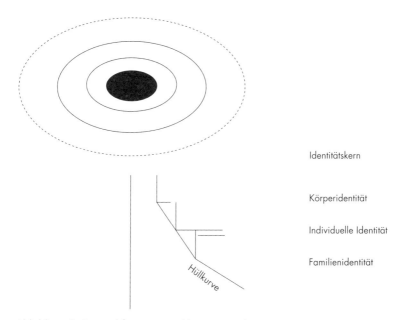

Abbildung 3: Beispiel für positives Identitätswachstum

Körper und Identität

Zur Einführung in das Thema eine *Phantasieübung*.
»Stellen Sie sich vor, Sie wurden gerade von einer Ihnen fremden Person auf einen typisch weiblichen/typisch männlichen Körperteil angesprochen. Wie fühlen Sie sich jetzt? Was sagt dieser Körperteil über Sie aus? Angenommen, dies sei die einzige Rückmeldung, die Sie zu Ihrer Person erhalten, und Sie haben keinerlei Gelegenheit, der fremden Person noch weitere Informationen über Ihren Beruf/Status/Familienstand usw. zu geben. Wie fühlen Sie sich jetzt? Wie ist Ihr Körpergefühl? Was glauben sie, gehört noch zur Definition Ihrer Identität«
Die Gefühle, die sich bei WorkshopteilnehmerInnen einstellten, mit denen ich diese Übung durchführte, ähnelten denen von Jugendlichen in der Pubertät, die meist nur auf einzelne Körpermerkmale angesprochen werden (Bartwuchs, Brust, Po ...), nämlich Peinlichkeit und Scham und das Gefühl, reduziert zu sein. Deshalb nannte ich die Phantasieübung: »Als ob der Körper die ganze Identiät wäre.« Mit der Phantasieübung wollte ich aufzeigen, dass die Entwicklung der Identität untrennbar mit der Entwicklung des Körpers verbunden ist.

Für unsere Thematik ist es besonders interessant, die Probleme der Adoleszenz und des Körpers zu beleuchten. Der Körper und die Proportionen ändern sich durch hormonelle Einflüsse radikal, die geschlechtliche Reifung, der Umgang mit dem anderen Geschlecht werden zu völlig neuen Themen. Es gibt eine Vielfalt von Wahlmöglichkeiten bezüglich der Zukunft, es sollen existenzielle Entscheidungen über Partnerschaft und Beruf getroffen werden. Andererseits besteht eine Unsicherheit, ob man im tiefsten Innersten schon eine richtige Frau/ein richtiger Man ist und ob man jemals einen Zusamenhang in sich finden und liebenswert erscheinen wird, ob man wirklich weiß, wer man ist (Erikson, 1995, S. 111f.). Die körperlichen Veränderungen in der Adoleszenz markieren den Abschied von der Kindheit und leiten die Herausbildung einer erwachsenen Geschlechtsidentität ein (Flaake u. King, 1995).

Der Satz: »Ich bin nicht, was ich sein sollte, ich bin nicht, was ich sein werde, aber ich bin nicht mehr, was ich war«, spiegelt den Identitätskonflikt der Pubertät sehr gut wider. Jedoch setzt jeder »Verlust an Identitätsgefühl das Individuum wieder seinen alten Kindheitskonflikten aus« (Erikson, 1995, S. 113). Dies ist eine Regression, und Regression bedeutet: »Rückgriff auf ontogenetisch frühe Organisations- und Regulationsformen zum Zweck der Abwehr und Kompensation« (Mentzos, 1991, S. 67).

Auf unser Modell bzeogen bedeutet Regression, dass *kein* Identitätszuwachs erfolgt, sondern Identitätsverlust (s. Abb. 4, gestrichelte Hüllkurve), der – wie später noch ausgeführt wird – sogar eine Schrumpfung der Identität bis in den Identitätskern hinein bewirken kann (s. Abb. 4). Warum entwickeln aber fast ausschließlich Mädchen und Frauen, aber nicht Jungen oder Männer Ess-Störungen, wenn doch für beide Geschlechter die Gefahr eines Identitätsverlustes in dieser Phase besteht?

Weibliche Adoleszenz und Entwicklung von Ess-Störungen[4]

Bis zu einem gewissen Grad sind beide Geschlechter in der Adoleszenz mit ihrem Körper beschäftigt, sind ängstlich und mit ihm unzufrieden. Aber bei Mädchen hängt die Ich-Entwicklung von Selbstdifferenzierungsproblemen innerhalb von Beziehungen sowie von der *Aneignung des eigenen Körpers* ab. Mädchen werden generell von Geburt an so sozialisiert, dass sie ihren Körper gar nicht akzeptieren können. Gründe: eng umrissenes Schönheitsideal, Selbstbewusstsein, Selbstwertgefühl und Selbstvertrauen, Erfolgschancen, Prestige, Beziehungen sind häufig mit Attraktivität gekoppelt.

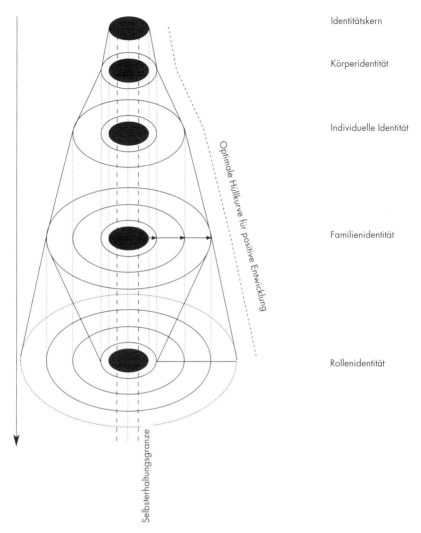

Abbildung 4: Beispiel für negative Identitätswachstum

Mädchen machen sich mehr Gedanken über ihre Figur, vergleichen sich untereinander, sind kritischer und befangener als Jungen. Junge Frauen sind gewohnt, mit ihrem Körper unzufrieden zu sein und sich exzessiv mit ihm zu befassen. Sie empfinden es als *krankhaft*, das eigene Aussehen einfach hinzunehmen. Es ist heutzutage *normal* (sozial angepasst), sich als Frau ständige Sorgen um Schlanksein und kalorienarme Ernährung zu machen.

Die jungen Faruen können der körperlichen Weiblichkeit und Sexualität nicht selbst Wert verleihen, sie sind abhängig von der Anerkennung und Wertschätzung anderer. Um diese Art der Anerkennung und Wertschätzung zu erhalten, *muss* die Adoleszente ihren Körper in gefälliger, d. h. *dem herrschenden Schönheitsideal angepasster Form präsentieren.* Je perfekter sie dies tut, umso mehr Anerkennung wird sie ernten.
Dieser Weg führt jedoch bei vielen Mädchen direkt in die Ess-Störung. Wie eine Untersuchung zeigt, die von Catherine Steiner-Adair (in Flaake u. King, 1995. S. 240–253) referiert wurde, haben Mädchen, die hohe Werte auf den Ess-Störungs-Skalen hatten, den Drang, ihr Selbstwergefühl über Angleichung an ein »unerbittliches« Schönheitsideal aufzurichten. Schlanksein ist für sie gleichbedeutend mit Autonomie, Unabhängigkeit, Erfolg und Anerkennung für selbstständige Leistungen, mit Begriffen eben, die sich im kulturellen Ideal von der »neuen« Frau vereinen. Umgekehrt wurde bei Auswertung aller Testergebnisse deutlich, »daß Mädchen nicht zu Eßstörungen neigen, wenn sie in der Lage sind, das heutige Frauenideal und die Gefahren einer Identifikation mit ihm zu erkennen und es abzulehnen, indem sie ein eigenes Weiblichkeitsideal ausbilden« (ebd., S. 248).
Dies bedeutet, wenn ein Mädchen/eine junge Frau eine positive Identitätsentwicklung machen möchte (mit Zuwachs an Identität), muss sie *gegen das herrschende Weiblichkeitsideal kämpfen.* Es wird also ein völlig paradoxes Verhalten von ihr verlangt, und sie muss sich von derzeit gültigen sozialen Normen und Werten weitgehend distanzieren, um einen eigenen Standpunkt zu finden. Persönliche Distanzierung erfordert jedoch selbstreflexives Denken und setzt ein hohes Selbstwertgefühl voraus. Eine weitere Schwierigkeit ist, dass gerade in der Adoleszenz die Meinung der sozialen Bezugsgruppe (Gruppendruck) angesichts der Ablösung von der Familie besondere Bedeutung gewinnt. Mädchen mit geringem Selbstwertgefühl brauchen die Anerkennung, Bestätigung und Wertschätzung aus der sozialen Bezugsgruppe in viel höherem Ausmaß und versuchen, sich noch mehr an dere Einstellungen, Werte und Normen anzupassen. Die Blickrichtung ist nicht »was finde ich gut, was sind meine Bedürfnisse«, sondern »wie muss ich mich präsentieren, damit mich andere bestätigen«. Es ist die Blickrichtung, die typisch ist für Bulimikerinnen. Magersüchtige haben einen anderen Weg gewählt. Sie verzichten weitgehend auf die Integration in die soziale Bezugsgruppe, möchten jedoch Anerkennung und Bewunderung für Leistungen und die »Willensstärke«, ihren Körper unter totaler Kontrolle zu haben. Der Weg der fresssüchtigen dicken Mädchen ist es, zwar integriert zu sei, obwohl sie anders aussehen als das herrschende Schönheitsideal,

aber Anerkennung für ihre »Mütterlichkeit« (anderen helfen, verständnisvoll sein, eigene Bedürfnisse zurückstecken) zu bekommen. »Mädchen mit Ess-Störungen nehmen die gefährlichen Spannungen im System der kulturellen Werte in gesteigerter und gleichzeitig wirrer Form wahr. Sie können ihr Wissen nicht in Worte fassen ... – so erzählen sie ihre Geschichte mit dem Körper« (Steiner-Adair, in Flaake u. King, 1995, S. 250).

Ess-Störungen als Suche nach Identität mit Hilfe des Körpers

Die Geschichten, die der Körper erzählen kann, sind vielfältig, denn der Körper hat in unterschiedlichen Zusammenhängen zahllose symbolische Bedeutungen.

Für die Person selbst
Wie sieht, empfindet und bewertet sie ihren Körper? Welchen Kontakt hat sie zu ihm oder ist sie von ihm abgespalten?

Im familiären Zusammenhang
Wie wird der Körper von Familienmitgliedern gesehen und beurteilt? Was bedeutet Körperlichkeit in der Familie? Welche Modelle für Körperidentität gibt es in der Familie?

In sozialen Bindungen
Welche Bedeutung hat der Körper beim Anknüpfen und Aufrechterhalten von Beziehungen? Welche Chancen/Blockierungen stellt der Körper dar bei der Integration in eine soziale Bezugsgruppe?

In der Berufswelt
Welche Bedeutung wird dem Körper im Zusammenhang mit Leistung und Erfolg zugemessen? Bei Männern und Frauen unterschiedlich?

Im gesellschaftlichen und kulturellen Zusammenhang
Wie wird der Körper von anderen gesehen? Entspricht er den Schönheitsidealen, Normen, Wertvorstellungen? Welche Körperideale werden angeboten, und was muss getan werden, um sie zu erreichen?

Der Symbolwert des weiblichen Körpers

Die komplizierten Wechselwirkungen der Symbolwerte des Körpers in den verschiedenen Identitätsbereichen mit der Ess-Störung werde ich exemplarisch an fünf Themenbereichen darstellen, um folgende Fragestellungen zu erklären: Was symbolisiert der Körper, und wie benutzen essgestörte Frauen diese Symbole? Welche Möglichkeiten haben sie, im Ambivalenzkonflikt der Anpassung, Überanpassung, scheinbarer Anpassung oder Verweigerung einen Weg zu finden, der genügend Anerkennung und Wertschätzung einbringt, um ihre bedrohte Identität zu stützen/aufzufüllen oder eine fremde Identität anzunehmen? Was hat also der Körper mit Identität und Ess-Störungen zu tun?

Ausdrucksfunktion des Körpers

»Männer handeln, Frauen treten auf«, bedeutet, dass Frauen ihren Körper über unterschiedliche Präsentationstechniken und -mittel inszenieren. Die Selbstrepräsentanz wird abhängig gemacht von der Wirkung auf andere. Bei Ess-Störungen bedeutet dies: Die Umwelt soll nicht merken, dass es sich bei der Präsentation nicht um die ganze Person handelt, sondern nur ein Bild dargeboten wird. »Diese weiblichen Bilder schaffen eine neue Wirklichkeit, sie sind weniger Abbilder von realen Frauen als ideale und Symbole von Weiblichkeit. Sie schaffen eine Distanz zu sich selbst und anderen, ...« (Focks, 1994, S. 176).
Bulimische Frauen präsentieren sich ihrer Umwelt als »passende« und »perfekte« Frauen. Sie passen sich also dem herrschenden Weiblichkeitsideal scheinbar an und schützen sich damit vor gesellschaftlicher Ausgrenzung und sozialer Isolation, belassen sich aber in ihrer inneren Leere. Sie zweifeln daran, ob ihre Gefühle und Bedürfnisse echt sind, richten sich eher nach denen von anderen Menschen. Ihre Ängste drehen sich um die Frage, ob der Körper eine leere Hülle ist ohne eigene Identität. Aus einem Interview mit einer Bulimikerin: »Also ich versuche schon irgendwie, mich so darzustellen, dass ich anderen gut gefalle, also, das finden die gut an mir ... Also es ist mir schon verdammt wichtig, was andere von mir denken, das ist übrigens auch eine Eigenschaft, die ich doof finde (Lachen) ...« (Focks, 1994, S. 181). Die Bulimikerin will durch die Anpassung an das Schlankheitsdiktat ausdrücken, dass sie Bestätigung und Begehrtwerden braucht. »Der Körper muss ideal sein, der Rest wird es dann auch«, ist der symbolische Ausdruck im Schlanksein.

Die Ausdehnung des Körpers bei der *übergewichtigen Frau* symbolisiert einerseits ein »Platzeinnehmen«, ein »Sich-Gewicht-Verleihen«. Andererseits soll er ein Schutzschild gegen sexuelle Ansprüche und Übergriffe darstellen. Der Körper kann Distanz schaffen, die Nähe und Intimität kontrollieren oder eine Beziehung abwehren. Die dicke Frau möchte Bestätigung für ihre weibliche, mütterliche, nicht jedoch für ihre sexuelle Identität. Auf der anderen Seite verkörpert sie »gesellschaftliche Ungeformtheit, Wildheit, Urtümlichkeit« (Krämer, 1989, S. 154). Der Symbolwert des dicken Körpers ist: »Ich bin zwar nur mein Körper, aber ich bin mehr als mein Körper. Ich bin bereit, meine hierdurch ausgedrückte Individualität durch negative Aufmerksamkeit zu bezahlen.« Dies drückt gleichzeitig Resignation und Widerstand aus.

Die *magersüchtige, dünne Frau* symbolisiert mit ihrem Körper Unangreifbarkeit und Verweigerung des Weiblichen. Der weibliche Körper ist nun »Inbegriff alles Bösen« (Willenberg, in Hirsch, 1989, S. 223). Sie hat ihren authentischen Ausdruck ihrer Identität aufgegeben oder verloren. Der Symbolwert des abgemagerten Körpers ist: »Ich will nicht als Körper gesehen werden. Ich habe Angst, Hülle und Füllung können verwechselt werden. Ich will keine Bestätigung dafür, eine Frau zu sein, sondern Bestätigung für meine Leistung und Willensstärke, meine Triebimpulse besiegt zu haben.« Der Körper der magersüchtigen Frau signalisiert jedoch auch, dass die Fixierung auf eine vorpubertäre Stufe eine Abwehr gegen die als bedrohlich erlebten Anforderungen des Erwachsenseins darstellen soll.

Gesellschaftliche Definition des Körpers als etwas herzustellendes, zu kontrollierendes »Sich-in-Form-Bringen«

»Die große Mehrheit hat inzwischen die Botschaft akzeptiert, wonach Schönheit und körperliche Perfektion eine Angelegenheit des eigenen persönlichen Einsatzes sind. Ein Scheitern muß unter dieser Perspektive darauf zurückgeführt werden, daß die bzw. der einzelne sich nicht ausreichend angestrengt hat. ›Sich-in-Form-Bringen‹ ist zum neuen moralischen Imperativ einer individualisierten Lebensweise geworden« (Stahr, Barb-Priebe u. Schulz, 1995, S. 86). »Die Manipulation oder das ›Styling‹ des Körpers durch Bodybuilding und Kosmetik ist sozial erwünscht ...« (Willenberg in Hirsch, 1989, S. 212). So ist es für uns selbstverständlich geworden, mit unserem Körper ähnlich umzugehen wie mit sonstigen Gegenständen: Körperliche Schäden oder Funktionsstörungen werden repariert, aufpoliert oder umfrisiert wie Autos. Der Körper wird als etwas zu Formendes betrachtet.

»Die Gewalt, die dem Körper angetan wird: die Frauen verfügen über sich selbst. Sie bearbeiten ihren Körper, kasteien ihn, unterdrücken seine Bedürfnisse, um einer Form willen, die nicht die ihre ist« (Krämer, 1989, S. 153). Der »Machbarkeitswahn« spiegelt sich in den Medien wider: runderneuerte Medienstars wie Cher (»wenn mir an mir etwas nicht gefällt, wird es geändert«) oder Michael Jackson werden uns als Modelle für den Umgang mit Körperlichkeit präsentiert. Alter, Geschlecht, Figur, Hautfarbe, es gibt nichts, was durch Kosmetik, Chirurgie und Hormone nicht verändert werden könnte. Es ist nur eine Frage des Geldes und der Willenskraft – so wird uns suggeriert. Als ob bedrohliche Momente des Körpers durch Disziplinierung und Funktionalisierung, durch Trennung zwischen einem kontrollierenden Geist und einem zu kontrollierenden Körper gebändigt werden könnten. Konrad Stauss schreibt im Vorwort zu Bärbel Wardetzkis Buch »Weiblicher Narzißmus« so treffend: »Zwanghafter Perfektionismus, fassadenhafte körperliche Vollkommenheit und luxuriöse Lebensgewohnheiten sind die neuen goldenen Kälber, um die wir bis zur Erschöpfung tanzen. Je reicher und großartiger wir außen sind, um so emotional verarmter sind wir innen. Unsere Patientinnen berichten, daß sie das Gefühl haben, nur eine Lebens- und Existenzberechtigung zu besitzen, wenn sie perfekt sind. In der Regel verbirgt sich hinter der prächtigen äußeren Fassade ein emotional verwahrlostes, verzweifeltes Kind, das nach seiner wahren Identität hungert. Dieses Kind oder auch ›wahres‹ Selbst genannt, leidet an der ›unerträglichen Seichtigkeit des Scheins‹ und will sowohl von der Betroffenen als auch von der Umwelt entdeckt, wahrgenommen und angenommen werden.« (Wardetzki, 1991, S. 7f.).

Der perfekte Körper

Nicht nur bei Essgestörten, sondern generell wuchs in den letzten Jahren die Unzufriedenheit mit dem Körper deutlich. In einer 1997 veröffentlichten Umfrage aus drei Jahrzehnten (Psychologie heute, 9/97, S. 24) zeigte sich eine Steigerung der Unzufriedenheit mit der Gesamterscheinung gegenüber 1972 von 25% auf 56% bei Frauen und von 15% auf 43% bei Männern. Ursula Nuber fragt: »Sind unsere Körper in den letzten Jahren tatsächlich immer häßlicher und unförmiger geworden? Wohl kaum. Eher schon hat sich unser Blick für die Körper-Realität zunehmend getrübt.« (Psychologie heute, 9/97, S. 21). Selbst die Menschen, die uns als perfekte Vorbilder demonstriert werden, sind unzufrieden mit ihrem Körper, wie eine von Brenner und Cunningham (zitiert nach Lange-Ernst, 1993, S. 31) durchgeführte Befragung einer Gruppe von Fotomodellen und einer Gruppe von Studentinnen ergab. Zu ihrem Erstaunen hielten sich fast alle Models für »zu dick« und wollten 20% abnehmen. Das ist ebenso viel wie bei den befragten Studentinnen. Die Mehrheit beider Gruppen beurteilte ihr Äußeres als »eher mangelhaft«. Wie kann dieses Ergebnis erklärt werden? Sicherlich gibt es einen noch perfekteren Maßstab, an dem sich die Fotomodelle messen. Die Differenz des Unzufriedenheitsfaktors bleibt für beide Gruppen gleich groß.

Warum ist es gerade für essgestörte Frauen so wichtig, perfekt zu sein? Sie hungern nach Anerkennung, Wertschätzung, Geliebtwerden, letztendlich, um Defizite im Identitätskern oder anderen Identitätsbereichen auszugleichen. Andererseits genügt es Essgestörten nicht, in Schule oder Beruf oder einem Hobby perfekt zu sein (was sie ja meist sind), dies scheint keine Rückwirkungen auf die »Auffüllung« der Körperidentität und des Identitätskerns zu haben. Aus dem Bericht einer magersüchtigen Frau:

Ich bin ja nicht hässlich und wenigstens überdurchschnittlich intelligent, nur mein Körper ist nicht vollkommen, daran könnte man arbeiten. Anders ausgedrückt: meine Krankheit ist nichts weiter als nur ein Perfektionsstreben, wie es so viele Frauen haben, die sich heute vom Normal- zum Idealgewicht hungern, ins Fitness-Studio und zum Schönheitschirurgen rennen. Ich habe bis zum heutigen Tag alles versucht, diesen Körper zu verändern, und vieles versucht, um zu lernen, ihn so zu akzeptieren, wie er ist. Trotzdem lebe ich in der ständigen Angst, jemand könnte ihn kritisieren und mich verletzen. An diesem Punkt bin ich angreifbar, ich kann mich nicht wehren (Feistner, 1995, S. 79).

Essgestörte Frauen benutzen ihren Körper als Arena des Kampfplatzes um Vollkommenheit, sie erleben ihr Problem (»wer bin ich«) als Charakterfehler (Grünewald-Zemsch, in Feistner, 1995, S. 63–74). Körperliche Perfektion schafft Illusion von Kontrolle, um mit den Unsicherheiten des Leben fertig zu werden. Schlankwerden ist nicht Selbstkontrolle, sondern Unterwerfung unter einen äußeren Zwang, der Selbstverwirklichung, sprich: Identitätswachstum verspricht.

Der Körper als »Maskerade der Weiblichkeit«[5]

Wie gesagt, um eine positive Identitätsentwicklung zu vollziehen, müssen sich Mädchen/junge Frauen an das herrschende Weiblichkeitsideal anpassen. Sie haben aber auch noch eine andere Alternative, nämlich sich nur scheinbar anzupassen, nur so zu tun, als ob sie dem Bild der »neuen Frau« entsprechen, und eine fremde Identität anzunehmen. »So sind auch die

Ideal-Bilder, die Frauen von sich haben, häufig geprägt von fremden Identitäten, wie sie insbesondere in der Werbung propagiert werden: so etwa die Karrierefrau, die verführerische Frau, die Engagierte, die vielseitige Partnerin, Ehefrau und Mutter, die auch im privaten Bereich gutaussehend und aufgeschlossen mit einem ebenso erfolgreichen Mann zusammenlebt usw. Diese Frauen-Typen sind reduzierte, gleichförmige und zugleich hochstilisierte Symbole ohne individuelle Merkmale« (Focks, 1994, S. 175). Aus einer Frauenzeitschrift (Burda International, 1996, S. 101): »Frauenpower! Stark. Soft. Sachlich. Schön. Sexy. Working-Women tragen Ultrafeminines mit maskulinem Unterton.« Sind die »neuen Frauen« eine Mischung aus männlich und weiblich? Ist die Zielrichtung Androgynität, d. h. Tilgung des weiblichen Geschlechts? »In diesem Jahrhundert läßt sich zunehmend eine Nivellierung der Körperbilder von Männern und Frauen beobachten. Schaut man jedoch genauer hin, läßt sich feststellen, daß sich insbesondere weibliche Körperbilder an männliche Körperideale angeglichen haben.« (Stahr, Barb-Priebe u. Schulz, 1995, S. 18). Also die muskelbepackte Frau mit dem Superbusen (stört ja nicht, wenn er aus Silikon ist)! Für Bulimikerinnen gehen die Androgynitätsbestrebungen tiefer, sie möchten die paradoxe Aufgabe bewältigen, so genannte weibliche Werte und Normen wie Anwesenheit, Fürsorge, Abhängigkeit, Empathie, Bindungsfähigkeit, gesellschaftliche Ohnmacht und Privatheit mit so genannten männlichen Werten und Normen wie Abwesenheit, Distanz, Autonomie, Rationalität, gesellschaftliche Macht und Öffentlichkeit zum Ideal des autonomen Individuums zu bündeln (Ebrecht, 1996, S. 19; Focks, 1994, S. 211). Der geforderte »Spagat« betrifft die Geschlechtsrollenidentität. Die Frage für die bulimische Frau lautet, wie kann ich *beide Geschlechter in einer Geschlechterrolle leben?* Wie schaffe ich es, Anwesenheit und Abwesenheit, Distanz und Nähe, Rationalität und Irrationalität, Macht und Ohnmacht, Öffentlichkeit und Privatheit, Abhängigkeit und Autonomie gleichzeitig zu leben? Durch *Spaltung*, die sich in der bulimischen Symptomatik ausdrückt: eine Fassade von starker autonomer und rationaler Frau in der Öffentlichkeit, dahinter hinter verschlossener Tür lebt sie Schwäche, Chaos, Kontrollverlust und Distanz aus. »Die verzweifelte und leidvolle Suche nach dem ›Ich‹, nach einem Ausdruck der gesamten Persönlichkeit und nach Erfüllung der Grundbedürfnisse des Lebens scheint ihr als integrierte Bestandteile ihres Frau-Seins nicht möglich, so daß sie diese durch Spaltung zu leben sucht.« (Focks, 1994, S. 208).

Der Körper als Ware

»Schönheit ist ein knallharter Wettbewerbsfaktor. Ebenso wie Wissen, Intelligenz, Erfahrung... Schönheit ist bares Geld wert.« (Nancy Friday in einem Interview 1997. Spiegel Special: Lust am Leib, 4/97, S. 67). Die äußere Erscheinung ist ein taktisches Mittel, um *Anerkennung und Macht* zu erhalten, der Körper ist das höchste Gut der Frau und zugleich: Die Frau endet an den Grenzen ihres Körpers (Focks, 1994). Der Körper ist ihr Kapital, Marktchance für Beziehungen, für berufliche und private Anerkennung, Machtfaktor und Maßstab für das Selbstwertgefühl. Es geht also letztendlich wieder um das Ringen um Identitätswachstum. Viele Frauen sind bereit, den Preis dafür mit hohen Einbußen ihrer Gesundheit und sogar mit dem Tod zu bezahlen. Die Ärztliche Praxis (Nr. 39, 14. 5. 85) berichtet über ein 23-jähriges Fotomodell, das unter Bulimie litt. Sie hatte während eines bulimischen Anfalles 8,6 kg Nahrung zu sich genommen. Die Patientin starb eine Stunde nach der Operation im septischen Schock! Der Körper wird zum »Tauschobjekt«, um Anerkennung, insbesondere männliche Anerkennung zu bekommen. Der eigene Körper wird immer weniger als zu sich gehörig erlebt, sondern als Objekt, das es zu kontrollieren und korrigieren gilt (Focks, 1994). Aus einem Interview mit einer Bulimikerin: »Es ist mir oft wichtig, dass Männer mit beachten, Blicke und so ... also ist mir schon wichtig, dass sie mich schön finden ...« (Focks u. Trück, 1990, S. 152). Der Warencharakter des weiblichen Körpers zeigt sich durch die unverhohlene und offensichtliche Vermarktung als Konsumgegenstand in den Medien. Egal, welche Ware, sie lässt sich, dekoriert mit einem hübschen weiblichen Körper, besser verkaufen. Zeitschriften steigern ihre Auflage deutlich, wenn eine (zumindest teilweise) nackte Frau auf dem Titelblatt ist. Peter Roos nennt die Werbung pornographisch in seinem Artikel »Die verkaufte Brust«. »Pornographie ist die Einrichtung, das Herrichten und die Abrichtung des Körpers zum Zwecke des Verkaufs.« (Spiegel Special, 4/97, S. 129). Wenn eine Frau ihren Körper vermarktet, reduziert sie damit ihre Identität auf die Aussage: »Ich bin vor allem ein Körper, benutzt ihn.« Damit gerät sie jedoch in den moralischen Konflikt, als Prostituierte eingestuft zu werden. »Der weibliche Körper lässt scheinbar Rückschlüsse auf den moralisch-sittlichen Zustand der Frau zu und wird zum Gradmesser ihrer Moralität« (Focks, 1994, S. 187).
Die Themenbereiche, mit denen ich den Symbolwert des Körpers – und hier in erster Linie des weiblichen Körpers – aufzeigte, verdeutlichen, welche starken Wechsel- und Rückwirkungen der einzelnen Identitätsbereiche aufeinander vorhanden sind und wie multidimensional und vernetzt wir uns

Identitätsentwicklung vorstellen müssen. Das von mir vorgestellte Modell kann aus diesem Grund nur ein vereinfachtes und vorläufiges sein.

Welchen Zusammenhang haben Körper, Identität und Ess-Störungen?

Viele Erklärungsansätze für die Genese von Ess-Störungen gehen in die frühe Kindheit (Phasen I und II nach Erikson) zurück. Grundlegend sind demnach die Interaktionsbeziehungen, die entscheidend für die weitere emotionale und körperlich-psychische Entwicklung im Jugend- und Erwachsenenalter sind und die Geschlechtsidentität vorbereiten. So stellt Angelika Ebrecht (1996, S. 24 ff.) die bedeutsame Frage, *warum die destruktiven Angriffe bei den Ess-Störungen immer dem realen Körper als Ganzem gelten*. Sie führt aus, dass die Ess-Störungen auf Konflikte in den Teilen der oralen Phase zurückgehen, in der sich das *Körper-Ich* herauszubilden beginnt. Die Ess-Störungs-Symptome betreffen die Ausdehnung bzw. die Ausfüllung des Körpers. Die psychischen Repräsentanzen der physischen Existenz haben sich noch nicht vom Körpererleben getrennt, die Triebkonflikte bleiben an den Körper gebunden. Das Körper-Ich muss sich durch die Mutter-Kind-Interaktion mit kultureller Bedeutung von Geschlechtlichkeit auffüllen. Ist die frühe Interaktion gestört, kann sich weder ein festes Körpergefühl noch eine sichere Geschlechtsidentität entwickeln. Welcher Art kann diese Störung sein? Bei Magersucht wird vermutet, dass die Mutter den Körper der Tochter als »Behälter« für eigene unverdaute Wünsche und destruktive Körperbilder verwendet, um ihre eigene fragile Struktur halten zu können. Daraus resultiert eine ambivalente Einstellung der Mutter zur Tochter: Einerseits lehnt sie sie ebenso ab wie sich selbst, andererseits erhofft sie sich von ihr, eine »gute« Weiblichkeit zu bekommen (»Heilung der narzisstischen Wunde«). Der Körper erscheint dadurch der Tochter mangelhaft, schlecht, leer, ja er wird sogar zum gefährlichen Objekt, das keinen Halt bietet und gegen das es sich zu schützen gilt. »Wie die Mutter ihre Tochter entleert, entleert diese nun stellvertretend ihren eigenen Körper. Dadurch ist vor allem auch die *Geschlechtsidentität* betroffen; ... Das kommt einer Verweigerung der kulturellen Weiblichkeitsbestimmung gleich, ... Bei einer als verläßlich empfundenen Körperlichkeit werden Anerkennung und Selbstbehauptung gar nicht erst zum Problem. In meiner Sicht sind diese vielmehr als Symptome einer mißglückten Autonomieentwicklung auch im Körpererleben aufzufassen.« (Erbrecht, 1996, S. 26).

Psychoanalytische Erklärungsansätze, wie der vorgestellte von Angelika Ebrecht, sind sehr hilfreich zu erklären, wie es zu einer Ambivalenz dem Körper und der Geschlechtsidentität gegenüber aufgrund von Erfahrungen in der frühesten Kindheit kommt. Dadurch wird auch deutlich, welche Störungen den Identitätskern und die Körperidentität (mit der sexuellen Identität) schwächen können. Jedoch greifen individualistische oder familientherapeutische Erklärungsansätze zu kurz, sondern es muss die soziokulturelle und gesellschaftliche Perspektive zu einer umfassenden Erklärung von Identitätsstörungen im Zusammenhang mit Ess-Störungen herangezogen werden. Identitätsbildung erfordert ein permanentes Ausbalancieren zwischen der personalen Seite der Identität und der sozialen Seite, um sich als einzigartig und in sozialer Verbundenheit zur eigenen Lebenswelt realistisch einzuschätzen und einzuordnen (Stahr, Barb-Priebe u. Schulz, 1995, S. 76). Dieser Balanceakt ist sehr störanfällig in jeder Identitätsentwicklungsphase. Bild 4 zeigt unser Modell mit dem Beispiel einer negativen Identitätsentwicklung, so oder so ähnlich könnte sie bei Ess-Störungen ablaufen.
Die Hüllkurve bleibt unter der optimalen Hüllkurve für eine positive Entwicklung, d. h., von Anfang an gibt es schlechte Bedingungen für die Entwicklung des Identitätskerns, folglich auch der Körperidentität und der individuellen Identität (siehe Erklärungsenansatz Ebrecht). Nehmen wir an, dass die Familienidentität noch einen, wenn auch gering positiven Identitätszuwachs bringt (Pfeile +), (eventuell im Sinne einer zwar rigiden, aber immerhin vorhandenen Familienidentität, wie man sie häufig bei Magersüchtigen findet, »Festungsfamilie«, »heile Familie«). Nun kommt ein kritisches Lebensereignis, eine *ganz gravierende Störung* (z. B. Ausgestoßenwerden aus der sozialen Bezugsgruppe oder der Verlust wichtiger Freundschaften), die eine negative Entwicklung der Identität, eine Regression bis in die Grenzen der Körperidentität hinein auslöst. Vorstellbar wäre auch, dass die Störung die Hüllkurve bis in den Identitätskern hineinzieht, sogar unter die Selbsterhaltungsgrenze, was Suizidgefahr bedeuten würde. Der mit einem Minuszeichen gekennzeichnete Pfeil in der letzten Rollenidentitätsscheibe macht deutlich, dass die negative Entwicklung größer ist, als die Summe der bisherigen positiven Identitätszuwäche. Identitätskrisen können theoretisch an jeder Stelle der Identitäsentwicklung auftreten.
Die Forschung über kritische Lebensereignisse (Filipp, 1995) in Bezug zum Auftreten psychischer Störungen fokussierte bisher eher Stressfaktoren. Die Fragestellung ist, kommt es zu einer Störung erst ab einer bestimmten Intensität der Ereignisbelastung oder Ereignismenge (»Schwellenmodell«), oder verstärken vorauslaufende Ereignisse die negativen Effekte nachfolgender Ereignisse (»multiplikatives Modell«)? »Es scheint, daß die Zahl

der Einzelarbeiten, die strengen methodischen Anforderungen standhalten können, bis heute nicht hinreichend groß ist, um abschließend und zusammenfassend die Frage nach der pathogenetischen Bedeutung kritischer Lebensereignisse beantworten zu können« (Filipp, 1995, S. 302). Unklar ist ebenso, ob kritische Lebensereignisse als natürliche Entwicklungsintervention oder gar als Motor der Entwicklung gesehen werden müssen und welche sich als besonders »veränderungssensitiv« erweisen, wie viel Zeit zwischen einzelnen Ereignissen liegt, oder ob es permanente Störungen gibt.

Tabelle 2: Kritische Lebensereignisse, die Identitätskrisen auslösen können

Lebensbereich	Lebensereignisse
Selbstkonzept	Veränderungen im körperlichen Erscheinungsbild, in Fähigkeiten, in der Behandlung durch andere
Persönliche Ziele	Erfolg oder Fehlschlag bei wichtigen Bemühungen
Werte	Zustimmung zu oder Ablehnung von Überzeugungen durch wichtige andere
Motive	Billigung oder Ablehnung von Verhaltensweisen, die auf das Erreichen von Zielen gerichtet sind
Zwischenmenschliche Beziehungen	Bilden oder Auflösen enger Beziehungen
Soziale Rollen	Einnahme oder Verlust von Positionen mit normativen Erwartungen
Persönliches/ soziales Milieu	Naturkatastrophen und Unfälle, kulturelle und ökonomische Veränderungen

Anmerkungen: Aus Hausser, 1995, S. 87 nach Withbourne u. Weinstock, 1982. S. 128, ohne Beispiele.

Zusammenfassend lässt sich sagen: »Identität wird aufgebaut und verändert durch wichtige Modelle, durch zwischenmenschliche Beziehungen und Reflexion sowie durch Identitätskrisen und die Art ihrer Bewältigung« (Hausser, 1995, S. 111).
Das Bild 4 endet im Entwicklungszeitraum der Rollenidentität, was jedoch nur wegen der Übersichtlichkeit geschah. Tatsächlich geht ja die Zeit (Pfeil t) weiter, und wir können phantasieren, was in der nächsten Phase, nämlich der Entwicklung der Berufsidentität, geschehen könnte. Eventuell gibt es einen deutlichen Zuwachs an Identität, weil die fiktive Beispielperson aufgrund ihrer Intelligenz, Leistungsbereitschaft, ja möglicherweise Zwang-

Tabelle 3: Ess-Störungen, Geschlechtsrollenidentität, sexuelle Identität und Symbolwert des Körpers, Feistner 1996

	Anorexia Nervosa	Bulimia Nervosa	Ess-Sucht mit Übergewicht
Geschlechts-rollenidentität Frauen-/Mädchentyp	Wild »wie ein Junge« oder manipulativ »schüchtern«, offene, kaum verdeckte Aggression, Drang nach Freiheit, Kampf um Autonomie, Betonung der Individualität, Aggression gegen gängige Schönheitsideale, außer Konkurrenz zu anderen Frauen, wird durch Knabenkörper signalisiert, fühlt sich von den Anforderungen des Erwachsenenseins bedroht und überfordert.	Brav und rebellisch zugleich, niedriges Selbstwertgefühl, Angst vor Zurückweisung, synthetische Persönlichkeit, heimliche (unbewusste) Auflehnung, Anpassung an Schlankheitsdiktat, Individualität im Verborgenen, Scheinsolidarität (über Diät und Schönheit) und gleichzeitig Konkurrenz zu anderen Frauen	Brav, passiv, Schuldgefühle wegen Autonomiewünschen, scheinbare Anpassung und gleichzeitiger Widerstand über Körpersymbolik. Individualität auf Kosten negativer Aufmerksamkeit, Vermeidung von Konkurrenz zu anderen Frauen, signalisiert: »keine Gefahr«, passive Weinerlichkeit, Ich-Hemmung, Rückzug, passive Anhänglichkeit und Hilflosigkeit
Geschlechtsidentität, sexuelle Identität	Männliche Identität = kleiner Junge, Frausein ist eindeutig negativ, negative Identitätswahl (»nicht so werden wie meine Mutter«), kein weiblich-sexuelles Wesen, will dafür keine Bestätigung, aber für Willensstärke, Fixierung auf vorpubertäre Stufe	Androgynität, weder Mann noch Frau, potenzielle weibliche Aspekte. »Maskerade der Weiblichkeit«, keine endgültige Entscheidung der Identitätswahl »Mann oder Frau, wer weiß es genau?« »Das sein, was man scheint, das sein, was man kaufen kann«, will Bestätigung/Begehrtwerden für weiblich-sexuelle Identität (Trennung von Sex und Beziehung)	Weibliche Identität, aber nur der mütterliche Teil, keine weiblich-sexuelle Identität = Mutter und kleines Mädchen, peinliche Identitätsbewusstheit, will Bestätigung nur für weibliche, nicht aber für sexuelle Identität, verleugnet die Existenz einer sexuellen Identität – »partielle« Identitätswahl
Symbolwert des Körpers	»Ich will nicht als Körper gesehen werden«, Angst, Hülle und Füllung könnten verwechselt werden. Der weibliche Körper ist »Inbegriff alles Bösen«, Machtgefühl über den Körper, aber auch Angst vor seinen Triebimpulsen, deshalb Überkontrolle	»Ich habe Angst, dass mein Körper eine leere Hülle ist.« Fassadenverhalten, Performance, um diese Angst zu überdecken, »der Körper muss ideal sein, der Rest wird es dann«, Macht und Ausgeliefertsein sind die Ambivalenzgefühle gegenüber dem Körper	»Ich bin zwar nur mein Körper, aber ich bin mehr als Körper.« Resignation bezüglich des Körpers, negative Aufmerksamkeit wird in Kauf genommen

haftigkeit eine gute Berufsausbildung/Studium macht, erfolgreich ist, viel Anerkennung bekommt und als gute Arbeitskraft geschätzt wird. Die Frage ist jedoch, ob mit dem Zuwachs an Berufsidentität die Defizite in den anderen Identitätsbereichen kompensiert werden können (siehe auch Hausser, 1995, zur Frage der Kompensation zwischen Lebensbereichen). Wird die Person das Gefühl innerer Leere und Fremdheit dem Körper gegenüber abbauen können? Aus meiner Praxis gibt es Beispiele, dass dies zumindest ansatzweise möglich ist. Dies wäre ein Gesichtspunkt, der in eine zukünftige Evaluationsforschung bezüglich Ess-Störungen stärker mit einbezogen werden kann. Inwieweit auch in den nächsten Phasen bei der Rollenidentität und religiös-spiritueller Identität Identitätszuwachs oder -verlust entstehen kann, überlasse ich der Phantasie oder Berufserfahrung der LeserInnen.

Resümee

Wenn wir die Theorien zur Genese von Ess-Störungen und zur Entwicklung und Bedeutung des Körpers (individuell und soziologisch betrachtet) im Zusammenhang mit meinem Wachstums-Störungs-Modell der Identität sehen, wird deutlich, dass Ess-Störungen als gravierende Störungen der Identität betrachtet und erforscht werden müssen, deren Dreh- und Angelpunkt der Körper ist. Gleichzeitig sind Ess-Störungen paradoxe Versuche, die beschädigte Identität durch Suche nach Individualität, Autonomie und Wachstum zu retten. Wie kann Identität wiederhergestellt werden? Der Weg der Bewältigung führt über die Steigerung des Selbstwertgefühls, also über Anerkennung und Wertschätzung. Leider benutzen Essgestörte wiederum ihren Körper (Kontrollüberzeugung!), um die Anerkennung zu bekommen und begeben sich damit in einen Teufelskreis. Der Körper muss alle anderen Identitätsbereiche repräsentieren. Die essgestörte Frau fühlt sich leer und bedeutungslos, entfremdet, weil reduziert auf ihren Körper.»Ihr Körper bleibt das lebendige Korrelat des Selbstdefektes, ihre narzißtische Wunde, die kaum mehr verheilen kann. Er wird zur Hülse, und die Trägerin darf sich nicht sicher sein, ob das, was sie verbirgt, wirklich ein Ganzes ist ...« (Schulte u. Böhme-Bloem, 1991, S. 82). Deshalb können auch andere Identitätsbereiche (z. B. Beruf) nur schwach kompensatorisch wirken. Damit verbunden sind, je nach Ess-Störung, ganz spezifische Ängste und Probleme, die in Tabelle 3 im Überblick skizziert werden.

Literatur

American Psychiatric Association (1991): Diagnostic and Statistical Manual of Mental Disorders III-R. (3. korr. Aufl.). Weinheim, Beltz.
American Psychiatric Association (1994): Diagnostic and Statistical Manual of Mental Disorders IV. Washington, American Association.
Ebrecht, A. (1996): Das Unbehagen an der Weiblichkeit – Neuere sozialpsychologische Theorien zur Ausbildung weiblicher Identität im Hinblick auf Eßstörungen. In: W. Köpp u. G. E. Jacoby (Hrsg.): Beschädigte Weiblichkeit. Ess-Störungen, Sexualität und sexueller Mißbrauch (S. 13–29). Heidelberg, Asanger Verlag.
Erikson, E. H. (1995): Identität und Lebenszyklus. Frankfurt/Main, Suhrkamp.

Feistner, R. (1993): Eßstörungen. In: A. Schorr (Hg.): Handwörterbuch der Angewandten Psychologie. Weinheim, Psychologie Verlags Union.

Feistner, R. (Hg.) (1995): Der Psychische Hunger. Aspekte von Eßstörungen. Geesthacht, Neuland Verlag.

Feistner, R. (1996): Unveröffentlichtes Arbeitspapier »7. Warsteiner Psychotherapie-Symposion: Therapieziel Identität« zur Arbeitsgruppe Körper und Identität am Beispiel der Eßstörungen.

Filipp, S.-H. (Hg.) (1995): Kritische Lebensereignisse (3. Aufl.). Weinheim, Psychologie Verlags Union.

Flaake, K.; King. V. (Hg.) (1995): Weibliche Adoleszenz. Zur Sozialisation junger Frauen (3. Aufl.). Frankfurt/Main, Campus Verlag.

Focks, P. (1994): Das andere Gesicht. Bulimie als Konfliktlösungsstrategie von Fauen. Frankfurt/Main, Campus Verlag.

Focks, P.; Trück, G. (1990): Maskerade der Weiblichkeit. Eß-Brech-Sucht Gratwanderung zwischen Anpassung Verweigerung. Pfaffenweiler, Centaurus Verlagsgesellschaft.

Friday, N. (1997): Interview: Konkurrenz der Waffen. Spiegel Special [Themenheft]: Lust am Leib. Die Entdeckung des Körpers, 4, 66_68.

Grünewald-Zemsch, G. (1995): Was hat Perfektionismus bei Frauen mit Eßstörungen zu tun? In R. Feistner (Hg.): Der psychische Hunger. Aspekte von Eßstörungen (S. 63–74). Geesthacht, Neuland Verlag.

Gruner + Jahr (Hg) (1995): Geo Wissen [Themenheft, Nachdruck]: Kindheit und Jugend, 23, 84_89.

Hausser, K. (1995): Identitätspsychologie. Berlin, Springer Verlag.

Hirsch, M. (Hg.) (1989): Der eigene Körper als Objekt. Zur Psychodynamik selbstdestruktiven Körperagierens. Berlin, Springer Verlag.

Köpp, W.; Jacoby, G. E. (Hg.) (1996): Beschädigte Weiblichkeit. Eßstörungen, Sexualität und sexueller Missbrauch. Heidelberg, Asanger Verlag.

Krämer, U. (1989): Eß- und Magersucht als Selbstheilung. Beiträge zur gesellschaftswissenschaftlichen Forschung, Band 5. Pfaffenweiler, Centaurus Verlagsgesellschaft.

Lange-Ernst, M.-E. (1993): Stop dem Schlankheitswahn. München, Peter Erd.

Mentzos, S. (1991): Neurotische Konfliktverarbeitung. Einführung in die psychoanalytische Neurosenlehre unter Berücksichtigung neuer Perspektiven. Frankfurt/Main, Fischer Taschenbuch Verlag.

Nuber, U. (1997): Body Bilder. Warum wir schöner sind, als wir denken. Psychologie Heute, 9, 20–27.

Roos, P. (1997): Warum Werbung pornographisch ist. Spiegel Special. [Themenheft]. Lust am Leib. Die Entdeckung des Körpers, 4, 129.

Samuels, S. L. (1977): Enhancing self-concept in early childhood. Theory and practice. New york, Human Sciences Press.

Schorr, A. (1993): Handwörterbuch der Angewandten Psychologie. Weinheim, Psychologie Verlags Union.

Schulte, M. J.; Böhme-Bloem, Ch. Unter Mitarbeit von Tremler, U. (1991): Bulimie. Entwicklungsgeschichte und Therapie aus psychoanalytischer Sicht. Stuttgart, Thieme Verlag.

Stahr, J.; Barb-Priebe, J.; Schulz, E. (1995): Eßstörungen und die Suche nach Identität. Ursachen, Entwicklungen und Behandlungsmöglichkeiten. Weinheim, Juventa Verlag.

Stauss, K. (1991): Vorwort in Wardetzki, B. (Hg.): Weiblicher Narzißmus. Der Hunger nach Anerkennung. München, Kösel Verlag.

Steiner-Adair, C. (1995): Körperstrategien. Weibliche Adoleszenz und die Entwicklung von Eßstörungen. In K. Flaake u. V. King (Hg.): Weibliche Adoleszenz. Zur Sozialisation junger Frauen (3. Aufl.). Frankfurt/Main, Campus Verlag.

Wardetzki, B. (1991): Weiblicher Narzißmus. Der Hunger nach Anerkennung. München, Kösel Verlag.

Willenberg, H. (1989): Mit Leib und Seel' und Mund und Händen. Der Umgang mit der Nahrung, dem Körper und seinen Funktionen bei Patienten mit Anorexia nervosa und Bulimia nervosa. In Hirsch, M. (Hg): Der eigene Körper als Objekt. Zur Psychodynamik selbstdestruktiven Körperagierens. Berlin, Springer Verlag.

Die Autorin

Renate Feistner, Jahrgang 1953, Studium der Psychologie in Erlangen und Münster, Diplom-Psychologin, psychologische Psychotherapeutin, praktiziert seit 1980 in spezialisierter Praxis für Ess-Störungen in Nürnberg, Ausbildungen in Verhaltenstherapie, Familientherapie und Tiefenpsychologisch fundierter Psychotherapie, Supervisiorin BDP, Ausbilderin.

Anmerkungen

1 Ich beziehe mich in diesem Kapitel überwiegend auf Definitionen und Ausführungen von Karl Hausser, 1995, der in seinem Buch »Identitätspsychologie« (Teil A und B) einen guten Überblick gibt.
2 Analysen der Mutter-Kind-Interaktion von Samuels (1977) zeigten, dass sich negatives Selbstwertgefühl und Selbstabwertung der Mutter auf Dauer in einem negativen Selbstwertgefühl der Kinder niederschlagen.
3 Für den Impuls, die zeitliche und räumliche Darstellung zu wählen, bedanke ich mich bei meinem Mann Dipl.-Ing. Manfred Barwig.
4 Ich beziehe mich hier teilweise auf Ausführungen von Steiner-Adair in Flaake und King, 1995.
5 Der Begriff stammt von Focks u. Trück, 1990.

Mein Krankheitsverlauf
Andrea, 33 Jahre
Atypische Anorexia nervosa und Sportsucht

Ich litt mit 17 Jahren an Anorexia nervosa. Wir lebten in einem sehr strengen katholischen Dorf. Ich kam aus einer nach außen hin perfekten harmonischen Familie und hatte einen vier Jahre älteren Bruder, mit dem ich ständig stritt. Mein Vater war Beamter und Vorsitzender in einem christlichen Verein in unserem Dorf. Er ist ein sehr ruhiger und sachlicher Mensch, der zu übertriebenem Perfektionismus neigt. Meine Mutter war Hausfrau und auch in der katholischen Pfarrei als Lektorin und Kommunionhelferin sehr engagiert. Ihr Haushalt ist stets vorbildlich sauber. Sie hatte kaum eigene Bedürfnisse und war ständig mit übertriebenem Putzen und Kochen beschäftigt.
Als meine Krankheit mit 17 Jahren begann, fühlte ich mich sehr unzufrieden. Es gab ständig Konfrontationen mit meinen Eltern. Ich konnte ihnen einfach nie etwas recht machen. Wenn sie mal zufrieden waren, kam sofort wieder ein ABER. Außerdem war ich neidisch auf meine Freundin, sie hatte sportliche Erfolge, sah gut aus, und jeder bewunderte sie. Ich wollte auch so sein wie sie. Auch mein damaliger Freund sagte, dass ich dick wäre.
Ich aß weniger, und schon nach einer Woche hatte ich einiges abgenommen. Das ging immer so weiter, ich studierte die Kalorientabellen, ernährte mich nur noch von Gemüse und Diätcola, trank Unmengen, um das Hungergefühl zu unterdrücken, begann zunehmend Sport zu treiben, was mit ansteigendem Gewichtsverlust immer leichter fiel. Mich unter Kontrolle zu haben und den Freunden, Eltern zu beweisen, dass ich stark sein kann fand ich toll. Zu dieser Zeit gewann ich auch Wettläufe in der Region, was mich weiter ansportne, da es meinem Selbstbewusstsein Aufwind gab. Meine Gedanken drehten sich daher ständig um das Essen. Ich wälzte Kochbücher, kochte meiner Familie kalorienhaltige Gerichte, aß aber nichts davon. Meine Eltern dachten, ich esse, doch das stimmte nicht, ich behielt das Essen häufig im Mund und spuckte es unbemerkt in die Serviette. Es baute sich nach und nach eine zweite Stimme in mir auf, die mich neu ansportne, ja zum Teil befahl, mich weiter zu quälen. Nach sechs Monaten, während ich mich bereits in ärztlicher Behandlung befand, war mein Gewicht bei einer Größe von 181 cm auf 45 kg gesunken. Ich hatte sämtliche Mangelerscheinungen

wie Haarausfall, Haarwuchs an den Armen, und das Baufett der Nieren war angegriffen. Die Ärztin teilte mir mit, dass sie die Verantwortung nicht mehr übernehmen wolle, und drohte mit der Einlieferung in ein Krankenhaus. Dorthin wollte ich nicht, da ich Angst vor Zwangsernährung hatte. Daraufhin zwang ich mich wieder etwas zu essen. Mein Gewicht ging sehr langsam wieder nach oben, bis ich 67 kg schwer war. Deshalb fühlte ich mich in einem Konflikt. Die zuvor sichere Kontrolle über mich selbst ging verloren. Da erkannte ich den Extremsport als Mittel, um trotz Essens kein Fett anzusetzen. So begann ich damit, täglich in jeder freien Minute Sport zu treiben. Morgens vor der Arbeit stand ich früher auf, um in meinem Zimmer, wo es meine Eltern nicht bemerkten, Hometrainer zu fahren. Aus einer Viertelstunde wurde bald mehr als eine Stunde. Ich musste mir mein Essen »verdienen«. Um nicht zuzunehmen, wusste ich genau die »Sportdosis« für die gegessenen Kalorien. Mit 19 Jahren begann ich mit Triathlon. Hier hatte ich Erfolg, hatte mein Gewicht unter Kontrolle und fand Anklang bei Gleichgesinnten. Auch wollte ich, dass meine Eltern stolz auf mich sind. Vor allem meinem Vater wollte ich beweisen, dass ich erfolgreich bin. Ich habe gehofft, er würde mich gelegentlich in den Arm nehmen und es mich spüren lassen, dass er mich gern hat; doch darauf warte ich noch heute. Nun holte ich mir meine Selbstbestätigung durch die sportlichen Erfolge. Andere bewunderten mein Durchhaltevermögen und meine Leistungen, was mir sehr gut tat. Ich trieb den Sport für die anderen (dass sie mich respektieren!) und die Gewichtskontrolle. Der sportliche Umfang wurde von Jahr zu Jahr mehr. Um mit anderen guten Triathletinnen mithalten zu können, setzte ich mich selbst sehr unter Druck. Hier galt auch nur der etwas, der Erfolg hatte. Beim Training brachte ich meist volle Leistung, mit Schwäche konnte ich nicht umgehen. Sobald ich das Gefühl hatte, langsamer zu werden, bestrafte ich mich selbst, indem ich noch mehr trainieren musste, obwohl das gerade der falsche Weg war. Ich gönnte mir keinen Tag Ruhe, es musste trainiert werden, egal, was war. Selbst bei Krankheit habe ich meinem Körper nicht die erforderliche Ruhe gegönnt. Seltsamerweise wurde ich nie körperlich krank, ich ließ es ja auch nicht zu. Meine Woche wurde schon in meinem Kopf genau durchgeplant, wann und wie viel Sport ich treiben würde. Kam irgendetwas dazwischen, war es für mich wie eine Katastrophe.

Mit 21 lernte ich meinen Mann auf einem Triathlon kennen. Solange wir keine Kinder hatten, trieben wir zusammen viel Sport. Da ich auch hier oft über die Grenzen hinausging, stellte sich zeitweise Missstimmung bei meinem Mann ein, die jedoch meist bald verschwand. Wegen unseren Kindern und Erziehungsaufgaben und Verantwortung stellte sich mein Mann erstmals hartnäckig gegen mein eigensinniges Verhalten. Ich konnte meinen Sport nicht mehr treiben, wann und wie viel ich wollte. Ein tägliches »Muss« war unverzichtbar. Ich wurde unzufrieden und aggressiv. Ich begann bewusst, meine Familie dafür zu strafen. Ich stellte mich bockig und stur. Ohne Sport war ich nicht zu ertragen. Auch Nahrungsaufnahme war nicht erlaubt. Gab mein Mann nicht nach, so endete das ganze in einer Art Nervenzusammenbruch. Ich fühlte mich psychisch todkrank, zutiefst pessimistisch und unheilbar. Selbstmitleid war meine Stärke. Ging es meinem Mann schlecht, weil er krank war oder selbst psychisch schlecht drauf war, ließ ich diese »Schwäche« nicht zu und strafte ihn noch dafür, indem ich auf ihm herumhackte.

Nach einigen Jahren lagen unsere Nerven blank. Da beschlossen wir, psychologischen Rat einzuholen. Durch die Hilfe erkannte ich die Ursachen hauptsächlich im Elternhaus. Zunächst belastete mich diese Erkenntnis sehr. Ich musste erst lernen, mich von meinen Eltern zu lösen und nichts mehr zu erwarten. Mein Wunsch wäre es gewesen, vor allem von meinem Vater einmal zu hören, wie gern er mich hat, oder nur einmal herzlich in den Arm genommen zu werden. Nun sehe ich meine Eltern mit anderen Augen, habe gelernt, besser damit umzugehen. Als zweiten Schritt musste ich von dieser »Sportsucht« wegkommen. Sehr schwer war es, dem Triathlon und diesem Freundeskreis den Rücken kehren zu müssen. Es war mein einziger Freundeskreis und Halt. Woher sollte ich mir jetzt die Bestätigung holen? Es gelingt mir auch heute nur schwer, aus einem Lächeln meiner Kinder eine Bestätigung zu interpretieren. Ich weiß jedoch, dass ich das sportliche Auspowern nicht wirklich will. Auch die antreibende innere Stimme meldet sich nicht mehr so oft. Ich habe gelernt, meinem Körper etwas Ruhe zu gönnen, was mir Kraft gibt. Ich esse ganze Mahlzeiten, mache mir auch keine Gedanken mehr darüber. Wenn ich jedoch psychisch instabil bin, stopfe ich mich mit Süßigkeiten voll, was mich abends sehr ärgert, aber kein ernsthaftes Problem mehr darstellt.
Menschen, die mir früher nie aufgefallen wären, ohne sportliche Interessen, gewinnen mein Vertrauen. Wir haben einen neuen Freundeskreis aufgebaut, mit dem wir viel Spaß haben. Meine neue Freundin ist ein ganz gefühlvoller Mensch, der in mir durch Impulsivität auch spontanere Lebensgeister weckt. Ich kann mich nun gelegentlich fallen lassen, ohne anderen Rechenschaft ablegen zu müssen.
Ich bin froh, dass ich einen neuen Weg gegangen bin. Ich setzte mich jetzt mit mir und meinem Körper auseinander und löse mich von starrsinnigem Perfektionismus.

Ein »bewegter« Tag

Heike, 21 Jahre
Anorexia nervosa und Sportsucht

Sport war und ist aus meinem Leben nicht wegzudenken. Schon als kleines Mädchen war ich immer in Bewegung. Mit dreizehn Jahren entdeckte ich, dass Sport neben dem Gemeinschaftssinn in einer Mannschaft und der Freude an der Bewegung auch noch einen weiteren angenehmen Nebeneffekt hat, endlich wurde ich nicht mehr wegen meiner »Stärke« geneckt. Irgendwann wurde meine Anorexie zum Selbstläufer. Ich aß weniger und weniger und gleichzeitig steigerte sich meine sportliche Aktivität ins Exzessive.
Ein normaler Schultag begann für mich damit, dass morgens um 5.30 Uhr mein Wecker klingelte, um ausreichend Zeit zu haben, eine Stunde auf unserem Heimtrainer zu verbringen, bevor ich mich mit meinem Fahrrad auf den Weg zu meiner sieben Kilometer entfernt liegenden Schule machte. Wieder zurück zu Hause – möglichst sofort ab in die Joggingklamotten. Wenn ich zehn Kilometer Dauerlauf hinter mir hatte und glücklicherweise keines meiner beiden Elternteile zu Hause war, wurde erneut der Heimtrainer gequält. Am Spätnachmittag wurde die Gefahr, von meinem heimkommenden Vater entdeckt zu werden, zu groß. Ich duschte, um die entspannte, fitte Tochter spielen zu können, auch wenn ich körperlich teilweise total erschöpft war. Mit anhaltender Dauer dieses Fitnessprogramms hatte mein Körper bald nichts mehr zuzusetzen. Trotzdem wurde gegen Abend nochmals jede Möglichkeit zu erneutem »Kalorienvernichtungsprogramm« auf einem Spaziergang oder auf Inlineskates genutzt. Nebenbei verlangte ich von mir noch schulische Spitzenleistungen.
Mein Körper zahlte seinen Tribut. Obwohl ich keinerlei Kraft mehr hatte, quälte ich mich tagtäglich durch meine eigens auferlegte Folter. Meine Energie bezog ich bei fast 180 cm Größe und ca. 40 kg Körpergewicht nur noch aus 12 Stunden Schlaf pro Nacht; so lange, bis es nicht mehr ging und ich mit einem »freiwilligen« vierzehnwöchigen Klinikaufenthalt die Notbremse zog.
Mittlerweile liegt dieser Aufenthalt vier Jahre zurück. Essen ohne Sport ist für mich noch immer undenkbar. Besonders dann, wenn es mir psychisch

schlecht geht, kompensiere ich sehr viel über Bewegung, über zu viel Bewegung. Jedoch schafft jeder Ausbruch aus meinem Alltag starke Erleichterung, bei dem sich mein »Frischlufthunger« nahezu auf ein Normalmaß reduzieren lässt.

Schrittweise versuche ich, so, wie ich gelernt habe, das Essen als etwas mehr oder weniger Alltägliches zu akzeptieren, auch meine Bewegung als Freizeitvertreib zu sehen und nicht als Lebensinhalt.

Der Aufbau von Selbstwertgefühl bei Ess-Störungen

Renate Feistner

Psychotherapeuten und Wissenschaftler der unterschiedlichsten Therapierichtungen, die sich mit den Wurzeln der Ess-Störungen befassen, sehen übereinstimmend mangelndes Selbstwertgefühl als einen wichtigen Faktor (siehe auch Kapitel 1 von S. Haller).
Im verhaltenstherapeutischen Ätiologie-Modell der Anorexia und Bulimia nervosa von Jacobi/Thiel/Paul (1996) wird bei den psychischen Problembereichen ein niedriges (labiles) Selbstwertgefühl an erster Stelle genannt, neben Identitäts- und Autonomiekonflikten und einer geringen Fähigkeit, Stress und Spannungen zu ertragen. Herpertz schreibt über Risikogruppen bei Ess-Störungen: »Somit sind vier Risikofaktoren zu benennen: die genetische Disposition, das weibliche Geschlecht, das Übergewicht und die Selbstwertproblematik, die häufig mit der Gewichtsproblematik eng verbunden ist.« (Herpertz in: Gastpar, Remschmidt, Senf, 2000, S. 98).

Was ist Selbstwertgefühl?

Das Selbstwertgefühl ist, neben dem Selbstkonzept und der Kontrollüberzeugung, eine der drei Komponenten der Identität (als übersituative Erfahrung). Die angestrebten Sollwerte der Identitätsregulation lauten vereinfacht ausgedrückt:
Ich sehe mich richtig (Selbstkonzept);
ich fühle mich gut dabei (Selbstwertgefühl);
ich bringe etwas zustande (Kontrollüberzeugung).

Die Dynamik dieser drei Komponenten stellen die Kernidentität dar. Das Selbstwertgefühl eines Menschen entsteht aus den Generalisierungen seiner erfahrungsabhängigen Selbstbewertungen. Die Selbstbewertung erfolgt durch sozialen und individuellen Vergleich. Negatives Selbstwertgefühl zeigt sich in Unbehagen und Selbstunzufriedenheit, in Selbstverachtung, im Erleben von Sinnlosigkeit und Leere sowie Unselbstständigkeit und Abhän-

gigkeit. Umgekehrt sind die empirisch belegten Komponenten eines positiven Selbstwertgefühls Wohlbefinden und Selbstzufriedenheit, Selbstakzeptierung und Selbstachtung, Erleben von Sinn und Erfüllung sowie Selbstständigkeit und Unabhängigkeit. (Alle Definitionen nach Haußer, 1995).
Als Quelle des Selbstwertes gelten Selbstaspekte, die sich auf soziale Beziehungen und Leistungskompetenz beziehen. Personen mit hohem Selbstwert sind dadurch charakterisiert, dass sie generell darauf aus sind, ihren Selbstwert durch Leistungs- und soziale Erfolge zu erhöhen. Personen mit niedrigem Selbstwert weisen häufig Selbstkonzepte auf, die wenig integriert sind. Sie sind primär darauf aus, den Selbstwert zu schützen, anstatt ihn zu erhöhen. (Gollwitzer: in Schorr, 1993, S. 344)

Wodurch wird das Selbstwertgefühl bedroht oder abgewertet?

Anfänge der Selbstwahrnehmung und damit des Selbstkonzepts liegen beim Menschen in der differenzierten Wahrnehmung, in der Unterscheidung des eigenen Körpers von der sozialen Umwelt (Haußer,1995, S. 92).
Laut Sullivan ist der Beginn der Körperwahrnehmung (8.–12. Lebensmonat) eng mit dem Beginn der Selbstbewertung gekoppelt.
Der Säugling unterscheidet zwischen den Kategorisierungen: »Good-Me«, »Bad-Me«, »Not-Me« (H. S. Sullivan, 1968, S. 172 ff., zitiert nach Haußer, 1995). Das »I« ist Identität als wahrgenommene *Innenperspektive* ist z. B. die Selbstsicht eigener körperlicher Veränderung, Selbstkonzept eigener Fähigkeiten, eigene Wertschätzung und Glaube an die eigene Wirksamkeit. Im Gegensatz zum »Me« als wahrgenommene *Außenperspektive*, z. B. Kommentar eines anderen Menschen zur eigenen körperlichen Veränderung, Fremdbeurteilung eigener Fähigkeiten, Wertschätzung durch andere, soziale Rückmeldung eigener Wirksamkeit.(Haußer, 1995, S. 63)
Dies erklärt auch die enge Verbindung von Körper, Identität, gestörter Selbstwertentwicklung und der Entstehung von Ess-Störungen.
Erikson siedelt den Konflikt zwischen Tätigkeit und Minderwertigkeit in der Latenzphase zwischen ödipalem Konflikt und der Pubertät an: Das Kind verschafft sich Anerkennung durch seine Tätigkeit, durch das, was es schon kann; gelingt dies nicht, kommen Minderwertigkeitsgefühle auf.
Zur Bedrohung oder Abwertung des Sebstwertgefühls kommt es aus der neueren Sicht der Forschung durch Identitätskrisen. (Merkmale solcher Krisen siehe Kapitel »Körper, Identität und Ess-Störungen«). Auch das Modell-Lernen spielt bei der Übertragbarkeit negativen Selbstwertgefühls

eine Rolle. Samuels zeigte, dass ein negatives Selbstwertgefühl und eine Selbstabwertung der Mutter sich auf Dauer in einem negativen Selbstwertgefühl der Kinder niederschlagen (Haußer, 1995).

»Menschsein heißt, sich minderwertig fühlen«, formuliert A. Adler, der Begründer der Individualpsychologie, die sich sehr stark mit der Selbstwertproblematik beschäftigte. Der Mensch wird als soziales Wesen geboren, das auf Schutz, Pflege und vor allem emotionale Geborgenheit angewiesen ist. »Aus der Zuwendung der Bezugspersonen erfährt er sich selbst als angenommen und gewinnt auf diese Weise die Basis des Selbstwertgefühls. Der Lebensstil des gesunden Menschen basiert auf dem grundsätzlichen Vertrauen in das Leben, auf einen Mut zu Unvollkommenheit, auf einem Selbstwertgefühl, das adäquaten Umgang auch mit schwierigen Lebenssituationen ermöglicht. Geringes Selbstwertgefühl lässt den Menschen zögern, sich auf die Grundbedingungen des Lebens schutzlos einzulassen. Das Streben richtet sich nicht auf die Lösungen, Ziel ist vielmehr die Absicherung des Ich. Vermeidungsverhalten, Rückzug in die Passivität und Krankheit oder auch Machtstreben, Geltungsstreben und andere Sicherungstendenzen halten das Selbstwertgefühl aufrecht. In Situationen, die mit dem bisherigen Modell der Lebensbewältigung nicht (mehr) überstanden werden können, ergreift der neurotisch Disponierte die Krankheit als letztes Mittel der Selbstwertsicherung.« (Mohr, F. in: Schorr, 1993, S. 352f.)

In der Genese der Ess-Störungen aus psychodynamischer Sicht (Ermann, 1999) werden u. a. oral-narzisstische Konflikte gesehen, mit ständiger Sorge um sich selbst, Aussehen, Ansehen und Macht. Das Ausbleiben dieser Bestätigung führt in eine psychische Krise, wobei die Wut in Form verstärkter Selbstentwertung gegen sich selbst gerichtet wird.

Beim kognitiv-verhaltenstherapeutischen Ansatz wird von prädisponierenden Faktoren (familiären, soziokulturellen, individuellen und biologischen) ausgegangen, die die psychischen Problembereiche begünstigen. »Unter dem ungünstigen Einfluss dieser Faktoren gelingt es den Patientinnen nicht, ein stabiles Selbstwertgefühl und eine Identität zu entwickeln.« »Je mehr das Selbstwertgefühl einer Frau beeinträchtigt ist, desto wichtiger kann der Versuch für sie werden, Defizite im Bereich der psychosozialen Kompetenzen mit Hilfe einer Gewichtsreduktion zu kompensieren« (Jacobi, Thiel, Paul, 1996, S. 19).

Therapieziel Steigerung des Selbstwertgefühls

Im Kapitel »Körper, Identität und Ess-Störungen« komme ich zu dem Resümee, dass die beschädigte Identität der Essgestörten über eine Steigerung des Selbstwertgefühls wiederhergestellt werden soll.
Therapieziel ist also die Steigerung oder Herstellung des Erlebnisses der Patientin, dass sie selbst einen Wert hat, etwas zuwege bringt, etwas taugt, beachtet wird, beliebt ist und geliebt wird. Es gibt jedoch laut Selbstwertforschung kein generelles und universelles Bedürfnis nach Selbstwerterhöhung. Bedrohliche situative Selbstbewertungen können normalerweise durch Abwehrmechanismen vom Selbstwertgefühl fern gehalten werden. Aber auch bei der Selbstwahrnehmung treten häufig selbstwertdienliche Verzerrungen auf. Bei Menschen mit hohem Sebstwertgefühl hat die Forschung unterdrückende Tendenzen, bei Menschen mit niedrigem Selbstwertgefühl aufnehmende Tendenzen für persönlich unangenehme Informationen nachgewiesen (Haußer, 1995). So können die einen ihr Selbstwertgefühl behalten, die anderen werten sich leider immer weiter ab.
Bei den Therapiezielen für die Behandlung von Ess-Störungen mit den unterschiedlichsten Therapiemethoden wird u. a. stets der Aufbau von Selbstwertgefühl genannt. Selten wird jedoch detailliert genug beschrieben, *wie* dieses Selbstwertgefühl wieder aufgebaut werden soll. Da wird beispielsweise in der tiefenpsychologisch fundierten Psychotherapie sehr allgemein empfohlen, es solle eine Unterstützung und Nachreifung des Selbstgefühls erfolgen. In der Verhaltenstherapie von Ess-Störungen wird es schon konkreter: es sollen mit Hilfe genau beschriebener kognitiver Techniken Denkfehler korrigiert werden. »Ziel ist es, das Selbstbewußtsein der Patientinnen durch die Korrektur dieser irrationalen Einstellungen und den Aufbau alternativer Bereiche so zu stärken, dass Eßverhalten, Gewicht und Äußeres nicht mehr *die* entscheidende Rolle für das Selbstwertgefühl spielen.« (Jacobi, Thiel, Paul, 1999, S. 59) Diese Interventionen sind jedoch nur *indirekt.*

Wie soll das Selbstwertgefühl gezielt wieder aufgerichtet werden?

Gibt es eine Methode, die diese Anforderung konkret erfüllen kann, fragte ich mich in meiner langjährigen Berufspraxis als spezialisierte Psychotherapeutin für Ess-Störungen. Fündig wurde ich beim Besuch eines Grundlagenseminars der Transaktionsanalyse (TA), wobei ich gestehen muss, dass mir dort und auch in den Grundlagenbüchern vieles zu kompliziert und abstrakt dargestellt war. Mich interessierten nur bestimmte Ausschnitte des Gelernten, nämlich die Darstellung der inneren Prozesse, die ich in meine ganz spezielle Arbeit einbringen wollte; das ging hauptsächlich über das Experimentieren. Zunächst für die Psychotherapie mit Kindern entwickelte ich ein anschauliches und stark vereinfachtes Vorgehen, bei dem die Symbole in Handpuppenform zur Darstellung der Ich-Zustände verwendet werden können. Das Ergebnis, nämlich die Methode, die ich hier vorstellen will, hat jedoch mit der modernen Transaktionsanalyse kaum noch etwas zu tun. Vermutlich gehe ich damit zurück zur von Stewart und Joines kritisierten »Westentaschenpsychologie«, dem »übermäßig vereinfachten Modell«. Aber vielleicht liegt dies ja sogar im Sinne des TA-Begründers Eric Berne, der meinte, dass die TA die Sprache des Laien zu sprechen habe (Stewart u. Joines, 1990). Berne orientierte sich übrigens am Verständnis eines achtjährigen Kindes.

Inzwischen habe ich die Handpuppen-Methode auch für die erwachsenen Patientinnen eingeführt. Nachdem sie ursprünglich nur schriftlich instruiert worden waren, hat dieses anschauliche Vorgehen den Vorteil, dass sie sich rasch die abstrakten Symbolisierungen einprägen und im Alltag damit umgehen lernen.

Praktisches Vorgehen

Fünf verschiedene Handpuppen (es können übrigens auch andere sein, als die, die ich verwende) werden zur Erklärung des Schemas auf dem Fußboden angeordnet und mit den entsprechenden (»unzulässig vereinfachten«) Namen bezeichnet.

Instruktion: »Dies soll die drei Ich-Ebenen darstellen, die jeder Mensch in sich hat. Die Eltern-Ich Ebene ganz oben, die Erwachsenen-Ich Ebene in der Mitte und die Kind-Ich Ebene unten.«
Zunächst allgemein und in leicht verständlicher Form werden die Eigenschaften der »Tierchen« erläutert:
»Die Hexe stellt das strafende Eltern-Ich dar: sie stellt hohe und immer höhere Anforderungen an das Kind-Ich, kritisiert, treibt an, verbietet, straft, macht Vorschriften, wertet ab. Es ist ihr egal, wie es dem Kind-Ich dabei geht.

Fürsorgliches Eltern-Ich

Srafendes Eltern-Ich

Erwachsenen-Ich

Freies Kind-Ich

Trotziges/Angepasstes Kind-Ich

Links ist die »positive Seite«, in der Mitte neutral, rechts ist die »negative Seite«

Das (braune Hase) Kind-Ich kann darauf entweder mit Anpassung oder Trotz /Rebellion reagieren.
Das fürsorgliche Eltern-Ich (Tiger) liebt das Kind-Ich und möchte es unterstützen bei der Verwirklichung seiner Bedürfnisse. Es versteht, wertschätzt, ermutigt, tröstet, hilft, hat Geduld, unterstützt, lobt, gibt Erlaubnis.
Das (weiße Hase) freie Kind-Ich besteht überwiegend aus Gefühlen (von verzweifelt bis überglücklich) und Bedürfnissen, Wünschen, Ideen, Impulsen und spontanen oder kreativen Äußerungen.
Das Erwachsenen-Ich (Strauß) weiß alle Fakten und Daten der Realität, wie die Welt funktioniert, ist rational und nicht bewertend.«
Die Patientinnen kennen diese inneren Stimmen eigentlich schon aus ihrem psychischen Alltag, es geht nun darum, die Zuordnung zu erlernen. Dazu suchen wir uns ein möglichst einfaches und zeitnahes Beispiel aus dem

Bereich Ess-Störung aus, das die Patientin vorgibt.
Sie erzählt beispielsweise von einem Bulimieanfall gestern Abend nach der Arbeit.
Therapeutin (TH): Beschreiben Sie: Wie ging das los?
Patientin (PAT): Ich hatte schon den ganzen Tag den Eindruck, dass es auf einen bulimischen Anfall zuläuft.
TH: Wie fühlte sich das Kind-Ich, der weiße Hase?
PAT: Zu kurz gekommen, frustriert, müde.
TH: Und dann ...?
PAT: ...sagte ich mir, ich muss mich zusammenreißen.
TH: Das sagte das strafende Eltern-Ich, die Hexe?
PAT: Ja, genau!
TH: Wie fühlte sich dann das freie Kind-Ich, der weiße Hase?
PAT: Noch schlimmer. Es wollte sich überhaupt nicht zusammenreißen.
TH: Wurde es trotzig, also brauner Hase?
PAT: Ja, richtig trotzig!
TH: Nehmen Sie jetzt bitte die entsprechenden Handpuppen auf und spielen Sie mir damit vor, wie es dann weiterging.
PAT mit braunem Hasen: Ich brauche jetzt etwas Süßes.
PAT mit Hexe: Nein, du hast sowieso schon zu viel gegessen heute, jetzt gibt's nichts mehr!
PAT mit braunem Hasen: Ich will aber noch was nach dem ganzen Mist heute in der Arbeit.
PAT mit Hexe: Du kannst ja einen Apfel essen, das reicht. Du weißt ja, wo das sonst endet!
PAT mit braunem Hasen: Lass mich in Ruhe mit deinen Vorwürfen. Ich esse jetzt, was ich will, aus, basta!
PAT mit Hexe: Du weißt aber schon, dass das alles wieder rausmuss, das ist die Strafe!
TH: Wie fühlt sich jetzt das Kind-Ich?
PAT: Ganz schlecht, verunsichert, schuldig, unfähig.
TH: Was hätte das Kind-Ich, der weiße Hase, eigentlich gebraucht?
PAT: Verständnis und Hilfe.
TH: Also das fürsorgliche Eltern-Ich? Nehmen Sie bitte den Tiger und den weißen Hasen in die Hand, wir spielen jetzt mal eine mögliche Lösung durch. Die beiden sprechen jetzt miteinander.
PAT mit weißem Hasen: Ich brauche jetzt etwas Süßes.
PAT mit Tiger: Mir fällt jetzt nichts ein.
TH (soufflierend) mit Tiger: Hast du überhaupt Hunger?
PAT mit weißem Hasen: Nein, im Magen jedenfalls nicht.

TH (soufflierend) mit Tiger: Also ist es ein psychischer Hunger, den du hast?
PAT mit weißem Hasen: Ja, ein psychischer Hunger, aber wonach?
TH (soufflierend) mit Tiger: Wie fühlst du dich jetzt?
PAT mit weißem Hasen: müde, gestresst, frustriert.
TH (soufflierend) mit Tiger: Und was ist da dein Bedürfnis, was brauchst du jetzt?
PAT mit weißem Hasen: Ich weiß nicht genau. Irgendwas Schönes, Entspannendes, Aufbauendes ...
PAT mit Tiger: Möchtest du dich hinlegen, willst du ein Bad nehmen oder Musik hören?
PAT mit weißem Hasen: Das wäre alles schön, aber ich habe Angst, mein Programm nicht zu schaffen.
TH (soufflierend) mit Tiger: Du darfst dir jetzt eine Entspannung gönnen, hast ja den ganzen Tag gearbeitet.
PAT mit weißem Hasen: Wie lange darf ich mich ausruhen?
TH: Was sagt das Erwachsenen-Ich, der Strauß dazu?
PAT mit Strauß: Eine Stunde ist drin. Dann kannst du dein Programm hinterher noch machen.
PAT mit Tiger: Musst ja nicht alles heute machen.
TH (soufflierend) mit Tiger: Wie fühlst du dich jetzt?
PAT mit weißem Hasen: Schon besser, ich glaube, Süßigkeiten brauche ich jetzt nicht mehr.
TH (soufflierend) mit Tiger: Prima, dass du dein Problem jetzt direkt und ohne bulimischen Anfall gelöst hast.

In der Lösung, die mit der Patientin zusammen erarbeitet wird, geht es darum, über das Bewusstmachen der Gefühle, die Bedürfnisse, also den psychischen Hunger herauszufinden und möglichst direkt zu befriedigen. Das fürsorgliche Eltern-Ich gibt die Erlaubnis und sorgt dafür, dass das Kind-Ich bekommt, was es braucht, zusammen mit den realistischen Planungen des Erwachsenen-Ichs. Das fürsorgliche Eltern-Ich lobt das Kind-Ich für die neue Lösung. Das Kind-Ich fühlt sich besser, d. h., dieser Lösungsweg wirkt auch sebstbelohnend.
Die Patientin bekommt die Hausaufgabe, bis zum nächsten Mal zu beobachten, welche Tierchen/Ich-Zustände da in ihr sprechen, um sie voneinander unterscheiden zu lernen.
In den nächsten Therapiestunden werden dann weitere Beispiele aus dem Alltag der Patientin mit den Handpuppen durchgespielt, damit sie sich die Namen und das Schema besser einprägen kann. Die Therapeutin kann helfend soufflieren, wenn der Klientin nichts mehr einfällt.

Der Lösungsweg ist immer der gleiche, ausgehend vom fürsorglichen Eltern-Ich im inneren Dialog mit dem freien Kind-Ich:
1. Gefühle,
2. Bedürfnisse,
3. Hilfe,
4. Lösung,
5. Erlaubnis,
6. Lob

Durch die gesamte Psychotherapie kann sich nun dieser rote Faden, nämlich die Arbeit mit den Ich-Zuständen ziehen, wobei es günstig ist, die Situationen (die nicht unbedingt das Essen betreffen müssen) immer sofort praktisch mit den Handpuppen durchzuspielen. Der innere Dialog soll nicht nur in der Therapiestunde, auch nicht nur in speziellen Konfliktsituationen, sondern möglichst häufig in Alltagssituationen eingesetzt werden und sich automatisieren, wird der Patient erklärt. Im Verlauf der Therapie greift die Therapeutin an passender Stelle immer wieder das Schema auf und zeigt ihr damit, wie sie sich beispielsweise unklare Gefühle bewusst machen, psychischen Hunger erkennen, Probleme lösen, Entscheidungen treffen, sich selbst und das Verhalten anderer Menschen besser verstehen kann. Sie erlernt damit eine neue Strukturierung bekannter innerpsychischer Vorgänge.

Eine Illustration der Methode stellen die Tagebuch-Aufzeichnungen einer Anorexie-Patientin im folgenden Kapitel dar.

Ziele

Das Ziel eines positiven, jedoch nicht übersteigerten Selbstwertgefühls bedeutet Wohlbefinden und Selbstzufriedenheit, Selbstakzeptierung und Selbstachtung, Sinn und Erfüllung sowie Selbstständigkeit und Unabhängigkeit, ohne dass dies Ausmaße annimmt, die die Person in ihren Beziehungen blenden und sich in Überheblichkeit äußern (Haußer, 1995, S. 141). Ich nehme diese Definition Haußers als Operationalisierung für die Wirkungsweise meines Handpuppen-Verfahrens, um weiter unten zu zeigen, dass mit dieser psychotherapeutischen Intervention auch wirklich das Selbstwertgefühl beeinflusst wird.

Wie werden diese Ziele mit der Methode umgesetzt? Die *Stärkung des fürsorglichen Eltern-Ichs* und damit die direkte Unterstützung des Kind-Ichs ist das Hauptziel dieses Vorgehens. Wenn das Fürsorgliche Eltern-Ich zu schwach repräsentiert ist, ist automatisch das Selbstwertgefühl in Gefahr.

Defizite entstehen, wenn es zu wenig Verständnis, Unterstützung, Ermutigung, Erfolge, Befriedigung, Lob, Anerkennung für das Kind-Ich gibt.
Das strafende Eltern-Ich ist bei fast allen Essgestörten, die in die Psychotherapie kommen, übermächtig, das fürsorgliche Eltern-Ich zu schwach. Entsprechend kommt ihr Kind-Ich zu kurz, fühlt sich hilflos und alleine gelassen und muss zu Ersatzbefriedigungen (Essen, Erbrechen, Hungern, übermäßigen Sport) greifen. Zurück bleibt jeweils das Gefühl, nicht genug oder nicht das Richtige bekommen zu haben, was den Teufelskreis der Essstörung aufrechterhält. Durch Schuld-, Scham- und Peinlichkeitsgefühle kommt es dann zu weiteren Selbstabwertungen.
Das fürsorgliche Eltern-Ich fragt nach den Gefühlen, Bedürfnissen, Wünschen, Impulsen und Ideen des Kind-Ichs und versucht sie zu verstehen. Es nimmt alle seine emotionalen Äußerungen und Bedürfnisse ernst. Es hilft dem Kind-Ich die Bedürfnisse nach Wichtigkeit zu ordnen und zu strukturieren. Damit wird direkt die *Selbstachtung* der Patientin gestärkt. Es ermutigt das Kind-Ich (z. B. du darfst so fühlen, du darfst diese Wünsche haben und auch äußern, du darfst so sein, deine Ideen sind kreativ, hab Mut sie umzusetzen), was auch zur *Selbstakzeptierung* beiträgt. Das fürsorgliche Eltern-Ich hilft dem Kind-Ich, zusammen mit dem Erwachsenen-Ich, seine Bedürfnisse möglichst gut umzusetzen, soweit es die Anforderungen der Realität (Zeit, Geld, Machbarkeit, soziale Bedingungen) zulassen. Damit wird mehr *Wohlbefinden* der Patientin erreicht. Das Fürsorgliche Eltern-Ich lobt das Kind-Ich nicht nur für perfekte Ergebnisse (wie es das strafende Eltern-Ich versprechen würde, um dann die Anforderungen noch höher zu schrauben), sondern schon für kleine Schritte oder Erfolge, lenkt seinen Blick auf das Erreichte und stärkt damit in zunehmendem Maße die *Selbstzufriedenheit* der Patientin. Das fürsorgliche Eltern-Ich ermöglicht es dem Kind-Ich, eigene Entscheidungen zu treffen, ohne ständig andere um Rat zu fragen. Die Gefühle des Kind-Ichs stellen dabei die bestmöglichen Wegweiser dar. So wird langfristig gesehen die *Unabhängigkeit* der Patientin gefördert. Das fürsorgliche Eltern-Ich unterstützt und tröstet das Kind-Ich auch bei Fehlern, falschen Entscheidungen, Niederlagen. Es analysiert mit dem Kind-Ich, warum es nicht geklappt hat, entwickelt mit ihm zusammen einen neuen, verbesserten Plan und ermutigt es, diesen auszuprobieren. Perfektionismus, der die meisten essgestörten Klientinnen quält, wird abgebaut. So kann das Kind-Ich nach und nach mehr Selbstverantwortung übernehmen, weil Fehler nicht katastrophisiert werden, sondern als menschlich und korrigierbar gesehen werden. Auf diesem Weg wird auch die *Selbstständigkeit* der Patientin gefördert.

Erfahrungen

Da laut Haußer (S. 133) die Selbstkonzeptforschung ein theoretisches Vakuum ist, eine integrierende Theorienbildung fehlt und noch keine befriedigenden Messinstrumente zur Erfassung des Selbstwertgefühls bzw. dessen Zunahme gibt, kann ich nur meine Erfahrungen der letzten neun Jahre schildern.
Die oben dargestellte Handpuppen-Methode hat den Vorteil, dass sie relativ schnell von den meisten Patientinnen erlernt und angewendet werden kann und bietet somit rasche Hilfe zur Selbsthilfe, sie werden schneller unabhängig vom Therapeuten. Durch seine Transparenz ist das therapeutische Vorgehen gut nachvollziehbar. Die Methode ist unabhängig von Bildung oder Intellektualität und kann auch schon mit Kindern ab ca.10 Jahren benutzt werden. Die Patientinnen erkennen dabei schnell, dass es sich nicht um ein albernes, oberflächliches Kinderspiel, sondern um eine vielschichtige Methode handelt. Eigene und fremde, bewusste und unbewusste Handlungsmotive werden klarer, sie kommen sich selbst auf die Schliche, ohne sich dabei abzuwerten. Die limitierten Therapiekontingente reichen mit dieser Handpuppen-Methode für die oft langwierige Aufbauarbeit des Selbstwertes meist aus. Das Selbsthilfe-Instrument lässt sich in unterschiedlichsten Situationen einsetzen und echte Lösungen (die Ess-Störung ist ja immer nur eine Scheinlösung) entwickeln.
Insgesamt habe ich beobachtet, dass es bei solchen Patientinnen, die die Methode schnell annehmen und gut umsetzen können, sehr rasch zu einer deutlichen Symptomreduktion, in vielen Fällen sogar zu einem vollständigen Verschwinden der Symptomatik kommt. Sie haben ein hilfreiches Schema gefunden, das sich vielleicht gut in ihr schon vorhandenes einpasst.
Es gibt jedoch auch einige wenige Patientinnen, die sich sträuben, mit den Handpuppen zu arbeiten. Einer sehr intellektuellen Patientin war das Schema zu festgelegt, sie wollte sich selbst etwas erarbeiten, kam dann nach langer Zeit aber auf etwas Vergleichbares. Eine andere hatte das Problem, mit den Tierchen zu spielen, weil sie zu sehr an ihre eigene Arbeit mit Kleinkindern erinnert wurde. Ein älterer männlicher Patient fand die Handpuppen zu kindisch, ließ sich jedoch widerstrebend auf das Schema ein und profitierte davon. Einer Patientin fiel anfangs überhaupt nichts ein, was das fürsorgliche Eltern-Ich sagt. Da sie selbst ein Kleinkind hat, mit dem sie sehr liebevoll umgeht, nahmen wir dies als Eselsbrücke (wie würden Sie in einer vergleichbaren Situation mit ihrem Kind umgehen) für den Transfer. Geeignet wäre dabei auch die Vorstellung, wie würde ich mit einer sehr guten Freundin in dieser Situation umgehen/sprechen. Allerdings kann dann das

Selbstwertproblem wieder direkt in Erscheinung treten, wenn die Klientin sagt, ja mit dem Kind oder der Freundin würde ich so umgehen, aber ich habe das nicht verdient, oder ich muss mit mir strenger sein. Dann ist es sinnvoll, mit Hilfe der kognitiven Umstrukturierung (das heißt mit dem Erwachsenen-Ich) logisch herzuleiten, dass alle Menschen gleich wertvoll sind, so auch die Klientin.

Literatur

Ermann, M. (1999): Psychotherapeutische und psychosomatische Medizin, Stuttgart, Kohlhammer.
Gastpar, M.; Remschmidt, H.; Senf, W. (Hg.) (2000): Eßstörungen. Neue Erkenntnisse und Forschungsperspektiven. Sternenfels, Wissenschaft u. Praxis.
Haußer, K. (1995): Identitätspsychologie. Berlin/Heidelberg, Springer.
Hennig, G.; Pelz, G. (1997): Transaktionsanalyse. Lehrbuch für Therapie und Beratung. Freiburg, Herder.
Jacobi, C., Thiel, A.; Paul, Th. (1996): Kognitive Verhaltenstherapie bei Anorexia und Bulimia nervosa. Weinheim, Psychologie Verlags Union.
Schorr, A. (Hg.) (1993):Handwörterbuch der Angewandten Psychologie. Bonn, Dt. Psychologen Verlag.
Stewart, I., Joines, V. (1990): Die Transaktionsanalyse. Eine Einführung in die TA. Freiburg, Herder

Aus meinem Therapietagebuch
Anna, 27 Jahre, Anorexia nervosa

9. Therapiestunde

Wir haben nochmal das mit dem Einkaufen durchgesprochen und wie das dann alles kommt, dass ich das Gekaufte nicht esse und wie das wann für mich ist. Und so kamen wir wieder auf den kleinen schwarzen Mann (strafendes Eltern-Ich), der so logisch und argumentativ arbeitet – und dass das halt genau Papa ist. Und dann haben wir über Papa geredet und wie das war. Er hat mir Strenge und Konsequenz vermittelt, es war nie gut genug, all meine Bedürfnisse wurden ignoriert und kritisiert. Es gab keine Wärme und Fürsorge, nur Forderungen und Strenge. Aber – selbst wenn ich funktioniert habe, habe ich die Belohnung, das wofür ich funktioniert habe, nicht bekommen. Dann hat mir die Therapeutin vermittelt, dass ich ja nun diesen schwarzen Mann gegen mich selbst benutze, also genauso mit mir weitermache. Es aber nicht mit anderen so tue, sondern bei denen total fürsorglich bin, mein fürsorgliches Eltern-Ich für andere und die Bedürfnisse ihrer Kind-Ichs benutze.

17. Therapiestunde

Was passiert bei mir während und vor einem unkontrollierten Essanfall? Das Kind-Ich ist unzufrieden, fordert und »muss« essen. Das erlaubt es beiden Seiten des Eltern-Ichs, loszulegen. Aber – und das war es, was mich auch so fertig gemacht hat – selbst wenn das fürsorgliche Eltern-Ich die Erlaubnis zum Essen gab, stellte sich die Zufriedenheit nicht ein. Übrigens war das dann sogar gleich wieder ein »Beweis« für das strafende Eltern-Ich gegen die Allianz von fürsorglichem Eltern-Ich und Kind-Ich! Und dann haben wir den Unterschied und das Problem erarbeitet: Bisher ging es um Hunger und die Erlaubnis zum Essen. Jetzt geht es um »Lust«, »Druck«, »ich muss«. Hinter diesen steht aber etwas anderes, und deshalb hilft essen nicht. Stichwort: psychischer Hunger.

Ich bin mir noch nicht ganz sicher, ob ich psychischen und wirklichen Hunger immer voneinander trennen kann. Geht das? Wie geht das? Meldet mein Kind-Ich diesen psychischen Hunger, muss ich fragen: »Warum?«, »Was fühlst du?«, »Was sind deine wirklichen Bedürfnisse?«. Wir haben schon überlegt, was es sein könnte: »Halt, zu viel Stress!« oder »will geliebt werden!«.
Und genau das muss ich lernen, meinem Kind-Ich diese Gefühle mit meinem fürsorglichen Eltern-Ich zu vermitteln – mir selbst sagen zu können »Du bist liebenswert.«

19. Therapiestunde

Wir sprechen über die letzten beiden Samstage, an denen ich so depressiv war. Und als die Therapeutin nach Auslösern und Bedingungen fragt, sind die Ursachen schnell klar: Die Bedürfnisse meines Kind-Ichs wurden ignoriert und nicht befriedigt – kein Wunder, dass es deprimiert war. Am 1. Samstag war es das Putzen bei Sommerwetter. Am 2. Samstag ... Tja, da ging es wieder nur um die Bedürfnisse anderer. Am Freitagabend essen gehen mit einem Freund, der sich seine Sorgen von der Seele reden will, obwohl ich total müde war und keine Lust hatte. Dann am Samstag durch die Stadt hetzen, Freunde treffen, Verabredung der Freunde für den Abend zustimmen.
Und das Ganze war für mich so schwer zu durchschauen, weil es unter dem augenscheinlichen Deckmantel »du kriegst ja, was du willst (Stadtbummel, einkaufen etc.), aber dann verbinden wir es gleich mit dem Lästigen/Notwendigen« lief. Tja, und genau diese Hinhaltetaktik des strafenden Eltern-Ichs funktioniert nicht. Das reicht nicht. Mein Kind-Ich will wirkliche eigene Sachen!

25. Therapiestunde

Wir versuchen herauszufinden, was die Wünsche meines Kind-Ichs sind. Es ist für mich sehr schwer, überhaupt Wünsche zu formulieren. Fazit dann aber doch: Ich will Zeit, Auszeit, 1 Jahr. Ich will bestimmen und entscheiden, was ich mache. Ich habe aber große Schwierigkeiten, diesen Wunsch zu vertreten und einzufordern. Mein strafendes Eltern-Ich sieht nicht zuletzt die Krankheit als Ausrede: »Hör endlich auf, schwach und jämmerlich zu sein,«, sagt es, »du kannst doch, stell dich nicht so an.« Ich brauche meine innere Erlaubnis vom fürsorglichen Eltern-Ich, um den Wunsch durchzuziehen und zu verwirklichen. Mein fürsorgliches Eltern-Ich hat oft immer noch viel zu wenig Stärke und Rückgrat, um sich für meine Wünsche einzusetzen und stark zu machen.

33. Therapiestunde

Was ist mit Ärger? Das Kind-Ich war ärgerlich und wütend auf meinen Freund. Weil meine Bedürfnisse (Aufmerksamkeit, miteinander reden) von ihm nicht beachtet und erfüllt wurden. Wie hätte mein fürsorgliches Eltern-Ich helfen können? Mein Fürsorgliches Eltern-Ich hätte meinem Kind-Ich die Geborgenheit, Fürsorge und Akzeptanz geben müssen. Ich darf nicht auf die Gunst der fürsorglichen Eltern-Ichs anderer setzen und hoffen. Ich habe mein eigenes, ich muss es nur endlich für mich selbst benutzen.
Es quält mich die Frage und Entscheidung wie, wann und wo ich meinen Geburtstag feiern will/muss.
1. Das Kind-Ich fühlt sich unter Druck. Es versucht schon wieder, alle Erwartungen der anderen abzuschätzen und will »es allen recht machen«.
2. Bedürfnis des Kind-Ichs: in Ruhe gelassen zu werden, keine Verpflichtungen haben.
3. Fürsorgliches Eltern-Ich: Okay, es ist doch sowieso *dein* Geburtstag.
4. Die Entscheidung: große Party muss auf keinen Fall sein, wenn ich Lust habe, feiere ich im kleinen Kreis mit Familie und guten Freunden.
Das ist in Ordnung.

Evaluation eines ambulanten Therapiekonzeptes für Ess-Störungen*
Dagmar Eder

Untersuchungsmethode und Fragestellungen
Art und Ziele der vorliegenden Studie

Bei der hier vorliegenden Studie handelt es sich um eine Evaluation zu einem ambulanten Therapiekonzept für Ess-Störungen. Diese Studie soll einen Beitrag zur aktuellen Psychotherapieforschung auf dem Gebiet der Ess-Störungen liefern, da bisher nur wenige Ergebnisse zur Therapiewirksamkeit ambulanter Konzepte veröffentlicht wurden. Innerhalb der Untersuchung sind Methoden der Erfolgs- sowie der Prozessforschung kombiniert worden. Als Erhebungsinstrumente, die noch näher beschrieben werden, dienen ein halbstrukturiertes Interview, das mit standardisierten Fragebögen und Rating-Skalen ergänzt wird.

Die Evaluation wurde von einer unabhängigen Untersucherin durchgeführt. Dies birgt den Vorteil in sich, dass mehr Offenheit der Befragten, v. a. hinsichtlich möglicher Kritikpunkte an der Therapie, zu erwarten ist, als wenn die Befragung von Mitarbeitern der Therapiepraxis durchgeführt worden wäre.

Stichprobe

Es sollten ehemalige Klientinnen der Praxis befragt werden, die folgende Kriterien erfüllen:
- Bei den Klientinnen wurde zu Beginn der Therapie eine der drei Ess-Störungen Anorexia nervosa, Bulimia nervosa oder Binge Eating Disorder diagnostiziert (vgl. APA, 1994);
- Alle Befragten wurden nach dem Therapiekonzept der Praxis behandelt, das im Folgenden beschrieben wird;

---

* Die im Folgenden vorgestellte Studie entstand 1995 / 1996 im Rahmen einer Diplom-Arbeit an der Universität Erlangen-Nürnberg.

- Sie haben an mindestens zehn Therapiestunden teilgenommen;
- Der Katamnesezeitraum betrug mindestens ein Jahr, um Aussagen über längerfristige Auswirkungen der Therapie zuzulassen;

Um auch der Kritik am Therapieverlauf Raum zu geben, erschien es sinnvoll, sowohl Klientinnen, die ihre Therapie abgebrochen hatten, als auch Klientinnen, die sie beendet hatten, in die Erhebung einzubeziehen.

Beschreibung der psychologischen Praxis für Ess-Störungen und des Therapiekonzeptes

Mitarbeiter
Die psychologische Praxis für Ess-Störungen besteht seit 15 Jahren und wird von einer Diplom-Psychologin geleitet. In der Praxis arbeiten außer ihr noch vier weitere Diplom-Psychologinnen sowie eine Diplom-Sozialpädagogin. Alle Therapeutinnen behandeln nach dem gleichen Therapiekonzept, das im Folgenden noch beschrieben wird. Sie nehmen regelmäßig an Supervisionen teil und gehören einer Balintgruppe des Berufsverbandes Deutscher Psychologen (BDP) an (Informationsfaltblatt, 1995).

Indikationen
»In der Praxis werden alle Formen von Ess-Störungen (auch chronische Fälle) behandelt« (Informationsfaltblatt, 1995; S. 3). Im Einzelnen sind dies die Ess-Störungen
- Anorexia nervosa
- Bulimia nervosa
- Fress-Sucht
- Atypische Ess-Störungen.

Des Weiteren werden Störungen, die im Zusammenhang mit Ess-Störungen auftreten behandelt, wie z. B. Depressionen, Panikattacken oder Zwangsstörungen.
Die Diagnose der jeweiligen Essstörung erfolgt gemäß den Diagnosekriterien des DSM-III-R (APA, 1991) bzw. DSM-IV (APA, 1994).

Behandlungsdauer
Zur Behandlungsdauer lassen sich keine grundsätzlichen Angaben machen, weil diese vom »Schweregrad des Krankheitsbildes, der Vorerkrankungsdauer, fehlgeschlagenen Behandlungen sowie der Chronizität« (Informa-

tionsfaltblatt, 1995, S. 3) abhängig ist. Nach Engelberger (1993) ist bei Ess-Störungen mit chronischem Verlauf mit einer Behandlungsdauer von drei bis vier Jahren zu rechnen, während bei »weniger schweren ›Fällen‹ von einem Jahr Behandlungsdauer ausgegangen« (S. 41) werden kann.

Im Informationsfaltblatt der Praxis (1995) wird die durchschnittliche Behandlungsdauer mit 2,5 Jahren angegeben, was bei einer wöchentlichen Sitzungsfrequenz ca. 120 Therapiesitzungen entspricht.

Grundsätzlich wird aber versucht, die Therapiedauer und die Häufigkeit der Sitzungen den Bedürfnissen der Klientinnen anzupassen.

Rahmenbedingungen

Es handelt sich um eine *ambulante* Therapie, »wodurch der bisherige soziale Lebenszusammenhang der Klientinnen erhalten bleibt« (Engelberger, 1993, S. 41). Sie ist als ein Angebot an die Klientinnen zu verstehen, so dass die Freiwilligkeit und ein gewisses Maß an Eigenmotivation bei den Klientinnen wichtige Voraussetzungen sind, um eine Therapie zu beginnen.

Es müssen ausreichende medizinische Voraussetzungen erfüllt sein (z. B. stabiles Körpergewicht bei Anorektikerinnen), und die Klientin muss sich bereit erklären, diese bei regelmäßigen ärztlichen Untersuchungen kontrollieren zu lassen.

Das Therapiekonzept sieht in diesem Zusammenhang eine enge Zusammenarbeit mit parallel behandelnden Ärzten (Hausärzten, Internisten, Zahnärzten, Gastroenterologen, Endokrinologen, Gynäkologen, Neurologen, usw.) vor. Hierbei soll es zu einem Informationsaustausch über Krankheitsdaten kommen, die für den jeweils anderen Behandelnden von Bedeutung sind.

Es besteht die Möglichkeit, zwischen Einzel- oder Gruppensitzungen bzw. einer Kombination aus beidem zu wählen. Bei der Entscheidung spielen Überlegungen eine Rolle, inwieweit die Klientin den Austausch mit anderen Betroffenen benötigt, welche Vorerfahrungen sie mit Einzel- bzw. Gruppensitzungen bereits hat, bzw. inwieweit sich die Klientin einen »eigenen Raum« innerhalb der Therapie schaffen sollte oder möchte.

Die Therapie kann auch zur Nachbehandlung einer stationären Therapie dienen.

Das zugrunde liegende Therapiekonzept

Das Therapiekonzept stellt einen auf Ess-Störungen spezialisierten Ansatz dar, der seit Bestehen der Praxis im Austausch mit den Klientinnen weiterentwickelt wurde.

Therapeutische Grundhaltung
Die therapeutische Grundhaltung wird durch ein humanistisches Menschenbild geprägt. Der Mensch wird grundsätzlich als »*lern- und entwicklungsfähig* betrachtet«, so dass »eine Ess-Störung nicht als ›Krankheit‹, sondern als momentane Blockade innerhalb eines Entwicklungsprozesses gesehen« (Engelberger, 1993, S. 42) wird. Nach dieser Auffassung stellt die Ess-Störung eine Chance zur Weiterentwicklung für die Klientin dar. Dies soll auch innerhalb der Therapie vermittelt werden. Indem die Therapeutin der Klientin in einer vertrauensvollen, optimistischen und partnerschaftlichen Haltung gegenübertritt, soll diese die Möglichkeit bekommen, innerhalb der Therapie die eigenen lebendigen Anteile zu erkennen und für die Entfaltung neuer Fähigkeiten zu nutzen (Engelberger, 1993).

Methodische Vorgehensweise
Die Vorgehensweise innerhalb der Therapie wird als »integrativ« und »mehrdimensional« beschrieben, das heißt, dass verhaltenstherapeutische, tiefenpsychologische, familientherapeutische, körpertherapeutische und andere geeignete Techniken zur Anwendung kommen. Damit soll gewährleistet werden, dass die Therapie individuell auf die jeweiligen Bedürfnisse der Klientinnen abgestimmt werden kann. Außerdem soll die Problematik der Klientin unter Einbezug von Aspekten aus verschiedensten Lebensbereichen der Klientin betrachtet und bearbeitet werden. Das Denken, Fühlen und Handeln der Klientin soll durch die Therapie in gleichem Maße angesprochen werden.

Ziele und Techniken innerhalb des therapeutischen Prozesses
Innerhalb der Therapie von Ess-Störungen sollen im Wesentlichen drei Bereiche angesprochen werden, die auch als Grobziele oder »3 rote Fäden« der Therapie bezeichnet werden können (Engelberger, 1993, S. 44):

1. Ergründen und Bearbeiten der Ursachen und Funktionen der Ess-Störung, um hier eine Änderung zu bewirken.
   Dieses Ziel lässt sich in vier »Feinziele« untergliedern:
   - Mit Hilfe einer ausführlichen Anamnese soll die *Entstehung der Ess-Störung rekonstruiert* werden. Die Arbeit mit Fotoalben und das Erstellen von Familienkonstellationen sind wichtige Techniken in diesem Zusammenhang.
   - Des Weiteren muss geklärt werden, welche *Funktion das gestörte Essverhalten* für die Klientin übernimmt, welche eigentlichen Bedürfnisse durch das Essverhalten befriedigt bzw. ersetzt werden. Hierbei gelten

die Rückfallanalyse sowie der »Dialog mit dem Symptom« als geeignete Mittel.
- Die *psychische Funktion der Figur* innerhalb der Störung soll, mit Hilfe von Phantasie- und Assoziationsübungen, herausgearbeitet werden. In diesen Übungen beschäftigen sich die Klientinnen in der Vorstellung mit dem eigenen Körper.
- Schließlich sollen, aufgrund des so erarbeiteten Wissens, *alternative Verhaltensweisen und Lösungsstrategien* entwickelt werden.

2. Anregung einer Veränderung des gestörten Essverhaltens in Richtung »normal essen« entsprechend der Körpersignale (Hunger, Geschmack, Sättigung).
Die Klientinnen sollen innerhalb der Therapie lernen, sich bezüglich ihres Essverhaltens von den eigenen Körpersignalen leiten zu lassen. Kontrollen des Essverhaltens, insbesondere Diäten, werden strikt abgelehnt. Zum einen geht es darum, das individuelle Essverhalten zu erfassen und bewusst zu machen. Dies geschieht mit Hilfe von Essprotokollen, in denen das Essverhalten, Auslösesituationen sowie begleitende Gedanken und Gefühle festgehalten werden. Zum anderen werden gemeinsam Strategien erarbeitet, um das Essverhalten gezielt zu verändern, z. B. Fressanfälle zu unterbrechen.

3. Verbesserung der gestörten Körperwahrnehmung und Akzeptanz des eigenen Körpers durch die Klientin.
Es soll gelernt werden, den momentanen Zustand des eigenen Körpers (z. B. Müdigkeit, Kälte, Anspannung, usw.) wahrzunehmen, benennen zu können und angemessen darauf zu reagieren. Außerdem sollen den Klientinnen neue, positive Erfahrungen mit dem bisher abgelehnten Körper vermittelt werden. Die Klientinnen sollen so ein positives Verhältnis zu ihrem Körper entwickeln und ihn akzeptieren lernen. Zur Erreichung dieses Zieles kommen innerhalb der Therapie Atem- und Körperübungen sowie Entspannungstechniken zur Anwendung.

Fragestellungen

1. Die subjektive Sichtweise der ehemaligen Klientinnen der Praxis hinsichtlich ihrer Therapie soll erfasst werden. Hierbei interessieren insbesondere folgende Fragen:
a) Inwieweit wurden die Ziele des therapeutischen Konzepts der Pra-

xis von den Klientinnen als eigene übernommen? Wie würden sie selbst das Ausmaß einschätzen, mit dem sie diese Ziele erreicht haben?
b) Welche Faktoren innerhalb der Therapie wurden als positiv bzw. negativ empfunden, in Bezug auf einen (möglichen) Therapieerfolg? Welche Faktoren, die Veränderung bewirkten, gab es außerhalb der Therapie?
c) Welche positiven oder negativen Veränderungen ergaben sich bewirkt durch bzw. unabhängig von der Therapie?
d) Welche Gründe haben dazu geführt, dass ein Teil der befragten Klientinnen die Therapie vorzeitig abgebrochen hat?
2. Der Verlauf der Ess-Störung nach der Therapie bis zum Zeitpunkt der Erhebung soll erfasst werden. Der Erfolg der Therapie soll anhand von subjektiven Einschätzungen der Klientinnen und einiger objektiver Daten überprüft werden.
3. Hinsichtlich der oben beschriebenen Fragestellungen sollen Unterschiede zwischen
a) den verschiedenen Diagnosegruppen
b) Klientinnen, die ihre Therapie beendet hatten, und denen, die sie abgebrochen hatten[1],
erfasst werden.

An die Frage nach Unterschieden zwischen Therapieabbrecherinnen und »Nichtabbrecherinnen« sind die folgenden Hypothesen geknüpft:
1. Es lassen sich Faktoren innerhalb der Therapie finden, die von Therapieabbrecherinnen und Klientinnen, die ihre Therapie beendet haben, unterschiedlich empfunden werden, und die als mitbestimmend für einen Therapieabbruch angesehen werden können.
2. Klientinnen, welche die Therapie abgeschlossen haben, erzielen hinsichtlich der Erfolgskriterien zum Zeitpunkt *nach der Therapie* bessere Ergebnisse als Therapieabbrecherinnen.
3. Klientinnen, welche die Therapie abgeschlossen haben, erzielen hinsichtlich der Erfolgskriterien zum Zeitpunkt der *Erhebung* bessere Ergebnisse als Therapieabbrecherinnen.

Die Beantwortung der genannten Fragen geschieht mit dem Ziel,
1. die Effizienz der therapeutischen Arbeit zu prüfen,
2. zu einer Optimierung des Therapiekonzeptes beizutragen und somit langfristig die Qualität der therapeutischen Arbeit zu sichern.

Die Datenerhebungsmethoden

Das Interview
Der in der vorliegenden Arbeit verwendete Interviewleitfaden ist stark an dem Leitfaden orientiert, der von Engelberger (1993) ursprünglich zur Evaluierung des selben Therapiekonzeptes entwickelt wurde. Er wurde allerdings noch durch zusätzliche Fragen ergänzt bzw. in der zeitlichen Abfolge verändert, dort, wo dies der Interviewerin praktikabler erschien. Letztendlich wurden innerhalb des Interviews vor allem fünf Themenbereiche angesprochen, die im Folgenden kurz skizziert werden sollen.
In einem ersten *anamnestischen Teil*, der zugleich als Einstieg in das Thema dienen sollte, wurden die Interviewpartnerinnen aufgefordert, sich in die Zeit vor der Therapie zurückzuversetzen, ihre Lebenssituation und das Lebensgefühl zu Ausbruch der Ess-Störung zu schildern, sowie Informationen zur Entwicklung der Ess-Störung zu geben. Außerdem sollte geklärt werden, inwieweit schon andere therapeutische Maßnahmen ergriffen worden waren, und wie die Klientinnen auf die Praxis aufmerksam wurden.
Im zweiten Teil des Interviews wurden die Interviewpartnerinnen gebeten, ihre eigenen *Ziele zu Beginn der Therapie* zu benennen und sich dazu zu äußern, inwieweit sie die in Kapitel beschriebenen *konzeptionellen Ziele* der Therapie für sich hatten übernehmen können.
Der nächste Fragenkomplex galt den *Wirkfaktoren innerhalb und außerhalb der Therapie*, die von den Interviewpartnerinnen als relevant für Veränderungen angesehen wurden. Therapieabbrecherinnen wurden an dieser Stelle zusätzlich danach gefragt, welche Umstände zum Abbruch der Therapie geführt hatten.
Anschließend sollten sowohl positive als auch negative *Veränderungen* durch und unabhängig von der Therapie geschildert werden.
Zum Abschluss wurde die *Entwicklung nach der Therapie* thematisiert, wobei wiederum weitere therapeutische Maßnahmen, die Symptomatik heute sowie die äußere Lebenssituation und das Lebensgefühl heute zur Sprache kommen sollten. Therapieabbrecherinnen wurden zu ihrer heutigen Einstellung zum Abbruch befragt.
Zusätzlich wurde die Entwicklung des Körpergewichtes der Interviewpartnerinnen erfasst.
Innerhalb eines Themenblockes wurde zunächst immer mit einer offenen Frage begonnen, um die Interviewpartnerinnen nicht von vornherein durch Antwortvorgaben einzuschränken. Erst dann wurden Gedankenstützen, Fragebögen oder Schätzskalen einbezogen.

Ergänzende Methoden
Wie schon Engelberger (1993, S. 37) ausführt, ist es sinnvoll, neben dem Interview ergänzende (quantitative) Methoden einzusetzen, um zum einen der »starken Gewichtung der ›Sicht des Subjekts‹ entgegenzuwirken«, zum anderen eine quantitative Auswertung der Daten zu ermöglichen, so dass diese vergleichbar werden und Generalisierungen vorgenommen werden können.

Erfassung der Wirkfaktoren innerhalb der Therapie

Wirkfaktorenlisten
Ausgehend von der Arbeit von Engelberger (1993) wurden Auflistungen von spezifischen und unspezifischen Wirkfaktoren zu folgenden sechs »Faktorbereichen« verwendet:
- Therapeutische Techniken
- Therapeutisches Konzept
- Therapeutische Rahmenbedingungen
- Erleben der therapeutischen Beziehung
- Erleben der Person der Therapeutin
- Schlüsselerlebnisse / Elemente / Episoden, die Veränderungen bewirkten.

Aufgabe der Interviewpartnerinnen war, zum einen anzugeben, ob sie die genannten Aspekte innerhalb der Therapie erlebt hatten, und diese zum anderen hinsichtlich ihrer Bedeutsamkeit für den Therapieerfolg zu bewerten. Die vorgegebenen Kategorien hierfür waren: »War bzw. wäre ... wichtig / unwichtig / negativ ... für den Therapieerfolg«.

Gießen-Test
Um den Einfluss bestimmter Persönlichkeitsmerkmale der Klientin zu erfassen, wurden die Wirkfaktorenlisten durch einen objektiven, standardisierten Persönlichkeitsfragebogen, den Gießen-Test ergänzt.
Der Test umfasst 40 Items, mit deren Hilfe der Proband dazu veranlasst wird, ein Selbstbild zu entwerfen bezüglich komplexer emotionaler Grundbefindlichkeiten und bestimmter Ich-Qualitäten. Die Mehrzahl der Fragen erfasst, wie der Proband sich innerhalb sozialer Beziehungen wahrnimmt.
Die 40 Items lassen sich folgenden sechs Standardskalen zuordnen:
1. Soziale Resonanz, mit den Polen »negativ sozial resonant« vs. »positiv sozial resonant«,
2. Dominanz: »dominant« vs. »gefügig«,
3. Kontrolle: »unterkontrolliert« vs. »überkontrolliert«,

4. Grundstimmung: »hypomanisch« vs. »depressiv«,
5. Durchlässigkeit: »durchlässig« vs. »retentiv«,
6. Soziale Potenz: »sozial potent« vs. »sozial impotent«.

Für jede der 40 Fragen soll der Proband auf einer 7-Punkte-Skala angeben, ob er sich seiner Meinung nach bezüglich eines Merkmals unauffällig (= 0) im Vergleich zu anderen Menschen verhält oder in seinen Verhaltensweisen von anderen nach einer Seite hin (jeweils bis +3) abweicht.

Die Auswertung des Tests erlaubt zum einen die Erstellung individueller Persönlichkeitsprofile und ist zum anderen auch zum Vergleich von einzelner Gruppen geeignet hinsichtlich der durchschnittlichen Ausprägung bestimmter Merkmale.

Einschätzung der Erfolgskriterien

Schätzskalen zur Therapiewirksamkeit
Wie von Engelberger (1993) in ihrer Arbeit vorgeschlagen, wurden vor allem zwei Erfolgskriterien erfasst:
Das Ausmaß, in dem die drei *konzeptionellen Therapieziele* (»Normales Essverhalten«, »Wahrnehmung und Akzeptanz des Körpers« und »Kennen der psychischen Ursachen und Funktionen der Ess-Störung«) erreicht wurden, sollte mittels einer Rating-Skala zu den zwei Zeitpunkten »nach der Therapie« und »heute« eingeschätzt werden. Um die Vergleichbarkeit zwischen den Klientinnen zu ermöglichen, wurde der Nullpunkt der Skala als »Zielerreichung zu Beginn der Therapie« festgelegt. Im positiven Bereich wurde der Maximalwert +5 mit der »größtmöglichen Zielerreichung« gleichgesetzt. Im negativen Bereich sind die Werte bis –2 angetragen, die Skala ist aber nach unten hin offen.
Die *Einschätzung der Lebensqualität* erfolgte anhand eines Diagramms, in dem die Interviewpartnerinnen ihre subjektiv empfundene Lebensqualität auf einer Skala von –5 bis +5 zu verschiedenen Zeitpunkten einschätzen sollten. Um Aussagen über die Wirksamkeit der Therapie zu ermöglichen, sollten vor allem die Schätzwerte zu folgenden Zeitpunkten in das Diagramm eingetragen werden: »Beginn der Essstörung«, »Beginn der Therapie«, »Ende der Therapie« sowie »heute«. Als Hilfestellung bei der Bearbeitung des Diagramms wurde den Interviewpartnerinnen eine Definition des Begriffes »Lebensqualität« vorgelegt, um eine möglichst einheitliche Auffassung des Konstruktes zu gewährleisten. Diese Definition orientiert sich an verschiedenen Definitionsvorschlägen der Literatur zur Lebensqualität (vgl. Aaronson, 1986; Bullinger, 1991; Averbeck, Grote-Kusch u. Schröder, 1992).

Selbsteinschätzungsfragebögen zum Essverhalten
Die eben beschriebenen Erhebungsmethoden unterliegen immer noch erheblichen subjektiven Einflüssen. Diese lassen sich wohl bei jeder Art von Selbsteinschätzung schwer vermeiden.
Um trotzdem eine möglichst objektive Einschätzung des Essverhaltens bzw. für die Ess-Störung symptomatischen Verhaltens zum Zeitpunkt der Erhebung vornehmen zu können, wurden den Interviewpartnerinnen am Ende des Interviews Selbsteinschätzungsskalen für Ess-Störungen vorgelegt.

Eating Attitude Test (EAT):
Der »Eating Attitude Test« von Garner und Garfinkel (1979) wird von Meermann und Vandereycken (1987, S. 25) als der am weitesten verbreitete und am besten dokumentierte Test zur Diagnose von Ess-Störungen bezeichnet. Es existieren zwei Formen des Tests (mit 40 bzw. die verkürzte Fassung mit 26 Items), die miteinander hoch korrelieren. Innerhalb der hier vorliegenden Untersuchung wurde die verkürzte Form (EAT-26) verwendet. Der Test erfasst Selbsteinschätzungen von Verhaltens- und Einstellungsmustern, die mit dem Störungsbild der Anorexia nervosa einhergehen. Während andere Selbsteinschätzungsskalen (z. B. EDI, s. u.) ein breiteres Spektrum der störungsrelevanten Einstellungen abdecken, beschränkt sich der EAT-26 auf Einstellungen zum Essen. Die Beantwortung der Fragen erfolgt auf einer sechsstufigen Skala mit den Polen »nie« (1) bis »immer« (6). Die 26 Items lassen sich den drei Unterskalen »Diätverhalten«, »Bulimie und ständige gedankliche Beschäftigung mit Nahrung« und »orale Kontrolle« zuordnen (Deter u. Herzog, 1995).

Eating Disorder Inventory (EDI):
Der Eating Disorder Inventory (EDI) wurde 1983 von Garner Olmsted u. Polivy entwickelt und von Meermann, Napierski und Schulenkorf ins Deutsche übersetzt (Meermann u. Vandereycken, 1987). Er stellt einen relativ neuen Selbsteinschätzungsfragebogen dar, der mit Hilfe seiner 64 Items charakteristische Merkmale der Bulimie und Magersucht auf der Einstellungs- und Verhaltensebene erfassen soll.
Die Beantwortung der Fragen erfolgt, wie beim EAT-26, auf einer sechsstufigen Skala von »nie« (1) bis »immer« (6).
Der Fragebogen beinhaltet folgende 8 Unterskalen, die sich sowohl auf die Symptomatik von Ess-Störungen (1.–4.), als auch auf allgemeinere Persönlickeitsmerkmale (5.–8.) beziehen (Deter u. Herzog, 1995; Steinhausen, 1993):

1. Drang zum Schlanksein
2. Bulimie
3. Unzufriedenheit mit dem eigenen Körper
4. Ineffektivität (Gefühle der Unzulänglichkeit und der mangelnden Kontrolle des eigenen Lebens)
5. Perfektionismus
6. zwischenmenschliches Misstrauen
7. interozeptives Bewusstsein (Schwierigkeiten, Gefühle oder körperliche Zustände adäquat zu identifizieren)
8. Reifungsängste

Aufzeichnungen der Praxis
Da die Interviewpartnerinnen innerhalb der Befragungen meist nur ungenaue Angaben über bestimmte Therapiedaten machen konnten, wurden zusätzlich Aufzeichnungen der Praxis über die Klientinnen zur Auswertung herangezogen. Hierbei ging es vor allem um folgende Daten:
- Beginn der Therapie,
- Ende der Therapie,
- Anzahl der Therapiestunden,
- Katamnesezeitraum.

Zusammensetzung der Stichprobe

In die Auswertung gingen die Daten von 30 ehemaligen Klientinnen (29 Frauen, 1 Mann) der Praxis ein, die zu Therapiebeginn die Kriterien für jeweils eine der Diagnosen »Anorexia nervosa« ($n=5$), »Bulimia nervosa« ($n=16$) oder »Binge Eating Disorder« ($n=9$) erfüllten. Tabelle 1 zeigt, wie viele Interviewpartnerinnen der jeweiligen Diagnosegruppe ihre Therapie abgebrochen bzw. beendet haben:

Tabelle 1: Verteilung der Therapieabbrecherinnen auf die drei Diagnosegruppen (Anorexia nervosa, Bulimia nervosa, Binge Eating Disorder)

	Anorexia nervosa ($n = 5$)	**Bulimia nervosa** ($n = 16$)	**Binge Eating Disorder** ($n = 9$)
Therapie beendet ($n = 14$)	3	7	4
Therapie nicht beendet ($n = 16$)	2	9	5

Zusammenfassende Diskussion

Innerhalb der vorliegenden Arbeit konnten aufschlussreiche Informationen darüber gewonnen werden, wie die therapeutische Arbeit in der hier untersuchten Praxis für Ess-Störungen von den Klientinnen empfunden und aufgenommen wurde. Sie bieten die Möglichkeit für die Therapeutinnen, ihre Arbeit kritisch zu überdenken, bestimmte Vorgehensweisen gegebenenfalls zu verändern, andere dagegen beizubehalten. Des Weiteren ermöglicht die Studie Aussagen über die Wirksamkeit der Therapie aus Sicht der Klientinnen. Im Folgenden werden die wichtigsten Ergebnisse der Studie zusammenfassend dargestellt und diskutiert.

Prozessmerkmale

Wirkfaktoren innerhalb der Therapie

Ein Schwerpunkt der Arbeit bestand darin, Wirkfaktoren innerhalb der Therapie herauszuarbeiten, die von den ehemaligen Klientinnen für bedeutsam hinsichtlich des Therapieerfolges erachtet werden. Bei der Betrachtung der Interviewdaten sowie der Wirkfaktorenlisten stellt sich heraus, dass dem Erleben der therapeutischen Beziehung große Bedeutung beizumessen ist: Als bedeutsame Merkmale, die eine tragfähige therapeutische Beziehung auszeichnen, sind demnach zu nennen: gegenseitige(r) Akzeptanz bzw. Respekt, gegenseitiges Vertrauen, gegenseitige Sympathie, Partnerschaftlichkeit zwischen der Therapeutin und Klientin, das Gefühl der Klientin, von der Therapeutin verstanden, angenommen, ernst genommen und aufgefangen zu werden. Als Therapeutinnenmerkmale bzw. therapeutische Grundhaltungen, die von den Klientinnen relativ übereinstimmend als wichtig eingeschätzt werden, sind zu nennen: Einfühlungsvermögen, Echtheit, Vertrauen der Therapeutin in die Wachstumsfähigkeit der Klientin, Flexibilität in der therapeutischen Vorgehensweise, gemäß den Bedürfnissen der Klientin, ohne Druck auszuüben. Es lässt sich erkennen, dass hier im Wesentlichen Eigenschaften der therapeutischen Beziehung bzw. therapeutische Grundhaltungen genannt sind, die innerhalb der klientenzentrierten Gesprächspsychotherapie als essenzielle Wirkfaktoren anerkannt und gefordert werden (vgl. Rogers, 1993). Die meisten befragten Klientinnen sahen diese Grundsätze auch innerhalb der hier untersuchten Therapie verwirklicht.
Auf einige andere wichtige Wirkfaktoren innerhalb der Therapie wird im Folgenden eingegangen, wenn es um das Phänomen des Therapieabbruchs geht.

Therapieabbruch
Innerhalb der Studie wurden 16 Klientinnen befragt, die ihre Therapie abgebrochen hatten. Zieht man die Definition von Nemec u. Bengel (o. J.) heran, sind davon nur insgesamt 11 Klientinnen als »echte« Therapieabbrecherinnen zu bezeichnen, bei denen nicht (nur) äußere Faktoren für den Therapieabbruch entscheidend waren, sondern auch Faktoren, die in der Therapie selbst lagen. Von den übrigen 5 Klientinnen brachen 3 ihre Therapie aufgrund rein äußerer Faktoren (z. B. Umzug) ab. Bei zwei anderen Klientinnen war der Entschluss, die Therapie abzubrechen bedingt durch externe Faktoren im Zusammenspiel mit dem Gefühl, wenn nötig, auch ohne Therapie zurechtzukommen. Dies könnte u. U. als Therapieabbruch im Sinne Buddebergs (1987) gewertet werden: als eine Variante einer erfolgreichen Kurztherapie.
Wie erwartet unterscheiden sich Therapieabbrecherinnen und Klientinnen, die ihre Therapie beendet haben, in ihrem Erleben bestimmter Merkmale der Therapie:
Es zeigt sich, dass Therapieabbrecherinnen häufiger unzufrieden oder uneinig mit der therapeutischen Vorgehensweise oder den therapeutischen Zielen sind, seltener das Gefühl haben, von der Therapeutin »aufgefangen« zu werden, seltener berichten, es habe gegenseitiges Vertrauen zwischen der Therapeutin und ihnen geherrscht. Sie geben seltener an, innerhalb der Therapie über Fortschritte, neue Handlungsweisen oder bereits erreichte Zwischenergebnisse berichtet zu haben. Außerdem seien für sie innerhalb der Therapie seltener Problemlösungsmöglichkeiten deutlich geworden. Für den Einfluss dieser Faktoren auf den Therapieabbruch spricht, dass all diese Faktoren von den befragten Klientinnen nahezu übereinstimmend als wichtig in Hinblick auf den Therapieerfolg angesehen werden.
Die letzten beiden Punkte sollten einer genaueren Betrachtung unterzogen werden: Zieht man die Ergebnisse der drei Zielerreichungsskalen, die den Therapieerfolg zu Therapie*ende* angeben, hinzu, ergibt sich folgendes Bild: Therapieabbrecherinnen unterscheiden sich nicht signifikant von »Nichtabbrecherinnen« bezüglich der »Einsicht in die Ursachen und Funktionen der Störung«. Sie geben jedoch geringere Fortschritte als »Nicht-Abbrecherinnen« an bezüglich der Ziele »normales Essverhalten« und »Körperwahrnehmung und -akzeptanz«. Dies spricht dafür, dass beide Gruppen zwar gleichermaßen über die Hintergründe ihrer Ess-Störung Bescheid wissen, die Gruppe der »Nichtabbrecherinnen« aber die gewonnen Erkenntnisse bezogen auf Essverhalten oder die Körperwahrnehmung besser oder leichter umsetzen kann als die der Therapieabbrecherinnen. Hierfür würden auch oben beschriebene Ergebnisse sprechen. Unklar bleibt allerdings, ob es sich

hier um einen objektiv vorhandenen Unterschied handelt oder ob diese Einschätzungen von unterschiedlichen Erwartungshaltungen der Klientinnen geprägt werden. Es ist möglich, dass Therapieabbrecherinnen übersteigerte Erwartungen, die eigenen Fortschritte betreffend, an die Therapie bzw. an sich selbst stellen. (Über die Hälfte der Therapieabbrecherinnen geben an, sie hätten ihre Therapie abgebrochen, weil sie sich kurzfristigere oder konkretere Hilfe durch die Therapie erhofft hätten bzw. das Gefühl gehabt hätten, keine Fortschritte zu machen.) Sollte dieser Faktor hier eine Rolle spielen, wäre es nicht verwunderlich, wenn die betreffenden Klientinnen kleine Fortschritte nicht wahrnehmen oder als ungenügend bewerten und das Gefühl haben, »auf der Stelle zu treten«. Die Einschätzung der Zielerreichung kann von diesen Erwartungen ebenso betroffen sein: Große Fortschritte im Vergleich zum Ausgangsniveau der Therapie (0-Punkt der Skala) können im Vergleich zur »maximalen Zielerreichung« (+5) als verschwindend gering eingeschätzt werden. Die Einschätzung des Therapieerfolgs hängt somit stark davon ab, welcher Skalenpunkt als Vergleichsmaßstab herangezogen wird.

Beim Vergleich der Therapieabbrecherinnen mit den »Nichtabbrecherinnen« lassen sich nicht nur Unterschiede im Erleben der Therapie finden. Die beiden Gruppen unterscheiden sich außerdem statistisch sehr bedeutsam hinsichtlich ihrer Dominanz, die sie sich zuschreiben: »Nichtabbrecherinnen« schildern sich demnach als kooperationsfähiger, geduldiger und gefügiger. Sie neigen eher als Therapieabbrecherinnen dazu, sich unterzuordnen, und sind seltener in Auseinandersetzungen verstrickt.

Dies ließe sich zum einen dahin gehend interpretieren, dass »Nichtabbrecherinnen« von vornherein eher dazu neigen, eine Therapie trotz vorhandener Unstimmigkeiten fortzuführen. Zum anderen könnte es sein, dass aufgrund der größeren Kooperationsfähigkeit der Klientinnen, die ihre Therapie beendet haben, tatsächlich weniger Konflikte innerhalb der Therapie vorhanden sind.

Kritik bzw. Wünsche an die Therapie

Neben den bisher angesprochenen Wirkfaktoren ist vor allem noch auf einen weiteren Gesichtspunkt einzugehen, auf die Arbeit auf der Gefühlsebene: Innerhalb der Wirkfaktorenlisten wurde das Bewusstmachen von Gefühlen sowie das bewusste Erleben von verdrängten Gefühlen relativ übereinstimmend als wichtig für den Therapieerfolg eingestuft. Ein Großteil der Klientinnen hatte solche Momente auch innerhalb der Therapie erlebt. Ein Teil der Klientinnen gab allerdings an, sie hätten die Therapie als »zu verkopft« empfunden und sich eine (noch) intensivere Arbeit auf der Gefühlsebene gewünscht (das heißt z. B. Gefühle stärker zu *erleben,* statt nur darüber zu *reden*). Drei der Klientinnen gaben dies u. a. als Grund an, ihre Therapie abzubrechen. Gleichzeitig berichteten andere Klientinnen, sie hätten es als positiv empfunden, nicht zum »emotionalen Tiefergehen« von Seiten der Therapeutin gedrängt worden zu sein. Es verlangt demnach ein gutes Fingerspitzengefühl der Therapeutin, mit der Klientin zwar auf der Gefühlsebene zu arbeiten, sie dabei aber nicht zu überfordern.

Praktische Konsequenzen
Aus den eben beschriebenen Ergebnissen lassen sich folgende Schlussfolgerungen ziehen: Zu Beginn der Therapie empfiehlt es sich, mit den Klientinnen eingehend über deren Erwartungen an die Therapie zu sprechen. Es muss geklärt werden, *was* die Therapie *in welchem Zeitraum* leisten *kann* und *will.* Bezüglich der Dauer einer Therapie lassen sich keine einheitlichen Angaben machen. Hier muss aber die Rolle von günstigen bzw. ungünstigen Prognosefaktoren mit beachtet werden, wie z. B. die Schwere und Dauer der Symptomatik, das Vorliegen von Komorbidität sowie der Zeitraum zwischen Ausbruch der Erkrankung und Therapiebeginn (vgl. Agras, Telch, Arnow u. Eldredge, 1995; Fichter , 1985; Fichter, Quadflieg u. Rief, 1992; Fichter u. Quadflieg, 1996; Lacey, 1992, 1996; Mussell, Mitchell, Weller u. Raymond, 1995; Muuss, 1985; Steinhausen, 1988).
Betrachtet man die Ziele, mit denen die befragten Klientinnen ihre Therapie begonnen haben, fällt auf, dass ein Großteil zwar die drei konzeptionellen Ziele der Therapie anerkannt hat, aber immerhin neun Klientinnen eine Gewichtsreduktion als Therapieziel nannten. Nun spricht sich das Therapiekonzept der Praxis aber gegen jede Art der Gewichtskontrolle aus. Es vertraut vielmehr darauf, dass sich das Körpergewicht eine gewisse Zeit nach Aufgeben der Kontrollmaßnahmen von selbst einpendelt, wobei ein vorübergehender Gewichtsanstieg nach Aufgeben der Kontrolle durchaus möglich ist. Dies kann u. U. zu Frustration bei den Klientinnen und gegebenenfalls zum Therapieabbruch führen.
Des Weiteren erscheint es wichtig, Klientinnen immer wieder auf Fortschritte aufmerksam zu machen, auch wenn diese sehr klein sind. Erwartungen der Klientinnen bezüglich der Fortschritte sollten auch im Therapieverlauf thematisiert und kritisch hinterfragt werden (vgl. auch Gerlinghoff, Backmund u. Mai, 1988).
Das Thematisieren der Klient-Therapeuten-Beziehung kann aus verschiedenen Gründen als sinnvoll erachtet werden. Zum einen bietet sie die Möglichkeit, aktuelle Gefühle der Klientin zu bearbeiten. Zum Anderen kann der Klientin Raum gegeben werden, eventuelle Unstimmigkeiten innerhalb der

therapeutischen Beziehung anzusprechen. Vielleicht ließen sich auf diese Weise manche Therapieabbrüche von vornherein verhindern. Mit dieser Anregung ist natürlich die Forderung verbunden, von Seiten der Therapeutin für Kritik der Klientin offen zu sein, darauf eingehen zu können und zu wollen.

Wirksamkeit der Therapie

Innerhalb der Interviews schilderten alle befragten Klientinnen Veränderungen zum Positiven hin, die von der untersuchten Therapie bewirkt worden seien. Auch wenn Therapieabbrecherinnen zu einem kleinen Teil die Therapie sehr negativ empfunden haben, so konnten sie zumindest ihre Bedürfnisse und ihre Erwartungen an eine Therapie besser kennen lernen und dies positiv für sich nutzen.
Die Veränderungen durch die Therapie können als grundlegend bezeichnet werden. Sie betreffen vor allem die Einstellung zur eigenen Person und hierbei insbesondere den Umgang mit den eigenen Bedürfnissen. Die erreichten Veränderungen bleiben also nicht nur auf die Symptomatik der Ess-Störung beschränkt, sondern beziehen sich vielmehr auf die zugrunde liegenden Probleme, so dass zu hoffen ist, dass die Ess-Störungs-Symptomatik langfristig aufgegeben werden kann bzw. aufgegeben werden konnte.
Die Auswertung der Schätzskalen zur Therapiewirksamkeit ergibt folgendes Bild: Bei der Einschätzung der Lebensqualität ist sowohl in der Gruppe der Therapieabbrecherinnen als auch in der der »Nicht-Abbrecherinnen« eine signifikante Steigerung, sowohl zwischen Therapiebeginn und -ende als auch zwischen Therapieende und dem Zeitpunkt der Erhebung zu verzeichnen. Während sich die beiden Gruppen hinsichtlich ihrer Einschätzung zu Therapieende noch signifikant unterscheiden (Klientinnen, die ihre Therapie beendet haben, erzielen eine größere Steigerung als Therapieabbrecherinnen), hebt sich dieser Unterschied bis zum Zeitpunkt der Erhebung wieder auf.
Die Einschätzung der Zielerreichung der drei konzeptionellen Therapieziele (»Normal essen« / »Körperwahrnehmung und -akzeptanz« / »Einsicht in die Ursachen und Funktionen der Störung«) erbrachte folgende Ergebnisse: Eine signifikante Steigerung im Vergleich zum Therapiebeginn lässt sich für die Gesamtgruppe sowie für die Klientinnen, die ihre Therapie abgeschlossen haben, in Bezug auf alle drei konzeptionellen Ziele verzeichnen. Die Gruppe der Therapieabbrecherinnen erreicht bis zum Therapieende eine signifikante Verbesserung hinsichtlich des Ziels »Einsicht in die Ursachen und Funktionen der Störung«. Bezogen auf die Ziele »Normal essen« und »Kör-

perwahrnehmung und -akzeptanz« war diese nicht festzustellen. Dementsprechend unterscheiden sich die beiden Untergruppen auch zu Ende der Therapie hinsichtlich dieser beiden letztgenannten Ziele signifikant.
Beide Untergruppen geben in ihrer Einschätzung der Zielerreichung zum Zeitpunkt der Erhebung zwar eine signifikante Steigerung gegenüber ihrer Einschätzung zu Therapieende an. Der oben beschriebene Unterschied zwischen den beiden Untergruppen bezüglich der Ziele »Essverhalten« und »Körperwahrnehmung« bleibt auch bei der Einschätzung zum Zeitpunkt der Erhebung bestehen:
Da die Bewertung der Zielerreichung mittels der beschriebenen Skalen subjektiven Einflüssen unterliegt, wurden die Selbsteinschätzungsfragebögen zum Essverhalten EDI und EAT-26, deren Ergebnisse allerdings nur zum Zeitpunkt der Erhebung vorliegen, zum Vergleich herangezogen. Hier lassen sich interessanterweise oben beschriebene Unterschiede zwischen Therapieabbrecherinnen und »Nichtabbrecherinnen« *nicht* finden! Über die Ursache dieser Diskrepanz zwischen den gefundenen Ergebnissen können folgende Vermutungen angestellt werden:
Eine mögliche Erklärung könnte sein, dass die Erhebungsinstrumente an sich nicht miteinander vergleichbar sind.
Des Weiteren könnte die Diskrepanz dadurch entstehen, dass sich die beiden Gruppen beim Ausfüllen der Zielerreichungsskalen an verschiedenen Ankerwerten orientieren (vgl. Abschnitt »Therapieabbruch«). Dieser Einfluss käme bei der Beantwortung der Selbsteinschätzungsfragebögen weniger zum Tragen.
Betrachtet man die Ergebnisse unter dem Blickwinkel der Dissonanztheorie von Festinger (vgl. Stroebe, Hewstone, Codol u. Stephenson, 1990), so könnte eine dritte mögliche Erklärung darin bestehen, dass die Einschätzung der Klientinnen, die ihre Therapie beendet haben, im Sinne einer Aufwandsrechtfertigung verzerrt ist: Nachdem sie so viel Zeit, Energie und zum Teil auch Geld in diese Therapie investiert haben, muss auch der Gegenwert der Therapie, also die Erreichung der angestrebten Ziele, hoch eingeschätzt werden, damit sich diese Investition rechtfertigen lässt. Einer ähnlichen Verzerrung könnten die Therapieabbrecherinnen unterliegen, die einen Therapieabbruch u. U. dadurch rechtfertigen müssen, dass die Therapie zu wenige Verbesserungen bewirkt hat.
Eben beschriebene Ergebnisse sprechen also dafür, dass sich die beiden Untergruppen zum Zeitpunkt der Erhebung, entgegen der Erwartung, nicht bedeutsam hinsichtlich der Essstörungssymptomatik unterscheiden. Dieses Ergebnis scheint vergleichbar mit dem von Vandereycken u. Pierloot (1983) zu sein, die ebenfalls keine signifikanten Unterschiede zwischen Therapie-

abbrecherinnen und »Nichtabbrecherinnen« feststellten. Diese Angleichung beider Gruppen lässt sich u. U. durch die Inanspruchnahme von Anschlusstherapien durch Therapieabbrecherinnen erklären.
Unabhängig von oben beschriebenen Gruppenvergleichen werden im Folgenden die vorliegenden Verlaufsergebnisse genauer betrachtet:
Da die Ergebnisse der Fragebögen EAT-26 und EDI nur für den Erhebungszeitpunkt vorliegen, sind Aussagen über die Veränderungen der Werte im Laufe des Katamnesezeitraums leider nicht möglich. Vergleicht man allerdings die Mittelwerte der Gesamtstichprobe mit denen der Vergleichsstichprobe, fällt auf, dass die hier untersuchte Stichprobe in ihren Werten den jeweiligen Kontrollgruppen ohne Essstörung ähnlicher sind als den Vergleichsgruppen mit einer diagnostizierten Ess-Störung. Ähnliche Ergebnisse haben auch Deter u. Herzog (1988) in ihrer 12-Jahres-Katamnese zur Anorexia nervosa gefunden.
Bei der Beantwortung der Skalen durch die verschiedenen Diagnosegruppen lässt sich nur ein Unterschied zwischen Bulimikerinnen und Esssüchtigen feststellen. Ess-Süchtige schildern sich innerhalb des EDI unzufriedener mit ihrem Körper, was bei Betrachtung der BMI-Werte dieser Gruppe nicht überrascht: Demnach sind 7 der 9 Klientinnen mit der Diagnose »Binge Eating Disorder« zum Erhebungszeitpunkt als übergewichtig bzw. adipös einzustufen.
Bei der Betrachtung der BMI-Werte zum Zeitpunkt der Erhebung fällt positiv auf, dass sich 21 der 30 befragten Klientinnen im Bereich des Normalgewichts bewegen, darunter alle Klientinnen mit der Anfangsdiagnose »Magersucht«. Nur zwei der bulimischen Klientinnen sind als untergewichtig einzustufen.
Der EAT-26-Gesamtwert ist für 18 Klientinnen als »unauffällig«, für 11 Klientinnen als »leicht erhöht und nur für eine Klientin als »pathologisch« einzustufen. Die EDI-Unterskalen 1–3, die die Symptomatik der Ess-Störung erfassen, ergeben für mindestens 50% der befragten Klientinnen unauffällige Werte. Innerhalb der Skalen 1 und 2 (»Drang, dünn zu sein« sowie »Bulimie«) sind die Werte der übrigen Interviewpartnerinnen jeweils als »leicht erhöht«, nicht als »pathologisch« einzustufen. Hinsichtlich der Skala »körperliche Unzufriedenheit« müssen ein Drittel der Klientinnen als »pathologisch« klassifiziert werden, allerdings kommt hier vor allem, wie bereits angesprochen, die Einschätzung der Esssüchtigen zum Tragen.
Ausgehend von den Werten des EAT-26, des EDI und der Body-Mass-Indices kann man wohl von einem insgesamt positiven Ergebnis zum Zeitpunkt der Erhebung sprechen: Eine Betrachtung des Essverhaltens bzw. der Einstellung der Klientinnen dazu ergänzt die Ergebnisschilderung:

Zum Zeitpunkt der Erhebung bezeichnen sich zwar »nur« 8 ehemalige Klientinnen als »symptomfrei«, wichtig erscheint jedoch die Tatsache, dass sich bei einem Drittel der Klientinnen die Einstellung zu ihrem Essverhalten dahin gehend verändert hat, dass Rückfälle, z. B. in Form von Essanfällen, als Warnsignale dienen, die dazu führen, dass die Klientin über den jeweiligen Auslöser nachdenkt und versucht, die Ursache zu bekämpfen. Der Rückfall wird gelassener hingenommen, und positiv genutzt.

In diesem Zusammenhang stellt sich die Frage, ob das Ziel einer Therapie allein darin liegen kann, absolute Symptomfreiheit herzustellen, oder ob diese Erwartung an eine Therapie übersteigert wäre. Schließlich haben Essgestörte, anders als andere Suchtkranke, nicht die Möglichkeit ihr »Suchtmittel« zu vermeiden, so dass ein Erfolg der Therapie unter Umständen schon darin bestehen kann, der Klientin einen anderen Umgang mit dem eigenen Essverhalten zu ermöglichen, um mit ihrer Essstörung zu leben (vgl. Meermann u. Vandereycken, 1987). Gelingt es, Schuldgefühle im Zusammenhang mit dem Essverhalten aufzulösen, kann darin ein wichtiger Schritt aus dem Teufelskreis der Ess-Störung vollzogen worden sein.

Literatur

Aaronson, N. K. (1986): Methodological issues in psychosocial oncology with special reference to clinical trials. In Ventafridda, V., van Dam, F.S.A.M., Yancik, R. u. Tamburini, M. (Eds.), Assessment of life and cancer treatment (pp. 29–41) Amsterdam, Experta Medica.

Agras, W.; Telch, C.; Arnow, B. u. Eldredge, K. (1995): Does interpersonal therapy help patients with binge eating disorder who fail to respond to cognitive-behavioral therapy? Journal of Consulting and Clinical Psychology, 1995, Vol. 63 (3), pp. 356–360.

APA – American Psychiatric Association (1991): Diagnostisches und Statistisches Manual Psychischer Störungen (DSM-III-R, Revision) (3. Korrigierte Auflage). Deutsche Bearbeitung und Einführung: Wittchen, H. U.; Saß, H.; Zaudig, M. u. Kochler, K. Weinheim, Beltz.

APA – American Psychiatric Association (1994): Diagnostic and Statistical Manual of Mental Disorders DSM-IV (4th ed.). Washington, DC., American Psychiatric Association.

Averbeck, M.; Grote-Kusch, M.-T.; Schröder, A. (1992): Konzeptualisierung und Entwicklung von Skalen zur Erfassung von Lebensqualität bei Tumorkranken (SELT). Zeitschrift für klinische Psychologie, Band 21, 3, S. 302–307.

Beckmann, D.; Richter, H.-E. (1972): Gießen-Test (GT). Ein Test für Individual- und Gruppendiagnostik. Handbuch. Bern, Huber.

Buddeberg, C. (1987): Behandlungsabbruch – erfolglose Kurztherapie? Praxis der Psychotherapie und Psychosomatik, 32, S. 221–228.

Bullinger, M. (1991): Lebensqualität unter antihypertensiver Therapie. Konzeptionelle, methodische und praktische Aufgaben. In Bullinger, M.; Ludwig, M. u. Steinbüchel, v. N. (Hg.), Lebensqualität bei kardiovaskulären Erkrankungen. Göttingen, Hogrefe.

Deter, H.-C.; Herzog, W. (1995): Langzeitverlauf der Anorexia nervosa: Eine 12-Jahres-Katamnese. Göttingen, Vandenhoeck und Ruprecht.

Eder, D. (1996): Evaluation eines ambulanten Therapiekonzepts für Eßstörungen. Unveröff. Dipl. Arbeit, Universität Erlangen-Nürnberg.

Engelberger, U. (1993): Explorative Vorstudie zur Evaluation therapeutischer Beratungsprozesse – Interviews über die Wirksamkeit der Arbeit mit bulimischen Frauen. Unveröff. Dipl.Arbeit, Evangelische Stiftungsfachhochschule, Nürnberg.

Fichter, M. M. (1985): Magersucht und Bulimia. Berlin, Springer.
Fichter, M. M.; Quadflieg, N. u. Rief, W. (1992): The German Longitudinal Bulimia Nervosa Study I. In: Herzog, W.; Deter, H.-C. u. Vandereycken. W. (Eds.):The course of eating disorders (pp. 133–149). Berlin, Springer.
Fichter, M. M. u. Quadflieg, N. (1996): Langzeitverlauf der Bulimia. Vortrag und Tagungsunterlagen zur Tagung: »Therapieverlauf anorektischer und bulimischer Ess-Störungen. Experten und Betroffene im Dialog« am 22./23. März, Prien am Chiemsee.
Garner, D. M.; Olmsted, M. P. u. Polivy, J. (1983): Development and validation of a multidimensional eating disorder inventory for anorexia nervosa and bulimia. International Journal of Eating Disorders, 2, pp. 15–34.
Gerlinghoff, M.; Backmund, H. u. Mai, N. (1988): Magersucht- Auseinandersetzung mit einer Krankheit. München, Psychologie Verlags Union.
Göckel, R. (1992): Endlich frei vom Esszwang. Stuttgart, Kreuz.
Informationsfaltblatt (1995): Praxis »Rat u. Tat« »Psychologische Praxis für Ess-Störungen«. Nürnberg.
Lacey J. H. (1992): Long-Term Follow-up of Bulimic Patients Treated in Integrated Behavioural and Psychodynamic Treatment Programmes. In: Herzog, W.; Deter, H.-C. u. Vandereycken. W. (Eds.):The course of eating disorders (pp. 150–173). Berlin, Springer.
Lacey J. H. (1996): The Treatment of multi-impulsive Bulimia. Vortrag zur Tagung: »Therapieverlauf anorektischer und bulimischer Ess-Störungen. Experten und Betroffene im Dialog« am 22./23. März , Prien am Chiemsee.
Meermann, R.; Vandereycken, W. (1987): Therapie der Magersucht und Bulimia nervosa. Berlin, New York, de Gruyter.
Mussell, M.; Mitchell, J.; Weller, C.; Raymond, N. (1995): Onset of binge eating, dieting, obesity, and mood disorders among subjects seeking treatment for binge eating disorder. Journal of Eating Disorders, 1995, Vol. 17 (4), pp. 395–401.
Muuss, R. (1985): Adolescent eating disorder. Adolescence, Vol. 20, No. 79, Fall 1985. p. 525–536.
Nemec, R.; Bengel, J. (o. J.): Analyse der Therapieabbrecher. In Gromus, B.; Kahlke, W. u. Koch, U., Interdisziplinäre Therapie der Adipositas – Forschungsbericht, S. 210–220. Stuttgart, Kohlhammer.
Rogers, C. (1993): Therapeut und Klient. Frankfurt am Main, Fischer.
Steinhausen, H.-C. (1988): Psychische Störungen bei Kindern und Jugendlichen. München, Urban u. Schwarzenberg.
Stroebe, W.; Hewstone, M.; Codol, J.-P.; Stephenson, G. M. (1990) (Hg.): Sozialpsychologie. Berlin, Springer.
Vandereycken, W.: Pierloot, R. (1983): The drop-out problem in the treatment of Anorexia nervosa: A clinical study of 133 hospitalized patients. In Minsel, W.-R. u. Herff, W. (Hg.) Research on psychotherpeutic approaches (pp. 236–240). Frankfurt am Main, Lang.
Vandereycken, W.; Vanderlinden, J. (1983): Denial of illness and the use of self-reporting measures in anorexia nervosa patients. International Journal of Eating Disorders, 2, pp. 101–107.

Die Autorin

Dipl.-Psych. Dagmar Eder (Jahrgang 1969),
Psychologische Psychotherapeutin (Verhaltenstherapie),
Tätig im Klinikum Fürth – Schmerztherapeutische Tagesklinik sowie in freier Praxis in Erlangen

Anmerkungen

1 Zur Definition Therapie »beendet« bzw. »abgebrochen«: Die Entscheidung, wann eine Therapie abgeschlossen werden kann, wird nicht von der Therapeutin getroffen. Ausschlaggebend ist vielmehr die subjektive Einschätzung und Zufriedenheit der Klientin bezüglich ihres Fortschritts innerhalb der Therapie (Prinzip der Eigenverantwortlichkeit). Beendet eine Klientin ihre Therapie, weil sie das Gefühl hat, diese nicht mehr als Unterstützung zu benötigen, gilt die Therapie als »abgeschlossen« bzw. innerhalb dieser Arbeit als »beendet«. Kommt es aus anderen Gründen dazu, dass die Therapie nicht fortgesetzt wird, gilt diese als »abgebrochen«.

Es gibt einen Weg
Henriette, 49 Jahre
hatte Bulimia nervosa, Mutter einer magersüchtigen Tochter

Es war einmal ein kleines Mädchen

Es wuchs in einer so genannten ordentlichen Familie auf. Mutter, Vater, Großvater, zwei um 12 und 15 Jahre ältere Schwestern aus der früheren Ehe ihrer Mutter, deren erster Ehemann im Zweiten Weltkrieg gefallen war. Es bestand materielle Sicherheit durch einen wachsenden Handwerksbetrieb in den 50er und 60er Jahren.

Als sie erwachsen wurde, war sie eine Frau voller Selbstzweifel, Unsicherheit, Traurigkeit, Hilflosigkeit, Tränen und Depressionen.

Sie war gut ausgebildet, hatte Abitur gemacht, eine Berufsausbildung, ein Hochschulstudium abgeschlossen und promoviert. Sie war fleißig, ehrgeizig, pflichtgewusst und zuverlässig. Sie hatte einen Beruf, den sie liebte, der sie ausfüllte und in dem sie gut war. Seit ihrem 41. Lebensjahr war sie selbstständig und verdiente ausreichend Geld, um ein materiell angenehmes, gesichertes Leben zu führen.

Sie hatte einen lieben, sehr fürsorglichen Ehemann und eine liebenswerte, liebevolle, bildhübsche und intelligente Tochter. Doch diese Tochter wurde krank, schwer krank, seelisch krank, todkrank, sie wurde magersüchtig.

Warum,
Tränen,
Ängste
Zwänge,
Flucht in den Alkohol,
Perfektionismus,
zerfressender Ehrgeiz,
Selbstzweifel,
Unzufriedenheit,
Aggression,
Depression bis zur Suizidalität?

Das Mädchen wurde misshandelt.
Eine Kindheit voller Brutalität, Schläge, Schreien, Drohungen, Eingesperrtsein, Heimlichkeiten, Lügen, Verlassenheitsgefühl, Unfähigkeit zu vertrauen, voller Angst, kindlicher Depression und Todessehnsucht.
Es gab einen Vertrauten, den Großvater. Er schrie nicht, er schimpfte nicht, er schlug nicht. Er hat das Kind nie verraten, was immer es ihm auch anvertraute. Er starb, als das Kind 12 Jahre alt war. Es war seine erste Begegnung mit dem Tod. Es sollte ihn nicht mehr sehen, schlich sich aber trotz des elterlichen Verbotes an sein Totenbett, küsste seine Stirn und hielt einen Augenblick seine Hand. Mit dem Tod des Großvaters ging das Nest.
Das Mädchen war durch heimliches Essen und Naschen von Süßigkeiten, zusätzlich zur üppigen heimischen Küche, sehr dick und unförmig geworden. Es wurde von anderen Kindern missachtet und gehänselt. Es konnte bei Sport und Spiel nicht mithalten, es hatte wenig Freunde.
Ab dem 15. Lebensjahr begann das Mädchen zu hungern und heimlich Gymnastik zu treiben. Es nahm in zwei Jahren fast die Hälfte seines ursprünglichen Körpergewichts ab. Jetzt fand es sich schön und war sehr schlank, hatte ein hübsches, schmales Gesicht mit großen, ausdrucksvollen, traurigen Augen – und war allein. Es kam kein Märchenprinz, der es in die Arme nahm.
Um essen zu können und trotzdem nicht zuzunehmen, begann die junge Frau zeitweise ihre Nahrung zu erbrechen und Abführmittel einzunehmen, über 30 Jahre lang. Die große seelische Not sah niemand, auch sie selbst konnte sie sich nie eingestehen. Sie hatte einen Panzer um sich geschlossen.
Schulisch widersetzte sich das Mädchen den Wünschen seiner Eltern. Es sollte nach der mittleren Reife einen kaufmännischen Beruf erlernen und den elterlichen Betrieb übernehmen, in dem es seit seiner Kindheit schon regelmäßig mitgearbeitet hatte, abends, samstags, sonntags, in seiner gesamten Freizeit.
Durch Qualifikation legitimierte sie ihre Flucht aus dem Elternhaus. Sie wechselte die Schule nach der 8. Klasse und kämpfte sich durch das Gymnasium, mit dem Ziel, eines Tages Medizin zu studieren und Ärztin zu werden. Mit 18 Jahren machte sie Abitur. Am Tag ihres Abiturs weinte sie.
Arztsein war für sie der Inbegriff des Guten. Helfen, menschlich sein, zuhören, verstehen, aber auch den menschlichen Körper und seine Funktionen kennen, und Wissen um Geschlechtlichkeit und Sexualität.
Über Sexualität wurde im Elternhaus nicht gesprochen. Sexuelle Aufklärung holte sie aus Lexika und aus der »Bravo«.
Mit der Gewichtsabnahme konnte sie ihren Körper zunehmend akzeptieren. Mit etwa 16 Jahren merkte sie, wie angenehm es war, den eigenen Körper

zu streicheln. Ihr erster sexueller Kontakt geschah mit 20 Jahren, eine absolute Katastrophe, ein vorbeifahrender Zug. Im Alter von 21 Jahren lernte sie einen wesentlich älteren Mann kennen, der sie mit Rosen umwarb und zum Essen ausführte.

Sie wurde schwanger. Das Kind kam nie zur Welt, in der 9. Schwangerschaftswoche ließ sie eine Unterbrechung durchführen. Sie opferte ein Kind, um nicht selbst Opfer zu werden. Der Tag der Abtreibung war der schrecklichste und einsamste Tag in ihrem jungen Leben. Sie sprach mit niemandem darüber. Es gar nur einen, dem sie Vertrauen schenkte, ihrem Hausarzt, der seine Alkoholabhängigkeit überwunden hatte und immer Zeit fand, ihr zuzuhören. Eine Freundschaft entstand, die Jahrzehnte überdauerte. Die Trauer um das verlorene Kind blieb, immer, bis heute.

Eine weitere Beziehung zu einem Mann endete nach zwei Jahren sehr schnell, von einem Tag auf den anderen. Der Alkohol regierte, sie wurde betrogen, angeschrien, beschimpft und geschlagen. Das kannte sie schon, sie brauchte es nicht noch einmal.

Mit 25 Jahren, zum Ende ihres Studiums, lernte sie ihren späteren Mann kennen. Er wurde ihr Freund und Wegbegleiter, ihr Kamerad, Förderer, Berater, Geliebter und Vater ihrer Tochter.

1982 wurde sie schwanger. Es war eine sehr schöne Schwangerschaft, geliebt und intensiv begleitet durch ihren Mann. Das Mädchen wurde nach einer Übertragung von 11 Tagen durch Kaiserschnitt geboren. Sie liebte ihre Tochter unendlich. Alles, was sie in ihrem Leben an Liebe, Zärtlichkeit, Zuneigung, Streicheln, Liebkosen hatte geben wollen, wollte sie diesem Kind geben. Sie genoss die bedingungslose Liebe und Zärtlichkeit. Und dann wurde gerade dieses Kind so sehr krank.

Die Krankheit des geliebten Kindes wühlte sie auf, brennender Schmerz kam auf. Sie würde noch ein Kind verlieren. Ihr wurde klar, dass auch sie krank war, dass ihr Kind nur gesund werden konnte, wenn auch sie gesund würde.

Es war schwer, es sich einzugestehen, und es dauerte noch Monate, bis sie die Notwendigkeit einer Behandlung einsah. Sie fand einen Therapeuten, der sie seit mehr als zwei Jahren begleitet.

Aufbau der Therapiemotivation im Erstgespräch bei Jugendlichen mit Ess-Störungen
Renate Feistner

Dieser Leitfaden für das Erstgespräch soll dazu dienen, Therapeutinnen oder Beraterinnen, die noch wenig Erfahrung mit Ess-Störungen haben, Struktur, Anhaltspunkte und Hinweise zu geben, wie sie speziell mit Jugendlichen umgehen können, die an Ess-Störungen leiden.
Das Erstgespräch soll der Patientin die Möglichkeit geben, über ihre drängendsten Probleme zu sprechen (oft erstmals), zu sehen, dass ihre eigene Sichtweise ernst genommen wird, dass sie damit verstanden und angenommen wird, dass es sich möglicherweise wirklich um eine Krankheit handelt und nicht, wie manche Eltern es sehen, eine »Unart« oder dass die Eltern vielleicht überbesorgt sind und keine Ess-Störung vorliegt. Sie kann erkennen, dass respektvoll, diskret und menschlich mit ihr umgegangen wird und sie ihre eigenen Entscheidungen treffen darf. Wenn dies die erste Therapieerfahrung der Patientin ist oder sie vorher negative Erfahrungen gemacht hat, trägt das Menschenbild der Therapeutin und ihr Umgang mit ihr entscheidend zum Aufbau der Therapiemotivation bei, da sie quasi eine Muster-Therapiestunde erlebt.
Für die Therapeutin kann das Erstgespräch schon eine vorläufige diagnostische Einordnung ermöglichen und einen Eindruck über die Patientin vermitteln, wie sie mit Fragen, Impulsen usw. umgeht, ob sie genügend motiviert ist, ob und wie man mit ihr arbeiten könnte. Der erste Kontakt mit den Eltern oder einem Elternteil ist oft aufschlussreich und lässt erste Prognosen zu, ob auch familientherapeutisch gearbeitet werden könnte und wie motiviert sie sind.

Setting

Im Erstgespräch zunächst mit der Patientin alleine sprechen, Mutter/Vater warten im Wartezimmer, erst in den letzten 10 Minuten dazuholen. Diesen Ablauf den Beteiligten zu Beginn mitteilen.

Hergeschickt oder freiwillig hier

Die Patientin fragen, ob sie freiwillig gekommen ist, wenn nicht, ihren Mut loben, dass sie sich hierher getraut hat. Wer hat sie geschickt und mit welchem Ziel? Fragen, wie das für sie ist oder wie sich das anfühlt, hier zu sein, und ob sie es sich so vorgestellt hätte. Was sind ihre eigenen Erwartungen an das Erstgespräch?

Eigene Sichtweise der Betroffenen ernst nehmen

Das, was evtl. vorher (z. B. am Telefon) mit Mutter/Vater beredet wurde, der Patientin mitteilen. Ihr sagen, dass es wichtig wäre zu wissen, wie ihre eigene Sicht des Problems ist (egal, wie jung sie ist). Damit kann sie erfahren, dass sie nicht »vorverurteilt« wird oder eine Koalition zwischen Therapeutin und Eltern besteht und sie als Person ernst genommen wird. Nachfragen, wie ihre Einschätzung ist, ob sie glaubt, unter einer Ess-Störung zu leiden und wenn ja, wann ihr das zum ersten Mal bewusst geworden ist und ob sie schon mit jemandem darüber gesprochen hat. Wenn sich ihre Sichtweise sehr stark von der der Eltern unterscheidet, fragen, wie dieser Unterschied für die Patientin erklärbar ist.

Derzeitiges Essverhalten

Konkrete Fragen bezüglich des derzeitigen Essverhaltens stellen: was, wie viel, wann isst sie an einem durchschnittlichen »Esstag« (von Frühstück bis Abendessen ganz genau schildern lassen). Wann erbricht sie, nimmt sie Abführmittel, treibt sie (übermäßig?) Sport, was, wie oft und wie lange. Derzeitiges Gewicht, früheres Gewicht, vor Beginn der Ess-Störung, Wunschgewicht, Angst vor Gewichtszunahme? Ernst nehmen! Welche Konsequenzen der Gewichtszunahme befürchtet sie genau? *Beispiel:* »Wenn du morgen plötzlich ... Kilogramm (Gewicht vor Beginn der Ess-Störung nennen) wiegen würdest, wie wäre das für dich?«

Aufklärung über normales und gestörtes Essverhalten

Erklären: was ist ein normales Essverhalten? Fünf regelmäßige Mahlzeiten, abwechslungsreiche Ernährung, die dem Körper die lebensnotwendigen

Nährstoffe zuführt, Essen nach den Körpersignalen (Hunger, Geschmack, Sattsein), Genuss beim Essen, Essen ohne Angst und Schuldgefühle, gesättigtes, gutes Gefühl nach dem Essen.
Auswirkungen gestörten Essverhaltens auf die Gesundheit schildern, möglichst mit Betonung auf dem Aspekt, welcher der Patientin besonders viel bedeutet, z. B. im Sport lässt die Belastungsfähigkeit nach, die Muskulatur wird schwächer, Haarausfall, durch Wassereinlagerungen bei der Bulimie leidet die Attraktivität, die geistige Leistungsfähigkeit/Konzentrationsfähigkeit nimmt ab, eingeschränkte Möglichkeit, später mal Kinder bekommen zu können.
Erklären, dass es fließende Übergänge zwischen normalem und gestörtem Essverhalten gibt und dass Betroffene anfangs meist glauben, sie kämen, wenn sie es wollen, problemlos wieder aus der Ess-Störung heraus, jedoch den Suchtcharakter unterschätzen.
Zunehmen als »Gesundwerden« bezeichnen, Essen als »Nährstoffe«, um der Patientin die positive Bedeutung nahe zu bringen (denn für sie ist beides negativ besetzt: Essen = Kontrollverlust, Zunehmen = Dickwerden).

Ess-Störung als verschlüsselte Botschaft

Welche Gedanken hat sich die Patientin evtl. selbst schon gemacht, was ihre Ess-Störung als verschlüsselte Botschaft ausdrücken möchte? Ob sie vielleicht schon etwas darüber gelesen hat? Die verschlüsselte Botschaft aufgreifen und Vor- und Nachteile aufzeigen. *Beispiel:* »Wenn man unter Bulimie leidet, will die Krankheit vielleicht ausdrücken, dass einen irgendetwas im Leben total ›ankotzt‹ und man damit überhaupt nicht zurecht kommt. Aber man schaut nicht krank aus, deshalb wird man für stark und nicht hilfsbedürftig gehalten. Es ist eine perfekte Fassade, hinter die keiner schauen kann.«
Wenn sie nichts bezüglich der verschlüsselten Botschaft weiß oder sagen möchte, Beispiele für psychischen Hunger/psychische Ursachen und Funktionen nennen, die ja auch unbewusst sein können, z. B. Identitätssuche. Dabei betonen, dass es sich meist um schwerwiegende, existenzielle Gründe handelt, weshalb sich eine lebensbedrohliche Ess-Störung entwickelt (z. B. im Sinne von Hungerstreik).

Auslöser der Ess-Störung

Wann und wie hat die Ess-Störung begonnen? Nachfragen, ob die Patientin Veränderungen nennen kann, die sich vielleicht schon länger oder unmittelbar vor Beginn der Ess-Störung ereigneten. Gab es z. B. irgendetwas, was sich in ihrem Gefühlsleben, Familie, Freundeskreis, Schule/Beruf änderte?
Beispiele: Trennung, Scheidung, Umzug, Misserfolge, Mobbing, Geschwisterrivalität, größere Enttäuschung, negative sexuelle Erfahrung, Pubertät.
Fragen, welche Bedeutung könnte diese Veränderung für die Patientin gehabt haben? Wenn sie nichts weiß, Vermutungen formulieren und den unbewussten Anteil mit einbeziehen. *Beispiel:* »Es sieht so aus, als ob du als Ausgleich für deine schulischen Misserfolge unbewusst auf dem Gebiet des Hungerns Erfolg gesucht hast, etwas zu ›leisten‹, was andere nicht schaffen?«)

Funktion der Ess-Störung

Welche Funktion könnte die Ess-Störung bei der Bewältigung dieser Probleme übernommen haben? Dabei sollte die Ess-Störung als »Selbsthilfestrategie« bezeichnet werden, die jedoch einige gravierende Nachteile mit sich bringt. Ambivalenz (einerseits ... andererseits) dieser »Lösung« ansprechen.
Beispiel: »Du wolltest mit dem Hungern allen zeigen, wie unabhängig du bist. Andererseits brauchst du jetzt mehr Hilfe, wirst mehr kontrolliert und umsorgt, niemand traut dir in diesem Zustand die Fähigkeit zur Eigenverantwortung zu.«
Wollte die Patientin ursprünglich diese Konsequenzen haben? Aufzeigen, es gibt wahrscheinlich bessere Lösungen, die wirklich zum Ziel (z. B. zur Unabhängigkeit) führen.

Perspektive

Der Patientin eine ungefähre (längerfristige) Perspektive aufzeigen, wie sie schrittweise lernen kann, aus ihrem »Teufelskreis« der Ess-Störung herauszukommen. *Beispiel:* »Wir würden dann in einer Langzeittherapie in kleinen Schritten an den psychischen Ursachen, am Essverhalten und an der Körperwahrnehmung arbeiten.« Betonen, dass es nicht leicht sein wird, aber nicht alles auf einmal verändert werden soll, dass ernsthaft daran gearbeitet werden muss und dass es wahrscheinlich länger dauern wird. Dies erleichtert sie möglicherweise, weil nicht von ihr verlangt würde, das Symptom, das sie ja noch »braucht« (d. h. das noch eine Funktion hat), sofort aufzugeben. Damit wird gleichzeitig ein Teil des Ambivalenzkonfliktes (»Ich will mich ändern, aber ich will so bleiben«) entschärft.

Information über Therapie/Beratung

Die Patientin fragen, ob sie weiß, wie eine Therapie/Beratung abläuft. Ihr mit einfachen Worten erklären, worum es dabei geht (Inhalte, Methode, zeitlicher Ablauf) und dass sie über alle Belange der Therapie immer das letzte Wort hätte, sie müsste nichts mitmachen, was sie nicht will. Sie kann auch die Therapie/Beratung jederzeit beenden, wenn sie es möchte. Allerdings müssen Grundvoraussetzungen eingehalten werden (z. B. regelmäßige Arztbesuche, bei Magersucht: Mindestgewicht nicht unterschreiten) es wird aber nicht mit Bestrafung oder Druck gearbeitet.

Vorläufige Diagnose mitteilen

Der Patientin die derzeitige Einschätzung der Diagnose mit Begründung mitteilen, dabei den erkennbaren Leidensdruck aufgreifen. *Beispiel:* »Ich schätze es so ein, dass du dabei bist, in eine Bulimie hineinzugeraten, weil du in letzter Zeit immer häufiger erbrichst, kein unbelastetes Verhältnis zum Essen und zu deinem Körper mehr hast und auch die Gedanken immer stärker um das Essen kreisen.« Und ihr sagen, dass sie Hilfe benötigt, um aus der Ess-Störung herauszukommen, bzw. nicht noch tiefer hineinzukommen. Nachfragen, welche Gefühle diese Mitteilung bei ihr auslösen.
Wenn sie sagt, sie glaube es alleine zu schaffen, ihr die Erfahrungswerte bezüglich Ess-Störungen mitteilen, nämlich, dass es die Mehrzahl nicht ohne Hilfe schafft. Aufzeigen, dass man sich bei anderen Problemen, die man nicht selbst lösen kann, ja auch Fachleute sucht, z. B. Rechtsanwalt. Sie kann es ja eine Zeit lang ausprobieren, alleine die Ess-Störung zu bewältigen, wenn es nicht klappt, kann sie jederzeit Unterstützung bekommen.

Hilfsangebot

Der Patientin sagen, ob und wie ich ihr als Therapeutin helfen kann (evtl. auch probatorische Sitzungen anbieten). *Beispiel:* »Ich kann dir anbieten, dass du bei mir eine Therapie/Beratung machen kannst, wenn du möchtest. Wir würden uns dann einmal pro Woche für 50 Minuten treffen, um an deiner Ess-Störung zu arbeiten. Du musst es aber nicht sofort entscheiden, sondern kannst es dir in Ruhe überlegen und mit Personen, die dir wichtig sind, besprechen. Entscheidend ist, ob du dir vorstellen kannst, mit mir zu arbeiten oder Vertrauen zu finden. Bedenke dabei jedoch, dass es wirklich deine eigene Entscheidung sein soll, denn ohne diese Motivation hat eine Therapie/Beratung keinen Sinn und wäre vergeudete Zeit.«

Entscheidung

Fragen, was möchte die Patientin? Wenn sie überhaupt nichts machen möchte, fragen weshalb, aber auch sagen, dass man ihre Entscheidung respektiert. Ihr anbieten, dass sie jederzeit, auch zu einem viel späteren Zeitpunkt, auf das Hilfsangebot zurückkommen kann. Ihr eine Karte mit der Adresse und Telefonzeiten mitgeben. Zusätzlich einen Prospekt über Ess-Störungen und evtl. eine Buchempfehlung und Adressen von Selbsthilfegruppen oder anderen Therapeuten geben.

Mitteilung der Entscheidung an die Eltern

Zusammen mit der Patientin durchsprechen, was die Therapeutin den Eltern mitteilen wird: z. B. die vorläufige Diagnose, die Einschätzung des Behandlungsbedarfes, das Hilfsangebot und evtl. die Aussage der Patientin bezüglich einer Entscheidung.
Die Patientin soll selbst nun ihre Mutter/Vater dazuholen. Den Eltern nur das mitteilen, was man mit der Patientin abgesprochen hat. *Beispiel:* »Sie hat mir gesagt, sie möchte in Ruhe überlegen, ob sie eine Therapie machen will. Therapie hat nur dann einen Sinn, wenn es die eigene Entscheidung der Betroffenen ist.« Auf Fragen der Eltern, die den Inhalt des Gesprächs mit der Patientin betreffen, nicht eingehen bzw. erst die Zustimmung der Patientin einholen. Damit kann sie gleich die Erfahrung machen, dass nichts hinter ihrem Rücken geschieht und sie ernst genommen wird.
Allgemeine Fragen der Eltern über den Umgang mit Ess-Störungen können

beantwortet werden. *Beispiel:* »Sollen wir unsere Tochter zum Essen zwingen?« »Sie werden damit das genaue Gegenteil erreichen, Heimlichkeiten, Trotz und Machtkampf. Es ist keine Hilfe, denn es verstärkt die Ängste Ihrer Tochter noch. Und sie macht ja doch mit ihrem Körper, was sie will.« Dabei soll aufgezeigt werden, dass die Hilfsmöglichkeiten (im Sinne von Aktivitäten) der Eltern sehr begrenzt sind.

Eventuelles Hilfsangebot an die Eltern

Falls die Patientin überhaupt nichts machen will, darauf hinweisen, dass es manchmal einige Zeit dauert, bis eine Motivation heranreift. Den Eltern anbieten, dass sie sich bei einem anderen Therapeuten für sich Unterstützung holen können. (Keine Rollenvermischung, denn die Therapeutin soll weiterhin als Ansprechpartner für die Patientin frei sein, außer sie entscheidet sich ausdrücklich gegen die Therapeutin.) Hinweis auf Selbsthilfegruppe betroffener Eltern und Buchempfehlung geben.

Ess-Störungen bei Menschen mit der Diagnose Borderline
Barbara Trenkle

Einleitung

Das Thema Borderline (BO) ist äußerst komplex. Das Thema Ess-Störungen ebenso. Ich habe mich bemüht, einen komplizierten Sachverhalt möglichst einfach darzustellen.
Die folgende Abhandlung soll Ihnen helfen, eine innere Leitlinie zu entwickeln, die das Miteinander mit betroffenen Menschen erleichtert.

Was ist Borderline?

Die Diagnose Borderline

Die Diagnose BO hat eine lange Geschichte (eine kurze Übersicht ist beispielsweise nachzulesen im Vorwort und der Einleitung des Buches von K. Stauss, vgl. Literaturangaben). Im Laufe dieser Geschichte haben sich Erfahrungen und daraus resultierende Meinungen mehrmals geändert; somit gibt es heute auch unter Fachleuten oft unterschiedliche Vorstellungen davon, was BO eigentlich bedeutet.
Ich möchte als Erstes vorstellen, worauf man sich, zumindest im psychiatrischen Arbeitsgebiet, größtenteils geeinigt hat. Und zwar ist das die Diagnose anhand des Erscheinungsbildes.

Diagnose anhand des Erscheinungsbildes

Bei dieser Art der Diagnostik stellt man dar, wie man den/die PatientIn sieht. Bei solchen Beschreibungen kommt man zwangsläufig zu bestimmten Typisierungen, und in der Psychiatrie hat man solche typischen Erscheinungsbilder dann unter bestimmten Diagnosen zusammengefasst.

Diese sind nachzulesen in einem so genannten diagnostischen Manual, dem DSM-III-R. Auf Seite 418ff. findet man hier die Charakterisierung der Persönlichkeitsstörung Borderline. Diese ist gekennzeichnet durch ein durchgängiges Muster von Instabilität in *drei* Bereichen: dem der Stimmung, dem des Selbstbildes und dem der zwischenmenschlichen Beziehungen Um das genauer zu spezifizieren, werden bestimmte Merkmale genannt, von denen *mindestens fünf* erfüllt sein müssen, um die Diagnose BO zu rechtfertigen.

Diagnostische Kriterien der Borderline-Persönlichkeitsstörung (301.83)
Ein durchgängiges Muster von Instabilität im Bereich der Stimmung, der zwischenmenschlichen Beziehungen und des Selbstbildes. Der Beginn liegt im frühen Erwachsenenalter (und ist zu unterscheiden von einer Adoleszenzkrise!, B. T.), und die Störung manifestiert sich in den verschiedensten Lebensbereichen. Mindestens fünf der folgenden Kriterien müssen erfüllt sein:
(1) Ein Muster von instabilen, aber intensiven zwischenmenschlichen Beziehungen, das sich durch einen Wechsel zwischen den beiden Extremen der Überidealisierung und Abwertung auszeichnet;
(2) Impulsivität bei mindestens zwei potenziell selbst schädigenden Aktivitäten, z. B. Geldausgeben, Sexualität, Substanzmissbrauch, Ladendiebstahl, rücksichtsloses Fahren und Fressanfälle (außer Suizid oder Selbstverstümmelung, siehe dazu (5);
(3) Instabilität im affektiven Bereich, z. B. ausgeprägte Stimmungsänderungen von der Grundstimmung zu Depression, Reizbarkeit oder Angst, wobei diese Zustände gewöhnlich einige Stunden oder, in seltenen Fällen, länger als einige Tage andauern;
(4) Übermäßige, starke Wut oder Unfähigkeit, die Wut zu kontrollieren, z. B. häufige Wutausbrüche, andauernde Wut oder Prügeleien;
(5) Wiederholte Suiziddrohungen, -andeutungen oder -versuche oder andere selbst verstümmelnde Verhaltensweisen;
(6) Ausgeprägte und andauernde Identitätsstörung, die sich in Form von Unsicherheit in mindestens zwei der folgenden Lebensbereiche manifestiert: dem Selbstbild, der sexuellen Orientierung, den langfristigen Zielen oder Berufswünschen, in der Art der Freunde oder Partner oder in den persönlichen Wertvorstellungen;
(7) Chronisches Gefühl der Leere oder Langeweile;
(8) Verzweifeltes Bemühen, ein reales oder imaginäres Alleinsein zu verhindern (außer Suizid oder Selbstverstümmelung, siehe dazu (5).

BO ist eine *Entwicklungsstörung*. Dies bedeutet, dass in der frühkindlichen Entwicklung bestimmte Entwicklungsaufgaben »gestört« wurden. (Welche, darauf wird im Abschnitt »Entwicklungspsychologisches« eingegangen.) D. h. gleichzeitig: *Alle* Menschen hatten früher mal mit diesen Themen zu tun und stoßen im Laufe ihres Lebens immer wieder einmal darauf. Zum einen, weil Entwicklung *nie* abgeschlossen ist. Zum anderen, weil Entwicklung *nie völlig* reibungslos vonstatten gehen kann. Nicht, *dass* diese Fragen in uns vorhanden sind, ist hier der Fokus. Sondern, dass einige Menschen genau diese Themen so *oft* wiederholen und sich auf bestimmte Auslöser hin davon bestimmen lassen (In der Transaktionsanalyse sprechen wir von Führung durch den Kind-Ich-Zustand statt durch den Erwachsenen-Ich-Zustand, vgl. Gooss, S. 85).

Diagnostik anhand der Funktionsebene *(Psychodynamik)*

Im DSM steht ein wichtiger Satz, der darauf hinweist, dass es noch eine weitere bekannte Version gibt, BO zu diagnostizieren: »Manche Autoren fassen diese Störung als Ausdruck eines bestimmten Niveaus der Persönlichkeitsstruktur und nicht als eine spezifische Persönlichkeitsstörung« auf. Diese Art zu diagnostizieren ist im Bereich der Psychotherapie die üblichere Sichtweise von BO:
Man betrachtet hierbei weniger das äußere Erscheinungsbild, das Verhalten, das man sieht. Sondern man macht sich ein Bild davon, was *in* dem jeweiligen Menschen vorgeht, der dieses oder jenes Verhalten zeigt. Man spricht von der Psychodynamik, also dem, was in der Psyche vor sich geht.
Die Idee dabei ist folgende: Menschen, die psychisch unauffällig sind, gehen mit ihren Schwierigkeiten offensichtlich anders um als beispielsweise Menschen mit BO-Diagnostik oder mit Psychosen. Die eine mögliche Erklärung für Unauffälligkeit wäre zu sagen, dass diese Menschen einfach keine größeren inneren Konflikte haben. Die andere Erklärung ist, dass sie Konflikte, also widersprüchliche Impulse und Strebungen, auf irgendeine Art und Weise verdrängen, so dass sie damit nicht mehr umgehen müssen. Verdrängung, das wird hierbei deutlich, ist eine ganz wichtige (unbewusste) Fähigkeit des Ich: Denn dadurch hat der Mensch Energie für andere Dinge frei und muss sich nicht mit Ängsten auseinander setzen, die das Verdrängte verursachen würde. Man sagt: Menschen, denen dies gelingt, bewegen sich auf einer so genannten »höheren« Funktionsebene.
(Bekanntlich funktioniert Verdrängung aber nicht immer. Wenn nun also Menschen, die ansonsten »psychisch unauffällig« sind, sich eines verdrängten Inhaltes bewusst werden, werden sie sich bewusst, dass sie innerlich einen Konflikt haben. Oft ist dies der Anlass für eine Therapie.)

Funktionsebenen

in Anlehnung an Kernberg, zitiert nach K. Stauss, verändert von B. T.)
- Normale Ebene des psychischen Funktionierens
  (Diese Ebene wird oft nicht erwähnt, möglicherweise, weil letztendlich jeder Mensch sein »Neurösle« hat. ...)
- Neurotische Ebene
  (= so genannte Höhere Srukturebene der Charakterpathologie)
- Ebene des so genannten BO-Zustandes
  (= so genannte mittlere Ebene der Charakterpathologie, nur bei Kernberg zu finden, andere Autorinnen/Autoren lassen diese Ebene aus)
- Borderline-Ebene
  (= so genannte niedere Ebene der Charakterpathologie)
- Psychotische Ebene

Nun gibt es aber Menschen, die, zumindest bezogen auf einige Themenbereiche, mit widersprüchlichen Impulsen und Gefühlen anders umgehen als mit Verdrängung. Um mit Rohde-Dachser zu sprechen, es fehlt ihnen die Ich-Stärke zur Verdrängung: Sie haben Gut und Böse nicht integriert, das »böse« Segment ist so bedrohlich, die auf dieses Imago projizierten Aggressionen so überwältigend, »daß das ›gute‹, lebenserhaltende Bild des Objektes vor der Berührung mit dem anderen, ›bösen‹ Objektbild geschützt werden muß, damit es von dieser Aggression nicht zerstört wird« (Rohde-D., 1991, S. 12): Wie wir das alle als kleine Kinder getan haben, versuchen sie einfach, bestimmte Dinge zu ignorieren. Und zwar die Dinge, die Widersprüche in ihnen auslösen würden. Sie spalten also in Gut und Böse. Das gilt sowohl für das Bild, das sie sich von andern machen als auch für ihr Selbstbild. Diese Übertreibungen in die eine oder die andere Richtung lassen sich in der Wirklichkeit nicht durchhalten. Sie führen zu gestörter Realitätsprüfung. Einen sehr viel schöneren Begriff prägte einmal eine Klientin von mir. Sie sprach von ihrem »psychischen Sehfehler«. Zum Beispiel: Auch der Mensch, den man liebt, ist nicht ideal. Wenn die Betroffenen nicht mehr umhinkönnen, das zu merken, stellen sie ihn dann aber plötzlich als *völlig* böse oder schlecht dar, Kompromisse sind ihnen nicht möglich. Gleichzeitig fühlen sie *sich*, solange ein vermeintlich idealer Mensch sie mag oder gar liebt, selbst ideal und perfekt. Wenn das Ganze sich als überzogen herausstellt, stellen sie sich dann *völlig* in Frage; Kompromisse mit sich selbst, sich beispielsweise Fehler zuzugestehen *und* sich wertzuschätzen, ist ihnen gar nicht möglich. Die Unsicherheit bezüglich der eigenen Identität ist groß, es gibt nur perfekt oder versagt, plus oder minus. Das ganze System wird mit

sehr viel Energie aufrechterhalten und verteidigt und bereitet den Betroffenen (und oft auch den Angehörigen) unglaublich viele Qualen.
Das, was hier geschildert wird, kann unterschiedlich viele Lebensbereiche des jeweiligen Menschen betreffen. Beispielsweise kann es sich um eine Frau handeln, die ihr Leben eigentlich gut bewältigt, dafür ist genug innere Struktur da. Sie geht arbeiten und ist dort eine gern gesehene Kollegin; sie führt ihren Haushalt und hat einen guten Bekannten- und Freundeskreis; aber in nahen Beziehungen mit Männern erlebt sie auffallend große Schwierigkeiten. Entweder es sind extrem idealisierte Beziehungen, die aber dann natürlicherweise instabil sein müssen. Oder es handelt sich um längere Partnerschaften, die von Entwertungen, Hass und Verachtung geprägt sind (diese Klientinnen/Klienten verharren oft lange in solchen gewissermaßen negativen Beziehungen, sie sind deutlich stabiler als die von Idealisierung geprägten [vgl. Gooss, 1994, S. 70]). In Verzweiflungsmomenten hält die geschilderte Frau die Spannung (und die bedrohliche Wut in sich) nicht mehr aus, es kommt dann zu selbstschädigenden Handlungen, z. B. Ess-Brech-Anfällen.
Die Frau, von der hier gesprochen wird, kann aber auch verheiratet sein, Kinder haben, eine Arbeitsstelle, und diese Bereiche relativ gut managen. Nur wenn sie Kontakt zu ihrer Ursprungsfamilie hat, verfällt sie plötzlich in völlig destruktive Verhaltensweisen und Selbstzweifel; sie »rastet« dann regelrecht aus, schimpft und schreit, wird unfair und ist für die anderen nicht erreichbar. Auch sie flüchtet am Ende dann meistens in Essanfälle. Das alles versteht keine/r, sie selbst am wenigsten.
Diese Menschen, die normalerweise also über Realitätskontrolle verfügen und ihr Leben eigentlich unauffällig bewältigen, ordnet K. Stauss in Anlehnung an Kernberg auf einer *mittleren Funktionsebene* ein. Diese Ebene, den so genannten *BO-Zustand*, finde ich persönlich sehr hilfreich, da sich m. E. viele Klientinnen/Klienten genau da befinden. Sie würden laut DSM nicht unter die Diagnose BO fallen, es gibt aber Situationen, in denen sie doch zutrifft (man könnte mit Birger Goos sagen, sie haben eine Neigung zur BO-Regression).
Außerdem gibt es noch die Menschen, die das soeben Beschriebene in sehr vielen oder eigentlich allen Lebensbereichen erleben. D. h., sie können mit der Wirklichkeit als solcher in vielen Fällen nicht angemessen umgehen, sie nehmen sie gar nicht realistisch wahr und können die Widersprüche, die sie sehen, nicht unter einen Hut kriegen. Beispielsweise kann es sein, dass eine Klientin sich in Arbeitssituationen immer wieder in ähnlich ungute Beziehungsmuster begibt, wie ich sie vorhin für den Bereich Partnerschaft beschrieb. Also wechselt sie den Arbeitsplatz, sobald die Idealisierung zusam-

menbricht, oder aber sie verharrt in einer für sie sehr schädlichen Situation. (Die Tatsache, dass der Arbeitsmarkt extrem angespannt ist, erschwert die Lage; zumal es teilweise durchaus konkrete Anhaltspunkte für die Wertungen gibt, mit denen die Klientin ihre Arbeitskolleginnen und -kollegen beschreibt.). Dazu kommt, dass auch ihre Beziehungen zu den Menschen ihres Bekanntenkreises sehr instabil sind (oder stabil und selbstverachtend). Oder/und sie erlebt diese Beziehungen zumindest nach dem Motto: *Keiner* ruft mich an, *immer* muss ich mehr tun, etc. So dass sie auf jeden Fall auch in diesem Lebensbereich sehr leidet, ohne die tatsächlichen Ursachen sehen zu können. Ihr wackeliges Selbstbild wird durch die Situation eher bestärkt, sie kann sich und ihr Tun nicht realistisch beobachten. Das beobachtende Ich wird durch die starke Regressionsneigung häufig in Mitleidenschaft gezogen (vgl. Rohde-Dachser, 1991, S. 13).

Für viele ist dann die Ess-Störung oder sonstige selbstschädigende Verhaltensweisen noch besser zu ertragen als alles andere. Eine Klientin sagte wörtlich über die Messerschnitte, die sie sich zufügte: »Ich weiß gar nicht, wieso sich da alle so drüber aufregen, das ist doch gar nichts gegen meine seelischen Schmerzen.« Nach ihrer Wut gefragt, die in dieser Aussage steckte, erklärte sie mir Folgendes: Es ärgere sie sehr, dass niemand sehe, *wie* schlecht es ihr gehe, sich *keiner* um sie kümmere. Sie *müsse* sich also *sichtbare* Verletzungen zufügen, damit die anderen wenigstens überhaupt reagierten.

Hier sprechen wir von der *Borderline-Ebene*. Je ausgeprägter das Störungsbild, desto »tiefer« setze ich die Funktionsebene an. Viele frühe Störungen manifestieren sich auf BO-Niveau (narzisstisch, schizoid etc.).

Auf der nächsten Ebene geht es um Menschen, denen es nicht nur schwer fällt, innere (extreme) Bilder an der Wirklichkeit abzugleichen. Ihnen fällt es in Krisensituationen sogar schwer, zwischen sich und anderen zu trennen, also zwischen innen und außen, sie haben zu wenig innere Struktur dafür. Wenn diese Grenzen ganz zusammenbrechen, bricht die so genannte Psychose offen aus. Die Betroffenen können das, was sie erleben, nicht mehr mit der Wirklichkeit abgleichen oder daran korrigieren. Das, was sie gerade hören, sehen, fühlen, *ist* dann i. E. die einzige Wirklichkeit.

Diese Menschen befinden sich auf der *psychotischen Ebene*.

Unter Menschen mit BO-Syndrom werden diejenigen verstanden, die sich *zwischen* neurotisch und psychotisch bewegen. Stark vereinfacht gesagt: die Menschen, bei denen man zumindest gelegentlich das Gefühl hat, sie könnten jederzeit verrückt werden bzw. diejenigen, die gelegentlich »durchdrehen«. Daher kommt auch der Begriff Borderline: vom englischen Wort »border« für »Grenze«.

Bei den Betroffenen klappt, im Gegensatz zu denjenigen mit Psychose, die

Unterscheidung zwischen sich und anderen. Aber manchen fällt in Krisen auch diese Grenzziehung schon schwer. Das sind erfahrungsgemäß diejenigen, die sagen, dass sie in bestimmten Situationen geradezu erbrechen (oder hungern, essen, sich schneiden o. ä. Ä.) *müssen*, weil sie dies als die einzige Möglichkeit erleben, sich wieder zu spüren.

Zusammengefasst ist also folgendes unter BO zu verstehen:
- äußeres Erscheinungsbild: bestimmte Auffälligkeiten im Verhalten (vgl. DSM)
- innerer Prozess: Spaltung in Extreme; Schwierigkeiten, innerlich Erlebtes und innere Bewertungen anhand der äußeren Wirklichkeit zu relativieren. (Sie sehnen sich nach einer idealen Symbiose und verfluchen alle menschlichen Fehler).

Diese Probleme sind nicht immer sichtbar, die Betroffenen können im Gespräch durchaus völlig »normal«, unauffällig, wirken. Sie können darüber hinaus als ausnehmend interessante Persönlichkeiten erlebt werden.
Aber die genannten Themen werden sichtbar, wenn die Menschen unter extremen Stress geraten, wobei es von Mensch zu Mensch völlig unterschiedlich sein kann, was ein Stressauslöser ist. Dann wird das Schwarz-Weiß-Denken, das völlige Zweifeln an sich und anderen und die selbstzerstörerische Ader offensichtlich. Der Mensch »regrediert«, d. h., er/sie verhält und erlebt sich nicht ihrem/seinem Lebensalter entsprechend. Sie zeigen dann Erlebens- und Verhaltensmuster aus einer frühen Entwicklungsstufe des Kindes.

Entwicklungspsychologisches

Zum Verständnis der BO-Theorie ist ein kurzer Überblick über die Entwicklung von Kleinkindern vonnöten. Es geht um die Zeit bis zum 3. Lebensjahr, der so genannten »psychischen Geburt«. Es sei dazu gesagt, dass es mittlerweile ganz andere Sichtweisen über die Entwicklung gibt, insbesondere durch die neuere Säuglingsforschung. Dass ich mich hier auf »ältere« Theorien beziehe, liegt daran, dass sie mir in der Praxis zu einer Art Leitlinie im Umgang mit Patientinnen und Patienten mit Borderline-Syndrom verholfen haben, die sich bewährt hat. Möglicherweise können andere Erkenntnisse zu weitreichenderen Interventionen und Umgangsformen führen, die mir bisher nicht bekannt sind.

Erster großer Entwicklungsschritt

Das Kind kommt auf die Welt und erlebt zunächst einmal alles als ein Ganzes. Erst nach und nach merkt es, dass es da so was wie es selber (bzw. es selbst und die Mutter) und so was wie eine Umwelt gibt (diese Theorie geht davon aus, dass alle und alles andere außer Mutter und Baby für das Kind erst einmal »die Umwelt« bilden). Und im Laufe der Zeit beginnt es dann auch zu erkennen, dass es zwischen ihm und der Mutter so was wie eine Grenze gibt. Das Kind beginnt, Selbst- und Objektbilder zu entwickeln. Mit Objekt ist der andere Mensch, die erste Bezugsperson gemeint, in unserer Gesellschaft also meistens die Mutter.
Diese Entwicklung von inneren Bildern von sich und von anderen bedeutet, dass das Kind nun zwischen sich und anderen Menschen trennt. Diese Unterscheidung zwischen sich und anderen ist die erste große Entwicklungsaufgabe für das Kind.
In diesem Entwicklungsprozess kann es Störungen geben, sei es von außen (Verhalten der Bezugsperson o. ä. Ä.) oder auch von innen (Art der Reaktion des Kindes o. ä. Ä.). Ein Mensch kann später in Krisen auf diese Stufe zurückfallen, »regredieren«, wo er Innen und Außen vermischt wie ein Neugeborenes. Dann kommt es je nach Ausprägung zu schweren Störungsbildern wie Autismus, Psychosen u. a.

Zweiter großer Entwicklungsschritt

Der Entwicklungsprozess des Kindes geht weiter. Es braucht Kriterien, ein inneres Handwerkzeug, um zwischen sich und anderen zu unterscheiden. Und das erste Unterscheidungskriterium für einen Säugling ist grob gesagt: Lust und Unlust. Das heißt: In seinem »Ganzen« taucht die Außenwelt erstmals auf durch das Gefühl des Hungerns oder Frierens, o. ä. Ä. Das Kind unterscheidet so zwischen Wohlbefinden und Nichtwohlbefinden, Gut und Böse. Je differenzierter es wird, desto deutlicher wird es unterscheiden. Und es bekommt den Eindruck, dass es eine gute und eine böse Mutter hat. Die gute ist die, die stillt, wärmt, etc. Die böse die, die es hungern und frieren lässt. Somit entwickelt das Kind zunächst ein gutes und ein böses Objektbild. Analog dazu meint es, da es sich nur über die Augen der Mutter wahrnehmen kann, dass es selbst mal gut und mal böse ist. Es entwickelt also ein gutes und ein böses Selbstbild.
Im Laufe der Zeit muss es aber wiederum lernen, dass »gut« und »böse« in *einem* Menschen sind. D. h., dass die liebe Mama *auch* die bedrohliche,

»böse« Figur enthält. Und dass es selbst nicht nur »gut« ist, sondern eben auch »böse« Seiten hat.
Diese Integration von Gut und Böse ist die nächste große Entwicklungsaufgabe für das Kind.
Zur Illustration das Beispiel eines kleinen Jungen, der mit dieser inneren Aufgabe gerade beschäftigt war und mir deutlich zeigte, wie schwierig diese Integration für ein kleines Kind ist: Ich kam zum Babysitten des $2^{1}/_{2}$ jährigen Sohnes einer Freundin. Es war gerade eine Situation, in der es zwischen ihm und der Mutter sehr innig war. Und nun ging die Mutter einfach, sie verließ ihn also. Er sagte, ihr nachguckend und sich an mich klammernd: »Die ist blöd«. Ich sagte: »Sie kommt aber dann und dann wieder, ist sie dann immer noch blöd?« Er, nach langem gequälten Überlegen: »Nein, dann nicht. Sie ist immer lieb.«
Wird dieser Entwicklungsschritt behindert, so bleibt bei den Betroffenen eine dauerhafte Tendenz bestehen, schwarz-weiß zu malen. *Ein*, um nicht zu sagen, *das* typische BO-Thema. Unter den Voraussetzungen ist es, wie beschrieben, auch schwierig, konstante Beziehungen aufrechtzuerhalten. Das Gegenüber soll immer nur gut sein und einem selbst immer spiegeln, wie gut man ist.
Dabei ist es wichtig zu beachten, dass die Betroffenen, bedingt durch die Regression, auch in die entsprechenden kindlichen Denkmuster und Gefühle mit der dazugehörenden Intensität zurückfallen. Sie fühlen sich vom Gegenüber abhängig, so wie ein Kind spürt, dass es von der Mutter existenziell abhängig ist. (Übersetzt in das so genannte magische Denken des Kindes heißt das: Wenn die Mutter blöd ist, ist sie nicht einfach »blöd« wie in meinem Beispiel. Sondern innerlich ist das gleichzusetzen mit Hexe o. ä. Ä. Und sie ist nicht einfach lieb, sondern eine Fee.). Entsprechend existenziell sind auch die Ängste: Es geht einerseits um Vernichtetwerden, andererseits um Verschlungenwerden, o. ä. Ä. Auch die eigenen Gefühle kommen dem Kind sehr mächtig vor: Es hat Angst, die Mutter durch seine Wut zu verlieren. Also ist es besser, diese Wut anderen anzudichten, sie dorthin zu projizieren. Sie sprechen dann plötzlich von bösen Monstern oder Riesen, die dies und jenes tun wollen. Oder auch von anderen, angeblich »bösen«, Kindern.

Der dritte große Entwicklungsschritt

Die Entwicklung des Kindes geht nun weiter in Richtung Autonomie und Annäherung an die Realität.
Bisher hat es sich sehr wohl gefühlt in seiner engen Bindung mit der Mut-

ter. Diese symbiotische (symbiotisch im biologischen, nicht im pathologischen Sinne) Beziehung gibt ihm das Gefühl, »wir« zu sein. Und da es die Mutter allmächtig findet, hält es sich selbst auch für grandios. Je älter es aber wird, desto deutlicher wird ihm, dass weder es selbst noch die Erwachsenen allmächtig sind. Und dass es selbst ein kleines, von anderen abgegrenztes und damit eigenständiges Wesen ist. Das zu erkennen ist zunächst schmerzhaft und macht Angst.
Und damit steckt das Kind in der dritten großen Entwicklungsaufgabe: sich der Realität anzunähern.
Wird dieser Prozess gestört bzw. nicht gut begleitet, fällt das Kind in Minderwertigkeitsgefühle und flüchtet womöglich in Allmachtsphantasien. Alle Problematiken im Bereich des so genannten Narzissmus stammen aus dieser Entwicklungsphase.
Mit dieser Entwicklungsaufgabe geht außerdem einher, die Beziehung zur Mutter zu verändern in Richtung einer anderen, autonomeren Art von Beziehung zwischen zwei eigenständigen Wesen.
Das ist der andere Teil dieser dritten großen Entwicklungsaufgabe für das Kind: sich auf gesunde Art und Weise aus der Symbiose zu lösen.
Denn ohne diese Loslösung ist es schwierig, die Wirklichkeit kennen zu lernen und sich selbst realistisch wahrnehmen zu lernen.
Menschen mit einer Borderline-Problematik gingen bereits instabil in diese Phase. Somit weisen sie später mit ihren Problemen in der Beziehungsgestaltung deutlich Themen dieser Zeit auf.

Die Diagnose BO bei Menschen mit Ess-Störungen

»Die Neigung zum Verlust der Impulskontrolle im Bereich des Essverhaltens ist laut DSM *ein* mögliches Symptom im Rahmen einer BO-Diagnose. Meiner Meinung nach ist bei weitem nicht jede Ess-Störung der Ausdruck von einer BO-Persönlichkeitsstörung oder auch einer sonstigen so genannten frühen Störung. Genauso gibt es viele gerechtfertigte BO-Diagnosen, bei denen die so diagnostizierten Menschen keine Ess-Störung aufweisen. Speziell zum Zusammenhang zwischen Bulimie und BO gibt es verschiedenste Erhebungen mit ebenso verschiedenen Ergebnissen; sie schwanken zwischen 1,9% und knapp 50% (vgl. Rohde-D., S. 9). Bei solchen Untersuchungen besteht die Gefahr, Frauen mit Ess-Störungen zusätzlich unsachgemäß zu pathologisieren und die gesellschaftliche Komponente zu vergessen, zumal die Diagnose BO ohnehin häufiger bei Frauen als bei Männern gestellt wird.

Unabhängig vom Zahlenstreit ist jedoch die Frage interessant, welcher Zusammenhang zwischen den Diagnosen BO und Ess-Störungen bestehen könnte:
Ins Auge fällt sofort ein Thema, das des Selbstwertes. Bei Magersucht wird von einer Selbstwertstörung gesprochen (siehe z. B. Hilde Bruch »Der goldene Käfig«, 1978), was m. E. auch auf die anderen Ess-Störungen, Ess-Brechsucht und Ess-Sucht, zutrifft. Und ein Diagnosekriterium für BO heißt »kein stabiles Selbstwertgefühl«. Bei Menschen mit Ess-Störungen sind zudem deutliche Defizite im Bereich der Individuation sichtbar (»Die Sucht der Braven«), bei Menschen mit BO-Syndrom ist ebenfalls keine gesunde Autonomie zu finden.
An diese Erkenntnisse schließt sich gleich die nächste Frage an: Warum entwickeln diese Menschen dann ausgerechnet Ess-Störungen? Vermutlich, weil Individuation und Autonomie in einer Zeit entwickelt wird, in der der Körper der Austragungsort für Entwicklung ist. Und weil es dabei sehr häufig um (Nicht)essen geht (will das Kind das, was es bekommt, dann, wenn es es bekommt? Kriegt das Kind das, was es will?, etc.).
Zentrales Thema der Individuation ist zudem die Entwicklung und Differenzierung von eigenen (in Unterscheidung zu denen der Bezugsperson) Gefühlen und Körperempfindungen, ein Bereich, in dem Menschen mit Ess-Störungen immer Defizite aufweisen.
Es gibt also mögliche Berührungspunkte zwischen den beiden Diagnosen, sowohl im Erscheinungsbild als auch in der Zeit der Entwicklung der Schwierigkeiten.
Tatsache ist, dass es Menschen gibt, bei denen beide Diagnosen gerechtfertigt sind. Meiner Meinung nach allerdings nicht nur bei Frauen mit Ess-Brech-Sucht (Bulimie), sondern auch bei Menschen mit Ess-Sucht oder mit Magersucht. In Untersuchungen fand ich meine Erfahrungen bestätigt (vgl. Rohde-Dachser, 1991), dass sich diese Frauen von denen unterscheiden, die »nur« eine Ess-Störung aufweisen. Und zwar (ich zitiere Rohde-Dachser, 1991, S. 9/10, nenne allerdings nur die m. E. wichtigsten Kriterien) in folgenden Punkten:
- im *Ausmaß* der emotionalen Störung (»emotional distress«)
- in der Schwierigkeit, Affekte korrekt zu identifizieren (Ich möchte ergänzen: Genau diese Schwierigkeit haben andere Klientinnen/Klienten auch, es geht auch hier um das *Ausmaß*)
- im Erleben von Minderwertigkeitsgefühlen (auch hier geht es nicht um die Tatsache an sich, sondern um das Ausmaß)
- in der Wahrscheinlichkeit für Selbstverletzungen und/oder Suizidversuche

- in der größeren Anfälligkeit für Suchtmittelmissbrauch

Auch im Essverhalten selber sind m. E. Unterschiede zu finden, wenngleich dies nicht alle Kolleginnen/Kollegen bestätigen: Das pathologische Essverhalten dieser Klientinnen scheint noch stärker ausgeprägt zu sein, noch deutlicher von Hass gegen sich und andere getrieben.

Zusammenfassend kann also gesagt werden, dass es sich hierbei um Klientinnen handelt, die auf jeden Fall in mehrfacher Hinsicht gefährdet sind.

Und folglich muss auch die Psychotherapie darauf und auf die spezielle Problematik dieser Menschen abgestimmt sein.

Stichworte zur Therapie

Ich glaube, man kann sagen, dass sich Psychotherapeutinnen und Psychotherapeuten heutzutage darin einig sind, dass bei der Diagnose BO eine regressionsfördernde Therapiemethode kontraindiziert ist. Das heißt, es geht nicht in erster Linie um die Rekonstruktion der Kindheitsgeschichte und das Aufdecken unbewusster Konflikte. Denn genau dies bildet ja das Kernproblem: Dass die Konflikte nicht unbewusst gemacht werden können, sondern abgespalten werden, was eine ichschwächende Abwehroperation ist (vgl. Rohde-Dachser, 1991, S. 14).

Eine ausschließlich stützende Therapie ist jedoch auch nicht effektiv (vgl. Kernberg in Rohde-Dachser, 1991, S. 14). Das erkläre ich mir damit, dass es für die Betroffenen zwar sehr erleichternd ist, durch die Therapeutin/den Therapeuten Struktur zu bekommen und sich im Hier und Jetzt zu bewegen. Andererseits können sie aber selbst diese Struktur nur mit sehr viel Mühe und Anstrengung halten (vgl. Goos, 1994, S. 73: die »Exekutive« des Erwachsenen-Ich-Zustands ist zu schwach). Bereits bei einer kleinen Schwierigkeit kann das System kippen, und die Klientin/der Klient erlebt sich wieder ihren Impulsen ausgeliefert. Dies passiert vor allem, wenn Beziehungen dichter werden, bedingt durch die einerseits große Sehnsucht nach symbiotischer Verschmelzung und die andererseits riesige Angst, sich dann zu verlieren (vgl. ebd.).

In der Therapie sollte also inhaltlich eine Mischung möglich sein: Sowohl die von der Klientin/dem Klienten benannten oder selbst beobachteten Alltagsprobleme werden ernst genommen. Als auch die innere Dynamik der Klientin/des Klienten.

Bezüglich des Rahmens, in dem die Therapie stattfindet, hat sich für Menschen mit einer BO-Diagnose eine besonders klare Struktur bewährt. Was da heißt: Regelmäßigkeit und klare Grenzen. Was ihnen fehlt, ist eine für-

sorgliche Unterstützung bei der Autonomie-Entwicklung *und* jemand, die/der ihnen bei diesem Prozess angemessene Grenzen setzt (vgl. Stauss, 1993, S. 74).
Außerdem sollten die Klientinnen/die Klienten m. E. die Möglichkeit haben, den Prozess als gleichberechtigte Partnerinnen/Partner zu gestalten. Denn das trägt zur Struktur der Persönlichkeit bei: Sie werden als erwachsene Menschen angesprochen, so dass es ihnen auch leichter fällt, als solche zu reagieren. Diese Haltung ist außerdem angstmindernd, da sonst die Sehnsucht nach Symbiose, aber auch die Angst vorm Verschlungenwerden zu sehr im Vordergrund steht. Denn meistens kommen diese Klientinnen/Klienten (wie verständlicherweise auch so viele andere Hilfesuchende) mit der Heilserwartung, mit der Therapeutin/dem Therapeuten (Mutter) eine Symbiose eingehen zu können wie als kleines Kind mit der Mutter. Und dadurch, besagt diese Heilserwartung, sind sie endlich ganz, heil und mächtig. Gleichzeitig zu dieser klaren Struktur soll die Klientin/der Klient die Therapeutin/den Therapeuten aber sehr wohl als Objekt erleben können, mit dem sie eine Beziehung eingeht und die ihr hilft, sozusagen den psychischen Sehfehler nach und nach zu korrigieren. »Am Du wird der Mensch zum Ich«, sagt Martin Buber.
Wenngleich hier nicht die Einzelheiten einer solchen Entwicklung dargestellt werden können, ist es wichtig, noch einen Aspekt zu benennen: Eine solche Therapie funktioniert meiner Erfahrung nach nur dann, wenn die Therapeutin/der Therapeut sich auch wirklich in die Beziehung einbringt. Wenn der Prozess wie gewünscht läuft, darf die Klientin/der Klient erleben, dass Getrenntsein nicht Verlassenheit bedeutet und Eigensein nicht Verstoßenwerden; erst dann wird sie/er Autonomie wagen.
Langfristiges Ziel ist also Autonomie. Das setzt voraus, dass die Klientin/der Klient die Spaltung zugunsten einer realistischen Integration aufgibt. Und zwar sowohl hinsichtlich ihres/seines Selbstbildes als auch hinsichtlich ihrer/seiner Bilder von andern Menschen und von Geschehnissen. Dies ist gewissermaßen das Ideal-Ziel, die Zwischenschritte sind wichtig. Sonst begeht die Therapeutin/der Therapeut dieselbe Schwarz-Weiß-Malerei wie die Klientinnen/Klienten, die oft mit der Einstellung kommen: Die Therapie muss zum perfekten Erfolg führen oder es ist alles aus.
Die Zwischenschritte, die schon viel Erfolg bedeuten, sehen m. E. folgendermaßen aus:
- Die Klientin/der Klient lernt mit Hilfe der Therapeutin/des Therapeuten ihre/seine »Muster« kennen. Damit gelingt es ihr/ihm, ihre/seine Regression zu erkennen, wenngleich anfangs nur im Nachhinein.
- Im Laufe der Zeit wird sie/er hin und wieder auch in den Situationen, in

denen sie/er z. B. so wütend wird, die Mechanismen wiedererkennen. (D. h., sie/er entwickelt ganz langsam ein beobachtendes Ich, sie/er erlebt die Regression selbst ich-dyston).
- Nun wird es wichtig sein, sich deshalb keine Selbstvorwürfe zu machen, sondern dieses Erleben einfach mal anzuerkennen.
- Erst dann ist im besten Fall der nächste Schritt, die Regression selbst jeweils zu unterbrechen oder gar zu verhindern.

Solange die Klientin/der Klient noch am Anfang dieser Entwicklung steht, gilt es allerdings, erst einmal auf die selbstzerstörerischen Impulse einzugehen.
Bei Menschen mit Ess-Störungen ist daher die Zusammenarbeit mit einer Medizinerin/einem Mediziner unerlässlich, am besten in Form eines klaren Vertrages mit der/dem Klientin/Klienten. In meiner Praxis, d. h. bei ambulanter Psychotherapie, hat es sich in diesen Fällen bewährt, eine Art »medizinischen Vertrag« abzuschließen. Dieser beinhaltet die Bedingung, dass sich die Klientin/der Klient von einer Ärztin oder einem Arzt regelmäßig untersuchen lassen. Wie regelmäßig, das legt die jeweilige Ärztin/Arzt fest. Des weiteren sollte die Therapeutin/der Therapeut die Erlaubnis haben, die Ärztin/den Arzt anrufen und sich nach der Klientin/dem Klienten erkundigen zu können. Wobei es sinnvoll ist, die Klientin/den Klienten immer vom Inhalt dieser Telefonate zu informieren bzw. ihr/ihm anzubieten, sie in ihrer Gegenwart zu führen. Diese Zusammenarbeit und Transparenz ist wichtig, um die Spaltung zu verhindern, nach dem Motto, die Ärztin ist die Gute, die Therapeutin die Böse oder umgekehrt.
Dieser Vertrag ist für Klientinnen/Klienten mit einer BO-Diagnose immer wieder eine große Herausforderung: Einerseits fühlen sie sich von der/dem Therapeutin/Therapeuten kontrolliert, andererseits wünschen sie sich ja Schutz von ihr/ihm. Dadurch ist es immer eine Gratwanderung, auf die Einhaltung dieser Verträge zu achten, ohne die Klientin/den Klienten zu sehr in die Anpassung oder in die Rebellion zu treiben. Einerseits ist von der Therapeutin/dem Therapeuten ganz klare Grenzensetzung gefordert. Es kann aber durchaus auch vorkommen, dass sie/er eben gerade aus Schutzgründen das »Hin-und-Her-Spiel« über eine kurze Zeitspanne hinweg mitmachen sollte, also den Vertrag nicht *zu* eng auszulegen. Beispielsweise, indem sie/er inkonsequent ist und die Therapie weiterführt, wenn jemand erst zwei Wochen später als verabredet zur Ärztin/zum Arzt geht.
Andererseits darf solch ein Vertragsbruch nicht einfach übergangen werden. Zum einen wegen der beschriebenen notwendigen Klarheit. Zum andern, weil die ärztliche Betreuung wichtig ist. Und außerdem, weil die Gefahr be-

steht, dass die Klientin/der Klient sich dann in ihrem Symptom steigert, möglicherweise um den Schutz durch die Therapeutin/den Therapeuten herauszufordern.

Im Übrigen ist wichtig zu wissen: Das Symptom der Ess-Störung an sich verschwindet oft erst nach Jahren, in manchen Fällen sogar nie ganz. Der aus psychischer Sicht bestehende Sinn oder die Funktion bzw. mehrere Funktionen des anfallartigen Essens und/oder Brechens gehören unbedingt besprochen. Dasselbe gilt für die anderen selbstzerstörerischen Verhaltensweisen. Wobei es wichtig ist, keine Verbote oder Wertungen auszusprechen. Die Klientin/der Klient soll und darf spüren, dass die Therapeutin/der Therapeut betroffen ist, ohne sich manipulieren zu lassen. Dadurch verändert sich die Haltung der Klientin/des Klienten dazu (vgl. o. g. Zwischenschritte in der Therapie), was eine Veränderung in der Ausprägung des Symptoms bewirkt (Häufigkeit, Intensität, Dauer, Bedeutung).
Bei diesen Prozessen habe ich folgende mögliche Funktionen der Symptome kennen gelernt:
- Die Abwehr von unerträglichen Leeregefühlen, von der die Betroffenen häufig berichten, oft einhergehend mit dem Wunsch, sich selbst endlich wieder zu spüren.
- Die Bindung (hier durch Somatisierung) von Aggression (Rohde-Dachser, 1991, S. 8). Dahinter steckt die Illusion, das gute Objekt nur so vor dem eigenen Hass schützen zu können und sich selbst somit diese existenziell wichtige Beziehung zu erhalten (ebd., S. 15).
- Selbstbestrafung und dies möglichst öffentlich, damit das Objekt die Schuldgefühle auch sieht. Denn das Objekt sagt: »Ich bringe dich um, wenn du autonom bist.« (Insofern kann das Symptom auch lebensrettende Funktion haben, indem es eine Alternative zum Suizid ist!) Zum Strafen gehört auch die Idee: »Solange in der Welt nicht alles in Ordnung ist, habe ich kein Recht zu leben«, so, wie sie es als Kind in der Mutterbindung erlebt haben, nämlich dass sie fürs Wohlergehen der Mutter verantwortlich waren (Gooss, 1994, S. 75).
- Bestrafung der andern (und, in der Logik des magischen Denkens dabei *auch* das Objekt strafen!). Dazu wörtlich eine Klientin: Sie fühle sich in diesen Momenten gleichzeitig rachsüchtig (»die andern sollen sich schlecht fühlen, ich räche mich an meinen Eltern«) und als Opfer (»durch mein pures Dasein schade ich andern«).
- Erleben eines Machtgefühles (Abwehr von Ohnmachtsgefühlen). Dazu eine Klientin: Wenn sie Essen in sich hineinstopfe, habe sie ein unglaubliches Machtgefühl nach dem Motto: »Ihr könnt's mir nicht wegnehmen.«

Es kann sich aber auch um Macht im Sinne von Manipulation (bzw. Manipulieren-*Wollen*) handeln, ebenfalls aus einem starken Ohnmachtsgefühl heraus.
- Nicht zu vergessen ist auch die Möglichkeit, dass das Symptom Ausdruck für noch mangelnde Therapiemotivation sein kann, insbesondere bei »unfreiwilligen« Klientinnen/Klienten.

Erfahrungsgemäß ist es sinnvoll, auch bei Menschen mit einer BO-Symptomatik die Ess-Störung immer wieder als eigenständiges Thema zu bearbeiten, sowohl auf der Ebene des konkreten Essverhaltens als auf der der Körperwahrnehmung.
Die Klientin braucht die Vermittlung von entsprechenden Verhaltensweisen und Informationen, die allen Menschen mit Ess-Störungen fehlen: Wissen über natürliches Essverhalten (essen, wann man Hunger hat, das, worauf man Appetit hat, solange, bis man satt ist). Wenn die Klientinnen/Klienten ein solches Essverhalten als ihr Ziel ansehen können und sich im Laufe der Zeit trauen, Diäten zu lassen, durchbrechen sie zumindest den Diät-Hunger-Anfall-Kreislauf. Das verringert in der Regel die Anfallshäufigkeit oder/und die Essensmenge während eines Anfalles deutlich, selbst wenn das Symptom an anderer Stelle noch gebraucht wird.
Gleichzeitig ist Körperarbeit notwendig, soweit die Symptomatik es zulässt. Die für natürliches Essverhalten notwendige Körperwahrnehmung zu entwickeln, dauert bei Menschen mit einer BO-Diagnose länger. Es ist eine besondere Herausforderung, den eigenen Körper realistisch wahrzunehmen und einzuschätzen.
Entscheidend auch für die Behandlung dieser Aspekte ist meiner Meinung nach die therapeutische Beziehung. Sie setzt von Seiten der Therapeutin/des Therapeuten unendlich viel Geduld voraus. Das ist es, was die Klientin für ihr Wachstum braucht: Die Erfahrung, dass jemand mit ihr, so wie sie ist, Geduld hat *und sie wertschätzt.* Bei der Bearbeitung jedes Themas werden, teilweise verbal, teilweise nonverbal die »typischen« BO-Probleme verhandelt, sei es der Wunsch nach Symbiose (und damit einhergehend nach Kontrolle), sei es die Angst vor Verlassenheit und Vernichtung. Ist die therapeutische Beziehung beständig, kommen viele Anliegen zu Tage, die zunächst zu viel Trauer führen. In dieser, meist späten, Therapiephase ist dann das Symptom in Form des auffälligen Essverhaltens oft nochmal besonders wichtig.
Es gilt, der Klientin/dem Klienten möglichst frühzeitig zu vermitteln, dass für die ganze Angelegenheit viel Zeit vonnöten ist, um Entwicklung nachholen zu können.

Dieser Aspekt, die lange Zeitdauer, ist für alle Beteiligten von Bedeutung, insbesondere für die Angehörigen, die im Allgemeinen keine Fachleute sind. Wie bei anderen psychischen Schwierigkeiten auch, ist der oder dem Betroffenen am besten geholfen, wenn die Angehörigen gut für sich sorgen. Sie sind nicht dazu da, um mit ihr oder ihm in einer Symbiose zu leben. Sie dürfen Grenzen setzen. Allerdings nur Grenzen, die sie auch tatsächlich bereit sind einzuhalten.

Am besten, die betroffenen Angehörigen suchen sich jemanden, wo sie sich entlasten können. Man möchte fast sagen, sich »auskotzen«. Das kann privat sein, kann eine Selbsthilfe-Gruppe sein oder/und eine Beratungsstelle. So tragen sie zu ihrer eigenen Entwicklung und damit auch zu der des/r Angehörigen bei.

Abschluss

Zum Abschluss stelle ich ein Beispiel aus meiner Praxis dar, das viele der o. g. Aspekte illustriert.

Es handelt sich um eine Klientin, die seit ihrer Pubertät bulimisch und leicht magersüchtig gewesen war. Zwei Berufsausbildungen hatte sie abgebrochen, zwischendurch mit einer ambulanten Therapie begonnen, diese aber auch nach einem Dreivierteljahr abgebrochen. Als sie, nach mehreren Jobwechseln, Ortswechseln, zerrütteten Partnerschaften und einer Abtreibung, sich völlig am Ende fühlte, wurde ihr von einer Ärztin zu einer stationären Therapie geraten. Dort war sie knapp 4 Monate. Danach zog sie abermals um und machte über circa 1^1/$_2$ Jahre eine ambulante Therapie. Da ihr von der Klinik empfohlen worden war, weiter an ihrer Ess-Störung zu arbeiten, kam sie zu mir in eine Gruppe. Nach ein paar Monaten wechselte sie dann, in Absprache mit der Therapeutin, zu mir in die Einzeltherapie. Anfangs, vor allem in der Gruppe, haderte sie sehr mit mir. Denn es war schwierig für sie, mich und meine Arbeit gelten zu lassen, ohne die frühere Therapie, insbesondere die stationäre, abzuwerten. Bei der Bearbeitung dieser Themen war entscheidend, ihre beiden Seiten gelten zu lassen und beide immer wieder zu spiegeln. Denn obwohl sie teilweise offensiv in Kampf mit mir ging, wollte sie offensichtlich den Kontakt mit mir.

Zu dem Zeitpunkt, den ich hier darstellen möchte, war sie knapp zwei Jahre bei mir und 26 Jahre alt. Sie befand sich im letzten Abschnitt ihrer Ausbildung zur Krankengymnastin. Sie lebte in einer Wohngemeinschaft und hatte seit ebenfalls knapp zwei Jahren eine Wochenendbeziehung mit einem ihr offensichtlich sehr wohlgesinnten Mann. Bezüglich ihres Essverhaltens hatte sie sich dahin gehend stabilisiert, dass sie nur noch seltene Anfälle hatte (circa alle 2–4 Wochen). Ihr Gewicht hielt sie auf einem leicht untergewichtigen, aber nicht Besorgnis erregenden Maß (BMI von 17,5–18). Sie fand sich so gerade mal nicht zu dick und begann nach und nach, auch Spaß an ihrem Körper zu finden.

In der Therapie gingen ihr die Themen aus, sie konnte manchmal gar keine Stundenanliegen mehr formulieren.

Darauf angesprochen sagte sie, ja, das merke sie auch und sie überlege, ob sie nicht in größeren Abständen kommen sollte und ob das denn möglich sei. Ich antwortete, das sei grundsätzlich möglich, nur mit der kleinen Einschränkung, dass ich ihr dann keinen festen Termin mehr garantieren könnte, denn ich könnte es mir natürlich nicht leisten, für gelegentliche Sitzungen immer einen festen Termin freizuhalten. Aber erfahrungsgemäß ließe sich immer ein Termin finden, sie müsse nur anrufen.

Zwei Wochen später fragte ich sie nach ihrer Entscheidung. Daraufhin die Klientin: Ja, wieso denn, ich habe doch gesagt, ich könne es mir nicht leisten, dass sie wegbliebe, also bleibe sie! Etwas erstaunt über diesen, ich sage mal, psychischen Hörfehler, wiederholte ich meine Aussage von zwei Wochen vorher. Erst daraufhin eröffnete mir die Klientin, sie habe ja nur überlegt zu gehen, weil sie sich unter Druck fühle, wenn sie kein Thema habe, aber eigentlich brauche sie mich doch.

Das griff ich auf und meinte, dann sei wohl genau dieses Mich-Brauchen jetzt ihr Thema. Nun begann die Klientin zu weinen und mit spürbarer, aber unterdrückter Wut, mir vorzuwerfen, ich würde sie absichtlich missverstehen, so habe sie das mit dem Brauchen gar nicht gemeint.

Obwohl sie an sich nicht mehr auf der Borderline-Funktionsebene anzusiedeln gewesen wäre, brachen jetzt die Borderline-typischen Beziehungsthemen durch. Ihre Entwicklung und die Stabilität der therapeutischen Beziehung machten es möglich, ihre Ängste und Schmerzen in der Beziehung zur Mutter (sie war viertes, ungewolltes Kind einer depressiven Mutter) bewusst werden zu lassen und zu bearbeiten.

Im Laufe der Folgezeit stabilisierte die Klientin sich insofern, als sie sich trotz mehrerer krisenhafter Selbstzweifel erlaubte, die Ausbildung abzuschließen und mit dem Freund zusammenzuziehen. Es war ihr möglich, sich während der Krisen, spätestens nach wenigen Tagen, Hilfe zu holen und folgenschwere selbstschädigende Entscheidungen (unentschuldigtes Fernbleiben in der Arbeitsstelle, Kündigung der Wohnung o. ä. Ä.) zu unterlassen. Die mit enormer Intensität erlebten Verunsicherungen, die damit einhergehenden Stimmungsschwankungen (insbesondere Wut und Trauer) und auch gelegentliche Phasen mit Ess-Brech-Anfällen blieben.

Literatur

Diagnostisches Statistisches Manual psychischer Störungen (1991): DSM-III-R. Beltz-Verlag.
Gooss, B. (1994): »Das Borderline-Syndrom« in Gisela Kottwitz et al.: »Integrative Transaktionsanalyse, Bd. 3. Institut für Kommunikationstherapie, Berlin.
Rohde-Dachser, C. (1991): »Bulimie und Borderline-Syndrom (Sinn und Problematik einer Diagnose)« in Frankfurter Zentrum für Eßstörungen e. V. »Schriftenreihe 1991/1«, Frankfurt a. M.
Stauss, K. (1993): »Neue Konzepte zum Borderline-Syndrom«. Junfermann, Paderborn.

Die Autorin

Barbara Trenkle, Jahrgang 1961, wohnhaft in Nürnberg
Dipl.-Sozialpädagogin (FH), Transaktionsanalytikerin (CM)
Tiefenpsychologisch orientierte Psychotherapeutin, Supervisorin, Fortbildnerin
Mehrjährige Erfahrung im stationären Suchtbereich und in der Beratungstätigkeit; seit 1992 auch in eigener psychotherapeutischer Praxis mit Schwerpunkt Ess-Störungen tätig

Diabetes mellitus, Typ 1 und Ess-Störungen
Monika Fuchs

Einleitung

Ess-Störung ist nicht gleich Ess-Störung – und ganz besonders trifft dies auf Menschen mit Ess-Störungen zu, die zusätzlich an einer chronischen Erkrankung wie Diabetes mellitus vom Typ 1 leiden, der insulinpflichtigen Form des Diabetes. Unter Fachleuten werden für diese Diabetesform synonyme Begriffe verwendet. Da sie vorwiegend im Kindes- und Jugendalter beginnt, wird auch vom »Jugenddiabetes« oder von »Diabetes vom juvenilen Typ« gesprochen. In diesem Kapitel beziehe ich mich auf Betroffene, die Diabetes mellitus, Typ 1 haben und zu einem späteren Zeitpunkt subklinisch gestörtes Essverhalten entwickelten oder eine manifeste klinisch relevante Ess-Störung wie Anorexia nervosa, Bulimia nervosa, BED (Binge Eating Disorder) oder ENNB (Ess-Störung, Nicht Näher Bezeichnet).
Vor allem geht es mir darum diejenigen Faktoren aufzuzeigen, die m. E. dafür relevant sind, dass Ess-Störungen *nicht* infolge eines Diabetes mellitus auftreten. Es handelt sich bei diesen Ausführungen zum einen um anhand von Einzelfallbehandlungen beobachtetes Erfahrungswissen und zum anderen durch klinische Studien abgesichertes empirisches Wissen, denn die Forschung, die sich auf das Klientel diabetischer Patienten mit Ess-Störungen bezieht, wurde im deutschsprachigen Raum noch nicht ausgiebig betrieben.
Ich gehe auf grundlegende Prinzipien der Diabetestherapie bei Kindern, Jugendlichen und jungen Erwachsenen ein, sofern es sich um Prinzipien handelt, die bei der Genese von Ess-Störungen eine Rolle spielen könnten. Anhand von Fallvignetten zeige ich auf, dass herkömmliche Programme in der Therapie von Ess-Störungen ggf. Modifizierungen erfordern, wenn es sich bei den Patientinnen um solche handelt, die zugleich an einem Diabetes mellitus Typ I erkrankt sind. Es geht mir darum auf wesentliche Unterschiede bereits in der Genese der Ess-Störungen bei Diabetikerinnen aufmerksam zu machen. Das Kapitel zielt außerdem auf präventive Maßnahmen derart ab, dass sich Ess-Störungen bei diabetischen Kindern und Ju-

gendlichen zumindest nicht als Folge eines nicht genügend bewältigten, akzeptierten und in die Lebensführung integrierten Diabetes manifestieren, sowie auf therapeutische Maßnahmen, die Betroffenen mit Doppeldiagnose besser gerecht werden als bisherige Standardprogramme. Ich möchte damit nicht sagen, dass derartige Programme nicht ihre Berechtigung haben oder nicht wirksam wären, ich möchte jedoch darauf hinweisen, dass je nach Einzelfall Modifikationen erforderlich sind und sei es nur in der Art, wie vorbereitende und begleitende psychotherapeutische Gespräche mit den diabetischen Betroffenen geführt werden.

Kinder, Jugendliche und Erwachsene mit Diabetes mellitus, Typ 1

Die Diagnose »Diabetes mellitus, Typ 1« und die Veränderungen in den Familien der Betroffenen
Da ich davon ausgehe, dass die Art und Weise, wie ein Kind oder ein Jugendlicher die Erstmanifestation seines Diabetes erlebt und wie es in der Folge diesen akzeptieren und in sein Leben integrieren lernt, einen ganz entscheidenden Faktor dafür darstellt, ob das betroffene Kind, die betroffene Jugendliche später eine Ess-Störung entwickeln wird oder nicht, werde ich zu Anfang auf ein paar wesentliche Punkte im Erleben von Eltern und Kind, die mit der Diagnose Diabetes mellitus Typ I konfrontiert werden, eingehen, bevor ich mich den Patientinnen mit Doppeldiagnose zuwende.
 Es sei vorweggenommen, dass ich es für unbedingt erforderlich halte, bei der Gruppe derjenigen Patientinnen, die Diabetes mellitus und eine Ess-Störung haben, Untergruppen zu bilden. Die Genese einer Ess-Störung bei zuvor bekanntem Diabetes mellitus Typ I kann auf ganz unterschiedlichen verursachenden Faktoren beruhen. Bei Ess-Störungen muss grundsätzlich davon ausgegangen werden, dass sie multifaktoriell bedingt sind. Damit ist gemeint, dass es nie nur einen Faktor gegeben hat, der zwangsläufig zur Entstehung einer Ess-Störung hätte führen müssen, etwa nach dem Muster:
»Weil das Kind Diabetes mellitus Typ I bekam und die Diät so streng war bekam es Bulimie« oder
»Weil das Kind einen so strengen Vater hatte bekam es Anorexie«.
»Weil das Kind eine hysterische Mutter hatte bekam es Binge Eating Disorder« – nach diesem einfachen Strickmuster läuft es nie!
Wenn Eltern irgendwann erkennen, dass ihr Kind nicht nur Diabetes, sondern auch noch eine Ess-Störung hat, dann peinigt sie meistens die Schuldfrage. »Wer ist schuld?!«, hämmert es in ihrem Kopf herum, und vielen El-

tern fällt es schwer, sich von der Schuldfrage zu lösen, zu distanzieren. Das Vertrackte ist, dass die Schuldfrage zu lösen auf dem therapeutischen Weg meist nicht weiterhilft, weder dem essgestörten Kind noch den Eltern, die sich für die Erziehung und das Wohlergehen ihres Kindes verantwortlich fühlen.

Wenn wir davon ausgehen müssen, dass die Entwicklung einer Ess-Störung multifaktoriell bedingt ist, dann heißt das im Umkehrschluss, dass auch die Art und Weise, wie mit dem Diabetes umgegangen wird, einer der Faktoren sein kann, die die Genese einer Ess-Störung zwar allein nicht verursachen, aber doch begünstigen können.

Obwohl der starke Durst, den diabeteskranke Kinder entwickeln, und der Harndrang sowie die starke Gewichtsabnahme in relativ kurzer Zeit zwei sehr auffällige Begleiterscheinungen sind, kommt es immer wieder vor, dass Kinder sehr plötzlich in eine Diabetesfachklinik mit der Diagnose Diabetes mellitus Typ I eingewiesen werden. Besonders in den Sommermonaten, wenn Kinder viel draußen herumtollen, es heiß ist und alle Kinder viel trinken, schöpfen Eltern nicht unbedingt Verdacht, dass ihr Kind an einer ernsten Erkrankung leidet, wenn es so viel trinkt.

Diabetes mellitus Typ 1 erfordert immer eine Behandlung mittels Insulininjektionen, und zwar sobald der Diabetes entdeckt worden ist, sofort. Würden diese Insulininjektionen nicht gegeben, so könnte sich ein lebensbedrohliches Überzuckerungskoma entwickeln. Nach diesen allerersten Insulininjektionen, die den Zweck haben, den Blutzuckerspiegel wieder auf ein normales Niveau zu senken, geht es in den folgenden Wochen darum, den »Zucker einzustellen«. Damit ist gemeint, dass die Ernährung des Kindes und die Insulininjektionen aufeinander so abgestimmt werden, dass über den Verlauf des Tages die Blutzuckerwerte sich in einem Bereich bewegen der dem eines nichtdiabetischen Kindes zumindest nahe kommt. Eine derartige sorgfältige Abstimmung erfordert in der Regel einen Zeitraum von 2 bis 4 Wochen.

An dieser Stelle sind bereits die ersten kritischen Momente erkennbar:
1. Schnelles Handeln ist gefragt
2. »Diagnoseschock«: Es ist chronisch, es geht nicht mehr weg, das Kind muss spritzen, sein Leben lang, man muss es genau nehmen mit Essen und Spritzen
3. Klinikaufenthalt: Wann?, Wo? Wie lange? Besuche möglich?

Natürlich ist es ein Unterschied, in welchem Alter das Kind die Erkrankung trifft, und die Familiensituation, in die die Diagnose hineintrifft, kann sehr unterschiedlich sein! Wie alt ist das Kind? Sind jüngere Geschwister da, die

die Eltern noch dringend brauchen? Gibt es bereits ernstere Erkrankungen in der Familie? Hatte die Familie gerade einen Urlaub geplant? War das Kind schon einmal allein für längere Zeit von zu Hause fort? War es schon einmal im Krankenhaus? Hat das Kind schon andere Erkrankungen mitgemacht? Wie ist die Eltern-Kind-Beziehung? Kurz: Es spielen von heute auf morgen ganz viele Faktoren eine sehr starke Rolle, die Einflussfaktoren sind miteinander verwoben und im realen Leben sicherlich allen Beteiligten nicht glasklar getrennt bewusst. Im Gegenteil: Wir kennen es doch alle von Situationen, in den wir uns überrumpelt fühlen. Wir neigen dazu, »kopflos« zu werden, oder kämpfen übermäßig um Kontrolle, in dem wir viele Fragen stellen, die genauso gut zehn Tage später hätten gestellt und beantwortet werden können, während wir nicht im Blick haben, was im Hier und Jetzt das Allerwichtigste ist.

Da ist etwa ein Vater, der den Stationsarzt gleich in Beschlag nimmt und ihm »1000 Fragen« stellt, während er überhaupt nicht realisiert, dass es das Allerwichtigste wäre, das eigene Kind bei der Ankunft in der Klinik weder tatsächlich noch emotional allein zu lassen. Die Fragen zur Erkrankung des Kindes beantwortet der Stationsarzt sicherlich gerne ein paar Stunden später auch am Telefon.

Oder da ist die Mutter, die geschockt darüber, dass eines ihrer Kinder so schnell in die Klinik muss, denkt: »Hilfe, ich kann doch die drei jüngeren Geschwister nicht alleine lassen!«, und der in diesem Moment nicht einfällt, dass sie die Geschwisterkinder zur Betreuung bei Nachbarn unterbringt.

Manchmal ist es nicht anders möglich, als dass eine räumliche Trennung zwischen Kind und Eltern durch den medizinisch notwendigen Klinikaufenthalt eintritt. Wichtig aber ist auf jeden Fall, dass Eltern oder andere nahe Bezugspersonen ihr Kind emotional nicht verlassen. »Emotional nicht verlassen« bedeutet, die Gefühle, die ein Kind oder Jugendlicher hat, welche auch immer es sein mögen, zu würdigen i. d. S.: Ich sehe/ich spüre, dass du traurig bist! Dass du total wütend bist! Total genervt und alles ätzend findest! Sie würden ihr Kind emotional verlassen, allein lassen, wenn sie in solchen Situationen die Wucht seines Schmerzes durch Beschwichtigungen mildern wollten: »Jetzt stell dich doch nicht so an! Andere haben das auch! Es gibt Krankheiten, die sind noch viel schlimmer als Diabetes!«, oder Ähnliches. Es gibt auch Fälle, in denen es den Eltern noch schwerer fällt als dem Kind selbst, die Diabeteserkrankung ihres Kindes zu akzeptieren. Auch wenn Eltern nichts in dieser Richtung verbalisieren, ein Kind spürt es doch, wenn den Eltern die Erkankung peinlich oder unangenehm ist oder sie dadurch emotional belastet sind. Ein Kind wird dann alles tun, die Belastung seiner Eltern zu mildern, z. B. indem es seinen Diabetes besonders vorbild-

lich führt. Das aber ist verkehrte Welt! Das Kind wird zum Erwachsenen, das seine Eltern tröstet und schont, statt dass es manchmal Tröstung, Zuspruch oder Ermutigung durch seine Eltern erführe!
Bei Kleinkindern und Kindergartenkindern sollte es selbstverständlich sein, dass Mutter oder Vater mit dem Kind in der Klinik übernachten kann, aber auch bei Grundschulkindern kann es sehr sinnvoll sein.
Wenn ein Kind oder ein Jugendlicher an Diabetes mellitus erkrankt, dann ist dieses Kind oder diese/r Jugendliche bereits eine (werdende) Persönlichkeit und die Familie, in der es lebt, keinesfalls eine Tabula rasa. Es kommt jetzt sehr darauf an, wie diesem Kind, diesem Jugendlichen und dieser Familie, die davon betroffen ist, in den ersten Tagen und Wochen begegnet wird, wie ihnen geholfen wird, wenn sie ihre ersten Erfahrungen mit dieser Erkankung machen. Die Diabeteserkrankung als solche, muss kein traumatisches Ereignis werden, auch wenn es sich um eine chronische Erkrankung handelt nicht, und sie muss auch nicht zu einer Ess-Störung in der Folge führen.
Immer dann, wenn in einer Familie irgendein Familienmitglied eine schwerwiegende Erkrankung trifft, können wir davon ausgehen, dass zumindest unbewusst schlagartig in der Psyche aller Betroffenen sämtliche Erlebnisse virulent werden, die mit ernster Erkrankung zu tun hatten: da kommt die Erinnerung an die eigene Mutter, die viel zu früh an Krebs gestorben ist; oder eine Erinnerung an eine komplizierte eigene Erkrankung, unter der man sehr gelitten hat oder Bilder von der Großmutter, die einen diabetischen Fuß bekam. Gerade diese Bilder und Erinnerungen drängen plötzlich wieder ins Bewusstsein einzelner Familienmitglieder und werden den Umgang mit dem neu erkrankten Familienmitglied entscheidend beeinflussen, und zwar umso mehr, desto weniger sich Familienmitglieder bewusst mit diesen andrängenden Phantasien auseinander setzen.
Im Falle von Diabetes werden auch alle Erinnerungen, Phantasien, Bilder im Umgang miteinander wirksam werden, die je mit Nahrung und Ernährung zu tun hatten. Ich habe unter Ess-Störungs-Patientinnen etliche kennen gelernt, deren Eltern oder Großeltern in den Kriegs- und Nachkriegsjahren extrem gehungert haben.

Intrapsychische und interpersonelle Konflikte

Unter Umständen kann die Erkrankung eines Familienmitglieds an Diabetes in der Familie schon vor dem Bekanntwerden des Diabetes unterschwellig vorhandenes Konfliktpotenzial oder bereits sichtbar gewordene Konflikte verschärfen. Latent vorhandene Konflikte, die ohne dieses neuen Stressfaktor »Diabetes« »gedeckelt« bleiben konnten, brechen ggf. mit voller Wucht hervor. Ohnehin vorhandene Konflikte eskalieren. Dann liegt die Versuchung nahe, alle Schuld dem »verflixten Diabetes« zuzuschieben; denn vorher ging es der Familie ja gut oder einigermaßen gut. Die in eine solche Familiendynamik Verwickelten sehen in dieser Situation häufig nicht klar, und es kann ganz leicht passieren, dass aller Unmut, alles Unbewältigte, alles ansonsten nicht Verbalisierbare am Diabetes festmacht und das heißt oft auf das betroffene Familienmitglied mit Diabetes projiziert wird. Im Klartext, der diabeteskranke Mensch bekommt die »Sündenbockrolle« zugeschrieben, und möglicherweise nimmt er diese auch an und spielt sie unbewusst über Jahre mit.

Es gehört zum menschlichen Leben dazu, dass wir Konflikte in uns selbst tragen, in der eigenen Person bzw. zwischen verschiedenen Anteilen der eigenen Personen, Fachleute sprechen von »intrapsychischen Konflikten«, und dass wir mit anderen Menschen Konflikte haben und austragen müssen, so genannte »interpersonelle Konflikte«. Wenn der eine Teil in uns so will, der andere anders, dann sprechen wir von einem »Ambivalenzkonflikt«. Beispiel: Ein Teil in mir will gern ein Stück Kuchen essen, ein anderer Teil sagt: »Das darfst du nicht, du bist Diabetiker! Du weißt nicht, wie viel Broteinheiten dieses Stück Kuchen hat!«

Menschen haben in ihrem Leben mehr oder weniger gut gelernt, Konflikte wahrzunehmen, Konflikte ein Stück weit auszuhalten, mit Konflikten konstruktiv umzugehen und schließlich Konflikte auch zu überwinden bzw. zu lösen. Manchmal fühlen sich Menschen von Konflikten, die sie in sich spüren oder die sie im Umgang mit anderen Menschen haben, überfordert. Dann wollen sie vielleicht nichts damit zu tun haben, verdrängen den Konflikt aus ihrem Bewusstsein, wodurch es für gewöhnlich nicht besser wird. In Familien mit diabetischen Kindern oder Jugendlichen und auch in Familien, in denen Kinder und Jugendliche andere chronische Erkrankungen haben wie z. B. Asthma bronchiale oder Neurodermitis, ist manchmal zu beobachten, dass sich plötzlich mehr oder weniger alles nur noch um dieses erkrankte Kind dreht, und dies nicht nur vorübergehend, bis Eltern und das betroffene Kind selbst sich an die neue Situation, mit einer chronischen Erkrankung leben zu müssen, gewöhnt haben, sondern dauerhaft über viele Jahre hinweg.

Bei genauerem Hinsehen, z. B. wenn eine Familienberatung aufgesucht würde oder wenn eine Familie sich zu einer Familientherapie bereit erklärte, könnten die Familienmitglieder erkennen, dass nicht etwa nur das erkrankte Kind der Verursacher für Schwierigkeiten, Spannungen etc. in der

Familie ist, sondern dass andere Familienmitglieder auch ihren Anteil am Konfliktherd oder der spannungsreichen Atmosphäre in der Familie haben, z. B. weil sie selbst unverarbeitete intrapsychische Konflikte mit sich herumtragen oder bei einem Familienmitglied die kollegiale Situation am Arbeitsplatz sehr spannungsreich ist oder Ähnliches mehr.

Es kommt vor, dass Eltern ihre eigenen intrapsychischen Konflikte nie wirklich ernsthaft angeschaut und bearbeitet haben oder dass sie sich sogar scheuen, diese wahrzunehmen. Dann ist die Gefahr besonders groß, dass eine Familiendynamik entsteht, in der sich in sehr einseitiger und ungerechtfertigter Weise die Aufmerksamkeit auf das eine erkrankte Kind konzentriert, selbst dann, wenn Geschwisterkinder da sind. Es kann sein, dass die Geschwisterkinder sogar ausgesprochene Freiräume genießen, weil die Eltern mit ihrer Aufmerksamkeit immer beim »Problemkind« sind. Geschwisterkinder entwickeln dann manchmal sogar ausgesprochen gesunde, starke Persönlichkeiten, was den Eindruck, dass eben alles Kritische am Problemkind liege, zu bestätigen scheint.

Es kann so sein, aber auch ganz anders. Möglicherweise leiden Geschwisterkinder auch sehr unter der spannungsreichen Familienatmosphäre, die sich mit der chronischen Erkrankung von Schwester oder Bruder verschärft hat und werden selbst womöglich später psychisch krank, oder sie fühlen sich vernachlässigt und entwickeln Auffälligkeiten, damit die Eltern sich endlich auch mal um sie kümmern.

Krankheitsakzeptanz

Es wurde der Versuch unternommen, die allmähliche Akzeptanz der Diagnose Diabetes mellitus Typ 1 in einem Phasenmodell zu beschreiben, ähnlich wie es Phasenmodelle für die Verarbeitung von Trauer gibt. Die Bezeichnung des Modells für die Akzeptanz des Diabetes wurden genannt: Schock, Ablehnung, Auflehnung und Aggression, Schuld, Depression, Akzeptanz.

Es ist mir jedoch sehr wichtig, darauf hinzuweisen, dass solche Phasenmodelle nicht etwa den Stellenwert von Naturgesetzen haben. Die Verarbeitungsphasen können in der genannten Reihenfolge auftreten, aber auch in anderer. Wahrscheinlicher ist, dass Phasen nicht ein für alle Mal durchlaufen sind, sondern, dass in kritischen Situationen bzw. so genannten Schwellensituation, wie z. B. Beginn des Studiums, Beginn der beruflichen Laufbahn, Beförderung etc., frühere Phasen noch einmal durchlaufen werden, z. B. weil dem Betroffenen bewusst wird, dass er es mit seinem Diabetes ein-

fach schwerer hat, Anforderungen gewachsen zu sein oder dass andere ihn besonders kritisch beurteilen oder oder.
Wohl nur wenige chronische Erkrankungen erfordern ein derart hohes Maß an täglichem, diszipliniertem Verhalten bis ins Detail. Ein Diabetiker darf seine Erkrankung nicht einfach vergessen. Er muss sich ständig dessen bewusst sein, Diabetiker zu sein, z. B. damit er auf körperliche Symptome wie Schwindel oder Schwächegefühl reagiert, die Anzeichen einer Unterzuckerung (Hypoglykämie) sein könnten. Insofern gilt bei Diabetes mellitus sicherlich, dass es eine Krankheitsakzeptanz ein für alle mal sicherlich nicht gibt. Es mag eine grundlegende Krankheitsakzeptanz geben, die dann aber täglich, stündlich, ja wenn man es genau nimmt, sogar minütlich eingelöst werden muss.
Noch vor ein, zwei Jahrzehnten setzten vor allem Diabetesfachkliniken aus verständlichen Gründen auf eine möglichst gute Schulung ihrer Diabetespatienten i. S. der Vermittlung von medizinischem Fachwissen und Umgang mit der Diabeteserkrankung. Man wurde nicht müde, die Patienten zu ermahnen, dass sie ihre Diätpläne auch wirklich streng einhielten, auf den Spritz-Ess-Abstand achteten, dafür sorgten, dass kein Übergewicht entsteht oder es reduziert wird; für genügend Bewegung gesorgt, schnelle Kohlenhydrate vermieden und langsame bevorzugt usw. usf. Es wurden Normwerte, Richtwerte und Grenzwerte bekannt gegeben, die absteckten, was unter sehr guter, guter, mittelmäßiger oder schlechter Stoffwechselführung zu verstehen sei. Eine gute Stoffwechselführung sei wichtig, um Folgeschäden wie Schäden an den Augen bis hin zur Erblindung, Nierenschäden, Polyneuropathie, Angiopathie, diabetischer Fuß zu vermeiden. So richtig und wichtig all die genannten Aspekte aus medizinischer Sicht tatsächlich, auch heute noch sind, so wenig wurden doch psychische Faktoren wie eben die der Krankheitsakzeptanz oder des schrittweisen Lebenlernens mit Diabetes, sowie Persönlichkeitsfaktoren des Patienten und seines soziokulturellen Umfeldes beachtet.
Ein praktisch tätiger Arzt, der Diabetespatienten betreut oder Diabetologen werden im Idealfall solche psychischen und psychosozialen Faktoren beachten. So ist es beispielsweise wenig effektiv, detaillierteres medizinisches Schulungswissen dann vermitteln zu wollen, wenn sich Betroffener und Angehörige noch in der Phase des Schocks oder in Phasen der Auflehnung und Aggression befinden.
Nicht nur bei Diabetes mellitus, sondern auch bei anderen Krankheiten sprachen Behandler früher gern von »Compliance«, also der Bereitwilligkeit mit den Medizinern gut zusammenzuarbeiten und sich den Behandlungsmaßnahmen zu fügen. Und wie schnell galten Diabetiker als wenig

compliant! Leider habe ich nicht mehr eruieren können, wer die Studie durchgeführt und wo genau sie veröffentlicht wurde. Jedenfalls wurde vor geraumer Zeit eine Studie durchgeführt, bei der Ärzte, die Nichtdiabetiker waren, sich freiwillig melden konnten und für einen sehr kurzen Zeitraum (vermutlich ein Wochenende) sich freiwillig dazu verpflichteten, gemäß jener Vorschriften zu leben, die sie ihren Diabetespatienten täglich gaben. Ergebnis: Keiner der beteiligten Ärzte schaffte es auch nur für diesen sehr kurzen Zeitraum, die Vorschriften zu beachten!!

Es gilt jedoch nicht nur den zeitlichen Faktor der Vermittlung von Schulungswissen zu beachten, sondern auch wem vermittelt wird, im Klartext: Welchen Eltern mit welchem soziokulturellen Hintergrund, mit welcher Persönlichkeit und welchen Erziehungsgrundsätzen vermittelt ein Arzt oder eine Diätassistentin oder ein Therapeut was mit welchen Methoden? Eltern, die ihr Kind ohnehin sehr streng erziehen, braucht nicht nochmal extra ans Herz gelegt werden, dass ihr Kind den Diätplan auch streng einzuhalten habe! Diese Eltern brauchen vielleicht Ermutigung, auch mal »fünfe grade« sein zu lassen, den Hinweis, dass, falls das Kind normale Süßigkeiten gegessen hat, der Blutzuckeranstieg durch eine zusätzliche Insulininjektion ausgeglichen werden kann; es kein Drama ist, wenn das Kind drei ganze Kekse pro BE gegessen hat, wo die BE-Zahl auf der Verpackung Diätkekse doch schon bei $2^{1}/_{2}$ liegt, und Ähnliches mehr!

In der modernen Diabetesbehandlung gelten heute folgende Grundsätze:
»Die primäre Ressource für die Diabetestherapie ist der Patient selbst« (Prinzip: Selbstverantwortung)
»Empowerment/Selbstmanagement bedeuten: Menschen mit Diabetes bestmöglich zu unterstützen, ein Leben nach eigenen informierten Entscheidungen zu führen«
»Diabetes betrifft den ganzen Menschen – seine Gefühle, Einstellungen und Verhaltensweisen«

In mehreren Studien zum Diabetes mellitus konnte gezeigt werden, dass erworbenes medizinisches Wissen über die eigene Erkrankung keineswegs automatisch dazu führt, dass diese in der Praxis auch umgesetzt werden.

Grundlegende Entwicklungsaufgaben Jugendlicher und die Verlaufsphasen des Diabetes mellitus

Ganz grob skizziert lassen sich beim Diabetes mellitus Typ 1 folgende Phasen unterscheiden:
- Anfangsphase (Initialphase)
- Remissionsphase
- Postremissionsphase
- Pubertätsphase
- Adoleszenzphase.

Mit der Initialphase ist diejenige Phase gemeint, in der Neuerkrankte an unnormal starkem Durst leiden, unglaublich viel trinken und sehr viel Wasser lassen müssen. Für gewöhnlich nehmen sie in dieser Zeit sehr stark ab, weil aufgrund des vorliegenden Insulinmangels ihr Körper vor allem die kohlehydrathaltige Nahrung nicht mehr aufschlüsseln kann.

Nach erfolgter Ersteinstellung stellt sich bei manchen Patienten die so genannte Remissionsphase ein. Diese Phase ist gekennzeichnet durch einen verminderten Insulinbedarf.

In der Postremissionsphase steigt der Insulinbedarf wieder. Erfahrungsgemäß liegt der Insulinbedarf in dieser Zeit bei 0,8 bis 1,0 IE pro Tag.

In der Pubertätsphase kann es zu starken Stoffwechselschwankungen kommen, die auf endokrinologische Veränderungen zurückzuführen sind.

Die teilweise extremen Stoffwechselschwankungen beruhigen sich in der Adoleszenz wieder.

Aus Eriksons bekanntem Phasenmodell menschlicher Entwicklung lassen sich Entwicklungsaufgaben ableiten. Der Begriff »Entwicklungsaufgaben« wurde vor allem von Havighurst benutzt.

Sehen wir uns einmal exemplarisch die Entwicklungsaufgaben eines Jugendlichen an, von dem wir wissen, dass er an Diabetes mellitus Typ I leidet und der sich folglich laut medizinischem Phasenverlauf in einer Zeit befindet, in der sein Blutzucker eher einen Zickzackverlauf denn einen schönen gleichmäßigen Verlauf im Normbereich aufweist.

Havighurst (1972) postulierte für das Jugendalter acht Entwicklungsaufgaben und Dreher und Dreher (1985) nennen drei weitere, so dass ein Jugendlicher, Diabetes hin oder her, insgesamt vor, folgen wir diesen Autoren, elf größeren Entwicklungsaufgaben stünde. Diese sind:

1. Akzeptieren der eigenen körperlichen Erscheinung und effektive Nutzung des Körpers: Sich des eigenen Körpers bewusst werden. Lernen,

den Körper in Sport und Freizeit, aber auch in der Arbeit und bei der Bewältigung der täglichen Aufgaben sinnvoll zu nutzen.
2. Erwerb der männlichen bzw. der weiblichen Rolle: Der Jugendliche muss seine individuelle Lösung für das geschlechtsgebundene Verhalten und für die Ausgestaltung der Geschlechtsrolle finden.
3. Erwerb neuer und reiferer Beziehungen zu Altersgenossen beiderlei Geschlechts: Hierbei gewinnt die Gruppe der Gleichaltrigen an Bedeutung.
4. Gewinnung emotionaler Unabhängigkeit von den Eltern und anderen Erwachsenen: Für die Eltern ist gerade diese Entwicklungsaufgabe schwer einsehbar und oft schmerzlich. Obwohl sie ihre Kinder gerne zu tüchtigen Erwachsenen erziehen wollen, möchten sie die familiäre Struktur mit den wechselseitigen Abhängigkeiten möglichst lange aufrechterhalten.
5. Vorbereitung auf die berufliche Karriere: Lernen im Jugendalter zielt direkt (bei berufstätigen Jugendlichen) oder indirekt (in weiterführenden Schulen) auf die Übernahme einer beruflichen Tätigkeit ab.
6. Vorbereitung auf Heirat und Familienleben: Sie bezieht sich auf den Erwerb von Kenntnissen und sozialen Fertigkeiten für die bei Partnerschaft und Familie anfallenden Aufgaben. Die Verlängerung der Lernzeit bis häufig weit in das dritte Lebensjahrzehnt macht im Zusammenhang mit dem säkularen Wandel allerdings auch neue Lösungen notwendig.
7. Gewinnung eines sozial verantwortungsvollen Verhaltens: Bei dieser Aufgabe geht es darum, sich für das Gemeinwohl zu engagieren und sich mit der politischen und gesellschaftlichen Verantwortung des Bürgers auseinander zu setzen.
8. Aufbau eines Wertsystems und eines ethischen Bewusstseins als Richtschnur für eigenes Verhalten: Die Auseinandersetzung mit Wertgeltungen in der umgebenden Kultur soll in diesem Lebensabschnitt zum Aufbau einer eigenständigen »internalisierten« Struktur von Werten als Orientierung für das Handeln führen.
9. Über sich selbst im Bilde sein: Wissen, wer man ist und was man will. Diese Aufgabe ist zugleich allen übrigen übergeordnet und wird von Erikson (1968) als zentrales Thema des Jugendalters angesehen (Identität versus Rollendiffusion).
10. Aufnahme intimer Beziehungen zum Partner (Sexualität, Intimität). Diese Entwicklungsaufgabe ist Voraussetzung für die Vorbereitung auf Heirat und Familienleben und dürfte den Jugendlichen zunächst näher liegen als Ehe und Familie.
11. Entwicklung einer Zukunftsperspektive: sein Leben planen und Ziele

ansteuern, von denen man glaubt, dass man sie erreichen kann. (Oerter, S. 276f. in Oerter/Montada)

Zu 1) Sobald jemand Diabetes mellitus hat, ist er gezwungen, seinem Körper größere und vor allem Aufmerksamkeit anderer Art zu schenken als bisher. Vor allem interessieren metabolische Größen, an erster Stelle der Blutzucker, dessen einzelne Messungen in ein Tagesprofil überführt werden; ferner der HbA1c-Wert, der als Gütekriterium für eine gute Stoffwechselführung herangezogen wird; aber auch sämtliche körperlichen Symptome, die auf Unter- oder Überzuckerung hindeuten könnten, sollen vom Diabetiker schnell erkannt werden. Der eigene Körper ist bei Diabetes plötzlich nicht mehr nur etwas, der unter positiver Akzentsetzung erlebt wird, etwa bei Anstrengung und Erfolgen beim Sporttreiben, es geht nicht mehr nur um Training i. S. sportlicher Leistungen, sondern plötzlich geht es um Kontrollen unter medizinischen Aspekt. Und das unter einem Damosklesschwert, das bedeutet, dass wenn die Kontrollen nicht ausreichend gut gelingen, Folgeschäden drohen. Auch der hohe Stellenwert der Ernährung ist unmittelbar mit dem Körpererleben verknüpft.

Zu 2 und 9) Mehrere Autoren, die als Spezialisten für Ess-Störungen gelten dürfen, wie z. B. Franke und Lawrence, haben diejenigen Aspekte bei Ess-Störungs-Patientinnen, die mit Rollenverhalten und Identitätsfindung zu tun haben, präzise herausgearbeitet.

Zu 3) Im Kontakt mit den Altersgenossen muss ein diabetischer Jugendlicher immer seinen Diabetes »mitdenken«. Bamber (1974) ermittelte, dass »lächerlich aussehen« und »sich abgewiesen fühlen« zwei der größten, von allen Jugendlichen genannten Ängste waren. Zwei Drittel der von Sullivan (1979) untersuchten Diabetiker gaben an, dass sie gerne zusammen mit ihren Freunden zum Essen gingen und die Hälfte gab zu, dass ihnen das Zurückweisenmüssen bestimmter Gerichte peinlich war. Ein Drittel der Befragten gestand, dass sie lieber etwas Unerlaubtes essen würden, als ihre Krankheit einzugestehen. Ein Drittel hatte außerdem das Gefühl, dass sie bei ihren gesunden Freunden ohne Diabetes beliebter wären und dass sie sich ohne ihre Krankheit in der Schule wohler fühlen würden. Ein Siebtel der Versuchsgruppe berichtete von Freunden, die bewusst versuchten, sie zum Essen »verbotener« Lebensmittel veranlassten (zit. nach Kaplan und Chadwick, S. 312f. in Strian, Hölzl, Haslbeck). Die zitierten Angaben der Jugendlichen sprechen m. E.

für sich. Ins Auge fällt das große Ausmaß ihrer Scham, das sie über ihre Diabeteserkrankung empfinden. Die Scham ist übrigens nicht nur den Jugendlichen selbst anzumerken, sondern auch immer wieder Eltern diabetischer Jugendlicher! Kranksein scheint also auch in unserer Zeit etwas nach wie vor ziemlich Schambesetztes zu sein. Ob es mit den hohen Normen der Leistungsgesellschaft zu tun hat? Auch wenn die Jahreszahlen der genannten Studien Jahre zurückliegen, so ist zu befürchten, dass sich Jugendliche untereinander kaum »diabetesfreundlicher« verhalten als damals, oder?

Zu 4) Eine gesunde Loslösung von den Eltern ist eine der wichtigsten Entwicklungsaufgaben überhaupt. Als Jugendlicher Diabetes zu bekommen birgt die Gefahr in sich, in ein ungutes Abhängigkeitsverhältnis gegenüber den Eltern zurückgeworfen zu werden. Die Eltern schaffen es z. B. nicht, die Verantwortung für die Diabetesführung dem Jugendlichen wirklich selbst zu überlassen. Sie haben Bedenken und wollen etwas Einblick in die Blutzuckerprotokolle nehmen, ermahnen an Stellen, wo es nicht nötig wäre, oder ermahnen zu Recht; der Jugendliche ist aber dadurch erst recht genervt und blockt noch mehr. Verschiedene ungute Abhängigkeitsbeziehungen zwischen Eltern und Jugendlichem sind denkbar. Es kommt auch vor, dass der Jugendliche im Prinzip recht gut mit seinem Diabetes umgehen könnte, aber das Unvermögen der Eltern, ihr heranwachsendes Kind wirklich in sein Leben zu entlassen, sich plötzlich Bahn bricht unter dem Deckmantel diese oder jene Kontrolle, Begleitung oder Ähnliches sei aufgrund des Diabetes notwendig. Ich habe den krassen Fall mitbekommen, dass eine Mutter plötzlich ihre Tochter, die damals die siebte Klasse besuchte, zur Schule brachte, wieder abholte und unnötig oft mit den Lehrern sprach. Dieses Mädchen nahm drastisch ab, ein Grenzfall hin zur Anorexie. Niemals hätte die Mutter sich eingestehen können, dass es hier ein Abhängigkeitsverhältnis zwischen sich und der Tochter schuf, das der Tochter massiv schadete.

Zu 5) In manchen Büchern wird für Diabetiker die Empfehlung ausgesprochen, sie sollten sich einen Beruf aussuchen mit möglichst regelmäßigem Arbeitsrhythmus. Am besten gar noch im medizinischen Bereich. Regelmäßiger Arbeitsrhythmus erleichtert die Diabetesführung sicherlich. Ich halte es jedoch für sehr kurzschlüssig gedacht, pauschal eine solche Empfehlung zu geben. Ein Mensch sehnt sich immer auch nach »Erfüllung«, Kinder und Jugendliche hatten und haben Ideen und Pläne, was sie später einmal sein/werden möchten. Ich denke, das Denken sollte genau umgekehrt erfolgen: Was muss ich als Diabetiker vielleicht zusätzlich tun/beachten, um meine ursprünglichen Ziele dennoch zu erreichen?! Aber nicht: Weil ich Diabetiker bin, traue ich mir dieses und jenes erst gar nicht zu, unterlasse es von vorneherein! Ich halte diesen Zusammenhang für äußerst wichtig, weil er mit einer grundlegenden Lebenszufriedenheit bei Diabetikern (und nicht nur bei denen zusammenhängt). Ob es um ein Zeltlager der Pfadfinder geht, an dem ein diabetischer Junge von Herzen gern teilnehmen möchte, ob ein diabetisches Mädchen Leistungssport treiben möchte, oder ein diabetischer Jugendlicher einen Beruf anstrebt, in dem abzusehen ist, dass die Arbeitszeiten keine regelmäßigen sein werden – es geht immer um diesen entscheidenden Aspekt: Passe ich meine Ziele dem Diabetes an, lasse gar Ziele fallen oder überlege ich, wie ich ursprüngliche, von Herzen kommende Ziele trotz Diabetes erreichen kann?! Es gibt sehr wohl Fälle diabetischer Mädchen und Frauen, die, weil sie auf »Diabetikerin« reduziert wurden, was zum Teil mit dem erzwungenen Aufgeben ureigener Ziele verbunden gewesen ist, später essgestörtes Verhalten entwickelten. Ein krasses Beispiel für das Aufgeben eines solchen ureigenen Zieles, allerdings in dem Fall unabhängig von Diabetes und Ess-Störung, findet sich findet sich in der Literatur bei Boeysen/Huber (1991). Sie berichten von einer jungen Frau, die ursprünglich Balletttänzerin hatte werden wollen, dann aber dem Rat ihres Vaters folgte und einen Verwaltungsberuf erlernte und damit sehr unglücklich wurde, so sehr, dass sie schließlich in Therapie kam. (ebd., S. 24ff.)

Zu 8) Ggf. gewinnen Werte wie Disziplin und Selbstbeherrschung eine Überwertigkeit, die für Ess-Störungen prädistinieren könnten.

Allgemeine soziale Aspekte im Umgang mit diabetischen Kindern und Jugendlichen

Leider geschieht es relativ häufig, dass »aufgrund des Diabetes« diabetischen Kindern und Jugendlichen Dinge verboten oder ihnen Beschränkungen auferlegt werden. Ein trauriges Kapitel sind Klassenfahrten, bei denen der Klassenlehrer die Verantwortung für das diabetische Kind nicht übernehmen möchte. Alle Eltern müssen sich überlegen, was sie ihren Kindern und Jugendlichen erlauben oder begründet verbieten. Die Begründung »weil du Diabetes hast, erlaube ich dir nicht ...« sollte so selten wie nur irgend möglich vorkommen! Ziel sollte immer sein, dass ein diabetisches Kind so selbstständig wie nur irgend möglich mit seinem Diabetes umgehen kann, damit es gewappnet ist für alle Aktivitäten, denen es an sich gerne nachgehen möchte. Die Sorge der Lehrer, einen Schüler, eine Schülerin mit auf Klassenfahrt zu nehmen, der/die sich mehrfach täglich Insulin injizieren muss, ist zunächst mal verständlich. Ein im Vorfeld geführtes persönliches Gespräch zwischen betroffenem Kind, Lehrer und Eltern kann hier für Entlastung sorgen, und notwendige Absprachen und Vorsorgemaßnahmen können hier getroffen werden. Vielleicht ist es möglich, dass als zweite Begleitperson ein Elternteil aus einer anderen Familie mitfährt, der Krankenschwester oder Krankenpfleger, Arzthelferin oder Arzt ist. Es ist für ein diabetisches Kind, vor allem in der Pubertät, alles anderes als schön, wenn immer die Mutter als »Aufpasserin« mitfährt!!

Freude am Kochen und Backen

Genauso wie die Ernährung selbst erfordert auch das diabetesgerechte Kochen und Backen sehr viel mehr Sorgfalt, als wenn der »Koch« nicht auf die Menge der Kohlenhydrate achten muss. Wenn der Teig zu dünnflüssig geraten ist, darf ein Diabetiker nicht einfach 1–2 Esslöffel Mehl mehr dazugeben. Und es kann frustrierend sein, wenn selbst bei Diabetesdiätrezepten das Stück Kuchen noch 3 BE hat oder bereits $2^1/_2$ Kekse einer Broteinheit entsprechen. Besonders diese halben Kekse sind nervig! Inzwischen sind ein paar Koch- und Backbücher auf dem Markt, mit deren Hilfe Kochen und Backen auch für Diabetiker Freude machen kann, darunter auch solche, die bestimmte Kostformen wie Vollwertkost oder vegetarische Kost berücksichtigen. Grundsätzlich sind alle Koch- und Backbücher geeignet, deren Rezepte mit einer genauen Kohlehydratangabe versehen sind.
Die modernen Insulintherapieformen ermöglichen es, dass Diabetiker bis zu einem gewissen Maße auch zuckerhaltige Produkte essen dürfen. Die BE-Zahl von Markenprodukten kann teilweise in Nährwerttabellen nachgeschlagen werden, teilweise geben Diabeteskliniken entsprechende Tabellen heraus, manchmal müssen allerdings auch Firmen angeschrieben werden, um die Kohlehydratzahl käuflicher Produkte zu erfahren.
Bei bereits essgestörten Patientinnen, besonders bei anorektischen, ist bei einem Teil der Klientinnen zu beobachten, dass sie das Studieren von Kochbüchern und das Kochen und Backen selbst zu einer ihrer Hauptbeschäftigungen machen, wobei das eigene Essen ausgespart bleibt. Bekocht werden für gewöhnlich Bekannte, Freunde und Angehörige, nicht selten sogar be-

sonders kalorienreich. Ein Teil der Patientinnen scheint ihre Störung zum Beruf machen zu wollen, die Berufswünsche reichen von der Diätassistentin bis zur Ökotrophologin, aber auch Berufe aus der Lebensmittelbranche werden ausgewählt.

Die Forschungsperspektive: epidemologische Studien, Prävalenzstudien, Studien zur Insulinmanipulation zwecks Gewichtsreduzierung, Studien zur Komorbidität Diabetes und Ess-Störungen und Einzelfallstudien

Wechselwirkungen und Komplikationen bei der Doppelerkrankung Diabetes mellitus Typ I und Ess-Störung

Eine gute Stoffwechselführung bei Typ I-Diabetikern ist immer – egal welche Insulintherapie angewendet wird, die so genannte konventionelle Insulintherapie oder die intensivierte Insulintherapie – an ein bewusst es, kontrolliertes Essverhalten gebunden.

Sobald ein bewusstes, kontrolliertes Essverhalten von der Diabetikerin nicht mehr gewährleistet werden kann – aus welchen Gründen auch immer – kann eine systematische Anpassung der Insulingaben nicht mehr erfolgen bzw. Spritz-Schema und Ernährungsplan können nicht systematisch aufeinander abgestimmt werden. Ferner ist es unmöglich, Erfahrungswerte darüber zu sammeln, für welche Art von Lebensmitteln, wie viele Einheiten an Insulin zu welchem Zeitpunkt gespritzt werden müssen. Im Falle des Bestehens einer Ess-Störung gibt es zu viele Störfaktoren, die zielsichere Rückschlüsse und damit Planungen verunmöglichen.

Wohin das führen wird, ist im Grunde klar: zu den viel gefürchteten Folgeschäden, die zu vermeiden selbst bei relativ guter Stoffwechselführung nicht gesichert ist.

Prävalenzstudien

Bei den Prävalenzstudien geht es letztendlich um die Frage, ob Typ-1-Diabetiker gleichen Geschlechts und Alters ein höheres Risiko aufweisen, an einer Ess-Störung zu erkranken. Von den hierzu vorliegenden Studien habe ich einige wenige aus dem Zeitraum von 1991–2001 exemplarisch ausge-

wählt, um Ihnen deren wichtigste Ergebnisse vorzustellen. Die am weitesten zurückliegende Studie von 1991 und eine weitere von 1999 wurden in Oxford, Großbritannien, durchgeführt, die nächstfolgende in den USA, zwei in Kanada und die jüngste diesen Jahres in Florida, USA. Die Studien unterscheiden sich in:
- der Art und Weise, wie die Stichprobe ausgewählt wurde
- der Art der Zusammensetzung der Stichprobe selbst (Umfang, Altersstruktur)
- den eingesetzten Erhebungsinstrumenten (standardisierte Fragebögen vs. klinisches Interview oder Wahl beider methodischer Zugänge)

Eine unmittelbare Vergleichbarkeit der Ergebnisse ist also nur bedingt möglich, und Schlussfolgerungen müssen vorsichtig erfolgen. Dennoch werfen sie ein Licht auf interessante Ergebnisse, die weitere Forschung, vor allem im deutschsprachigen Raum, anregen könnte, denn hier sind derartige Studien sehr rar.

Erwähnenswert ist eine Studie an der Universität Essen, bei der 341 Diabetiker vom Typ 1 und 322 Diabetiker vom Typ 2 auf die Ess-Störungen Anorexia nervosa, Bulimia nervosa, Binge Eating und nicht näher bezeichnete Ess-Störungen hin untersucht wurden. In dieser Studie wurde untersucht, ob sich die Prävalenzraten zwischen Typ-1- und Typ-2-Diabetikern, eine Ess-Störung zu entwickeln, unterscheiden. Dies war in dieser Untersuchung nicht der Fall. Lediglich Binge Eating kommt bei Typ-2-Diabetikern häufiger vor.

Schon bei dem Bemühen, die Prävalenzrate von Ess-Störungen in der Gesamtbevölkerung zu bestimmen, stoßen wir grundsätzlich auf die Schwierigkeit, eine für die Gesamtbevölkerung repräsentative Stichprobe auszuwählen. Die genauesten Schlussfolgerungen auf die Prävalenzrate lassen Studien zu, die sowohl klinische Interviews als auch Diagnosekriterien des DSM-III-R bzw. inzwischen DSM-IV zugrunde legten. Bei der Durchsicht derart methodisch durchgeführter Studien kamen Yager et al. (1993) auf eine Prävalenzrate von 1 bis 4 % unter Mädchen und jungen Frauen in Studentengruppen.

Der insulinabhängige Diabetes ist eine der am häufigsten vorkommende chronische Erkrankung im Kindes- und Jugendalter. Rodin und Danemann (1991) geben an, dass auf 300–600 Kinder und Jugendliche im Alter bis zu 20 Jahren eine Neuerkrankung kommt. Die Inzidenz des Diabetes mellitus Typ 1 weist große nationale Unterschiede auf: In Japan kommen auf 100.000 Personen 1 Neuerkrankung pro Jahr, in Nordamerika sind es 10–15 und in Finnland 30 Neuerkrankungen je 100.000 Einwohner pro Jahr. Die Geschlechter sind gleichermaßen stark betroffen.

Da sowohl Ess-Störungen als auch der Diabetes mellitus Typ 1 Erkrankungen sind, die im Jugendalter relativ häufig vorkommen, ist auch mit dem Zusammentreffen dieser beiden Erkrankungen allein von der Altersstruktur und Häufigkeit her zu rechnen. Nach einer Studie von Meltzer (2001) sind die 13- bis 14-jährigen Diabetikerinnen am gefährdetsten, an einer Ess-Störung zu erkranken. Marcus und Wing (1992) ermittelten in ihrer Studie 57 Fälle mit der Doppeldiagnose Diabetes mellitus Typ 1 und Ess-Störung. In 90% der Fälle trat der Diabetes auf, bevor sich eine Ess-Störung manifestierte. 95% dieser Patienten mit Doppeldiagnose waren weiblich. Von diesen Fällen mit Doppeldiagnose setzten 62% Insulinreduktion als Maßnahme zur Gewichtsreduktion ein, schlechte Stoffwechselwerte traten in 75% der Fälle auf und Folgeschäden in 48% der Fälle.

Die wichtigsten Ergebnisse dieser Studien
Fairburn et. al (1991) untersuchten in ihrer Studie 100 Patienten mit insulinpflichtigem Diabetes, davon waren 54 weiblichen und 46 männlichen Geschlechts im Alter von 17 bis 25 Jahren. Die Kontrollgruppe bildeten 67 Nichtdiabetikerinnen. Die Befragung erfolgte über ein standardisiertes Interview. Die Prävalenzrate für Ess-Störungen bei Diabetikerinnen lag nicht höher als in der Gruppe der Nichtdiabetikerinnen.

Striegel-Moore (1992) USA, untersuchten 46 Typ-1-Diabetikerinnen und die gleiche Anzahl von Nichtdiabetikerinnen im Alter von 8–18 Jahren. Sie erhoben die Daten über drei standardisierte Verfahren: EDE, ein klinisches Interview; EDI, ein Verfahren mit 8 Subscalen zu Essverhalten, eigenem körperlichen Befinden und weiteren psychischen Komponenten, und DQOL (Diabetes Quality of Life), ein Verfahren, das sich speziell an Diabetikerinnen richtet und die Auswirkungen der Diabeteserkrankung auf verschiedene Lebensbereiche erfragt.
EDI (EDI-2), d. h. Eating Disorders Inventory, weist 8 Subskalen und 3 Zusatzskalen auf:
Es sind:
1) Streben nach Schlankheit
2) Bulimie
3) Zufriedenheit mit dem eigenen Körper
4) Ineffektivität
5) Perfektionismus
6) Interpersonelles Misstrauen
7) Interozeptive Wahrnehmung
8) Entwicklungsbezogene Befürchtungen

Die Zusatzskalen sind:
1) Askese
2) Impulskontrolle
3) Soziale Unsicherheit.

Rodin und Daneman (1992) befragten 103 Typ-1-Diabetikerinnen zwischen 13 und 18 Jahren, davon konnten bei 13 Patientinnen eine manifeste Ess-Störung daignostiziert werden, 1-mal Anorexia nervosa und 12-mal Bulimia nervosa.

Bryden et al (1999) untersuchten 76 Jugendliche, davon 43 männlich und 33 weiblich mit Typ-1-Diabetes im Alter zwischen 11–18 Jahren. 65 dieser Probanden wurden auch als junge Erwachsene befragt im Alter zwischen 20 und 28 Jahren. Die Untersuchung wollte Zusammenhänge zwischen Essgewohnheiten, Körpergewicht und Insulinreduktion bei Jugendlichen und jungen Erwachsenen eruieren. Die Essgewohnheiten wurden über einen standardisierten Fragebogen erfasst, ebenso wurde der BMI festgehalten. Die wichtigsten Ergebnisse waren, dass die weiblichen Probanden bereits im Jugendalter übergewichtig waren, beide Geschlechter im jungen Erwachsenenalter. Züge essgestörten Verhaltens konnten bei weiblichen Probanden zu beiden Befragungszeitpunkten festgestellt werden, jedoch erfüllte keine Probandin die Kriterien einer Anorexia nervosa oder einer Bulimia nervosa. 30% der weiblichen Diabetiker betrieben Insulinreduktion, jedoch kein einziger männlicher. Von denjenigen Patientinnen, die Insulinreduktion betrieben, wiesen wiederum die Hälfte mikrovaskuläre Schädigungen auf. Die Autoren schlussfolgern daraus, dass eine Zunahme des BMI vom Jugendalter zum jungen Erwachsenenalter hin dazu führen kann, dass die Betroffenen sich stärker mit ihrem Körpergewicht und Aussehen beschäftigen und es in der Folge verstärkt zu gezügeltem Essverhalten kommt, insbesondere unter weiblichen Diabetikerinnen. Überessen komme nicht häufiger vor als bei Nichtdiabetikern, aber mildere Formen der Ess-Störungen kommen vor und beeinträchtigen die Diabetesführung.

Jones et al (2000), USA befragten 356 Typ-I-Diabetikerinnen im Alter zwischen 12–19 Jahren und rund 1100 Nichtdiabetikerinnen der gleichen Altersgruppe. Sie setzten 3 standardisierte Screeningverfahren ein: das Eating Disorders Inventory, den Eating Attitudes Test und ein semistrukturiertes Interview, das Eating Disorders Examination. Sie kommen – im Vergleich zu den bisher genannten Studien – zu einem widersprüchlichen Ergebnis: nämlich, dass nach DSM-IV-Kriterien einzuschätzende subklinische Ess-Störungen annähernd doppelt so häufig unter den weiblichen Diabetikerinnen vorkommen als bei ihren nichtdiabetischen Altersgefährtinnen. Ess-Störungen bei Nichtdiabetikerinnen können mit Insulinauslassungen zur Gewichtsreduzierung einhergehen und beeinträchtigen die Stoffwechsellage.

Meltzer et al (2001) untersuchten 152 Probanden mit insulinpflichtigem Diabetes im Alter zwischen 11 und 19 Jahren und setzten als Erhebungsverfahren 3 Skalen des bereits genannten Verfahrens EDI ein, und zwar:
- Zufriedenheit mit dem eigenen Körper
- Streben nach Schlankheit
- Bulimie

Sie kommen ebenfalls zu dem Ergebnis, dass jugendliche Diabetiker im Alter zwischen 11 und 19 Jahren nicht mehr über essgestörte Einstellungen und -verhaltensweisen berichten wie ihre nichtdiabetischen Altersgenossen. Die Diabetikerinnen berichteten über weniger bulimische Symptome, als bei ihren nichtdiabetischen Altersgefährtinnen ermittelt wurden, und über eine größere Körperzufriedenheit. Außerdem kristallisierte sich die Gruppe der 13- bis 14-jährigen Mädchen als diejenige heraus, die das höchste Risiko aufweist, an einer Ess-Störung zu erkranken.

Wir sehen, hinsichtlich der Prävalenzrate bei Typ-1-Diabetikerinnen kommen empirische Studien zu unterschiedlichen Ergebnissen. Eine Reihe von Studien kommt zu dem Ergebnis, dass die Prävalenzrate, an einer Ess-Störung zu erkranken, bei Diabetikerinnen nicht höher sei als bei Nichtdiabetikerinnen gleichen Alters und Geschlechts. Zu dieser Gruppe von Studien zählen diejenige von:
Fairburn et al (1991),
Striegel-Moore (USA)(1992)
Rodin (1992)
Meltzer (2001)
Andere Studien kommen zu dem Ergebnis, dass sie signifikant höher liege. So die genannte von Jones et al. (2000). Es stellt sich somit die Frage nach der Generalisierbarkeit der Ergebnisse und die Frage, welchen Studien mehr Gewicht zugemessen wird. Zu präferieren sind sicherlich Studien, die sowohl standardisierte Fragebögen als auch ein Klinisches Interview einsetzten, das an den Diagnosekriterien des DSM-IV-R orientiert sind. Unabhängig davon, ob insgesamt gesehen die Rate derjenigen Typ-1-Diabetikerinnen, die zusätzlich an einer Ess-Störung erkranken, nun höher liegt als bei den gleichgeschlechtlichen Altersgefährtinnen, bleibt die Frage zu klären, ob es bestimmte Faktoren gibt, die die Entwicklung einer nachfolgenden Ess-Störung begünstigen können.

Studien zur Manipulation der Insulindosis

Zuvor möchte ich kurz auf Studien eingehen, die Gruppen von Typ-I-Diabetikerinnen, die Insulinreduzierung zur Gewichtsreduzierung bewusst einsetzten, die dies nicht tut verglichen mit Diabetikerinnen. Geprüft wurde hinsichtlich der Stoffwechsellage, insbesondere des HBA1c-Werts und der Häufigkeit des Vorkommens von Folgeerkrankungen, insbesondere die Polyneuropathie und die Retinopathie. Bemerkenswert scheint mir, dass auch Diabetikerinnen, die keine manifeste Ess-Störung aufweisen, u. U. Insulinmanipulation zur Gewichtsreduzierung einsetzen. Bezogen auf diese Fragestellung habe ich 5 Studien exemplarisch herausgegriffen, um Ihnen die wichtigsten Ergebnisse vorzulegen. Diese Studien wurden in den Jahren von 1994–2001 veröffentlicht und stammen aus den USA und Kanada. Der HbA1c-Wert ist ein Wert, der ein Maß für die durchschnittliche Höhe des Blutzuckers über die letzten 3 Monate angibt. Er stellt somit eine Art Qualitätskriterium für die Güte der Stoffwechselführung eines Diabetikers dar. Beim Stoffwechselgesunden bewegt sich dieser Wert zwischen 3,5 und 6. Beim Diabetiker gilt ein HbA1c-Wert von weniger als 6,5 als sehr gut bis gut, dies entspricht einem durchschnittlichen Blutzuckerwert von weniger als 120 mg/dl. Als unbefriedigend gelten HbA1c-Werte, die über 7,5 liegen. (Es gibt einen ähnlichen Wert, der so genannte »HbA1«, dieser sollte nicht verwechselt werden mit dem HbA1c-Wert, da die Grenzwerte bei diesem höher liegen.)

Biggs et al. (1994) untersuchten 42 Typ-I-Diabetikerinnen im Alter zwischen 16 und 40 Jahren. Der mittlere HbA1-Wert lag bei 10,28 mg/dl. Der mittlere HbA1-Wert derjenigen Diabetikerinnen, die ihre Insulingaben reduzierten oder weg ließen, jedoch bei 15,38.

Polonsky et al (1994) untersuchten 341 Typ-I-Diabetikerinnen im Alter von 13 bis 60 Jahren. Sie ermittelten einen Anteil von 31%, der Insulinmanipulation betreibt, der mittlere HbA1-Wert dieser Patientinnen lag bei 11,7. An Erhebungsinstrumenten benutzten sie:
- BULIT-R (Bulimia Test-Revised)
- BSI (Brief Symptom Inventory), ein Verfahren, um Stress zu messen
- GSI (Global Severity Index)
- HFS-W (Hypoglycemia Fear Survey), ein Verfahren, das das Ausmaß der Angst vor Unterzuckerungen misst und
- PAID (Problem Areas in Diabetes Survey), ein Verfahren, das speziell den diabetesbezogenen Stress misst
- SCI /Self-care Inventory), ein Verfahren, das Fragen zur notwendigen Selbstkontrolle bei Diabetikerin stellt.

Affenito et al. (1997), USA, untersuchten 90 Typ-I-Diabetikerinnen im Alter von 18 bis 46 Jahren; davon hatten 27 Patientinnen eine Ess-Störung, 14 Patientinnen eine klinisch manifeste, 13 eine subklinische. Der mittlere HbA1c der nichtessgestörten Diabetikerinnen betrug 8,3; derjenige der Patientinnen mit subklinischer 10 und derjenige der Diabetikerinnen mit klinisch manifester Ess-Störung 10,4.
Jones et al. (2000) ermittelten in der bereits genannten Studie mit 356 Typ-I-Diabetikerinnen im Alter zwischen 12–19 Jahren einen mittleren HbA1c-Wert bei denjenigen Diabetikerinnen, die keine Insulinreduktion betrieben, von 8,6; bei denjenigen, die sie betrieben, einen HbA1c-Wert von 9,4.
Meltzer et al. (2001) gibt für die Diabetikerinnen ohne Ess-Störung und ohne Insulinreduktion einen mittleren HbA1c-Wert von 9,4. an.
Erwähnenswert ist noch, dass der mittlere BMI der Diabetikerinnen in der Studie von Jones (2000), das betraf die Altersgruppe der 12- bis 19-Jährigen 22,7 betrug. Sehr ähnlich lag der BMI in der Studie von Meltzer (2001), nämlich bei 22,02. In der Studie von Affenito et al. (1997) unterschied sich der mittlere BMI der Patientinnen mit und ohne Ess-Störung um maximal 0,5 BMI-Punkte. Die Nichtdiabetikerinnen hatten einen mittleren BMI von 24,8, die essgestörten Patienten einen BMI von 24,4 bzw. 24,3.
In jüngerer Zeit mehren sich auch in der deutschsprachigen Fachwelt die Beiträge zur Subgruppe der jungen Diabetiker und Diabetikerinnen mit subklinisch gestörtem Essverhalten oder bereits manifesten klinisch relevanten Ess-Störungen. So wird von Böhles und Herwig (1999)von einer Untersuchung berichtet, bei der 50% der diabetischen Mädchen, die eine mittelmäßiger Stoffwechselkontrolle aufweisen, und 70% der Patientinnen, die eine schlechte Stoffwechselkontrolle aufweisen, unkontrollierte Nahrungszufuhr oder/und absichtliche Reduktion der Insulindosis, um Körpergewicht niedrig zu halten, praktizierten.

Studien zur Komorbidität Diabetes und essgestörtes Verhalten

Auf dem Kongress zu Ess-Störungen in Alpbach/Osttirol 2003 stellte eine Forschergruppe aus Wien die Ergebnisse einer Studie vor, in denen sie 199 Jugendliche, davon 96 Mädchen und 103 Jungen, mit Diabetes mellitus Typ 1 mittels standardisierter klinischer Verfahren (EDI-2, EDE, TCI) auf Persönlichkeitsmerkmale hin untersucht haben, um zu prüfen, ob diese einen Prädiktor für klinische oder subklinische Ess-Störungen im Sinne des DSM-IV abgeben. In dieser Studie kamen die Forscher zu dem Ergebnis, dass 12 der Mädchen mit Typ-1-Diabetes eine klinische Ess-Störung diagnostiziert nach

DSM-IV zeigten und weitere 14% eine subklinische. Ein bemerkenswert hoher Anteil Mädchen mit Typ-1-Diabetes und einer klinischen oder subklinischen Ess-Störung hatten einen signifikant höheren Bodymaßindex (BMI) und signifikant höhere Durchschnittswerte auf der Temperament-Skala Schadensvermeidung und signifikant niedrigere Werte auf der Charakter-Skala Selbstlenkungsfähigkeit. Schadensvermeidung und Selbstlenkungsfähigkeit könnten, so die Autoren Grylli, Hafferl-Gattemayer, Schober und Karwautz als Prädiktoren für das Vorhandensein von Ess-Störungs-Symptomen gelten. Kurz, die Studie zeigt, dass jugendliche Mädchen mit Typ-1-Diabetes und insbesondere jene mit einem höheren BMI sowie höheren Werten in den Faktoren »Schadensvermeidung« und »Selbstlenkungsfähigkeit« besonders vulnerabel für die Entwicklung von gestörtem Essverhalten sind (Grylli, Haffer-Gattemayer, Schober, Karwautz; Kongressband Internationaler Kongress Ess-Störungen 2003, Netzwerk Ess-Störungen).

Schweiger, der sich ebenfalls mit der Subgruppe Jugendlicher befasste, die zugleich an Diabetes mellitus und einer klinischen Ess-Störung erkrankt waren, gibt in einer Veröffentlichung der späten 80er Jahre an, dass für beide Erkrankungsgruppen, also Diabetes mellitus zum einen und Anorexia nervosa bzw. Bulimia nervosa zum anderen in der Altersgruppe der 15- bis 25-jährigen Frauen mit 0,2-1 % die Prävalenz eine ähnliche Größenordnung aufweist. Von diesem Zahlenverhältnis ausgehend, so Schweiger, würde man, wenn »keine positive oder negative Interaktion zwischen den Krankheitsbildern vorliegt« grob geschätzt erwarten, dass »etwa eine unter 200 Patientinnen mit Diabetes mellitus gleichzeitig an einer Ess-Störung erkrankt sind«. Crisp (1977) meinte, das gemeinsame Auftreten von Diabetes mellitus und Anorexia nervosa sei äußerst selten. Gerade in jüngerer Zeit häufen sich jedoch die Fallbeschreibungen von Mädchen und Frauen mit beiden Erkrankungen. Auch ist je nach Schwerpunktpraxis zu vermuten, dass das tatsächliche kombinierte Vorkommen beider Störungen sehr viel häufiger ist als bisher angenommen. Es wird so sein, wie es sich bei verschiedenen anderen Krankheitsbildern rückwirkend herausstellte; bei genauen medizingeschichtlichen Recherchen gab es ein bestimmtes Krankheitsbild bzw. bestimmte Komorbiditäten »schon lange« und viel häufiger als allgemeinhin bekannt.

Einzelfallstudien

Epidemologische Studien durchzuführen und Häufigkeiten zu ermitteln sind der eine Strang wissenschaftlicher Forschung, um zu einem tieferen Verstehen der Psychodynamik von Menschen mit Komorbiditäten, in diesem Falle von diabetischen Kindern und Jugendlichen mit Ess-Störungen, zu gelangen und darauf aufbauend geeignete therapeutische Maßnahmen speziell für dieses Klientel zu entwickeln, sind der andere, noch weitgehend vernachlässigte Forschungsstrang. Hier sind genaue Einzelfallanalysen hilfreich. Gerade diese Einzelfallanalysen zeigen, wie heterogen die Subgruppe essgestörter Mädchen und Frauen, die zusätzlich einen Diabetes mellitus aufweisen, sind. Hirsch berichtet z. B. von einer »Borderline-Patientin, die an einem schweren Diabetes mellitus sowie massiver Bulimie litt«, mir selbst wurde eine Patientin bekannt, der im Anschluss an eine Ferienmaßnahme für diabetische Kinder und Jugendliche Folgendes bescheinigt wurde:

»Befunde, Beurteilung und Bemerkungen zur Stoffwechsellage während des bisherigen Aufenthaltes: Hervorragend eingestellt, stabile Stoffwechsellage. HbA1C-Wert entspricht dem Normalwert!! Beherrscht Eigenkontrolle. Äußerst diszipliniertes Verhalten.« Es folgen weitere Angaben und zum Schluss heißt es: *»N. war in unserem Kurs die am besten eingestellte und informierte Diabetikerin!«*

Das Kind war damals 11 Jahre alt und hatte an dieser Schulungsmaßnahme für diabetische Kinder an sich nicht teilnehmen wollen, sondern an einem Zeltlager einer Pfadfindergruppe, was die Eltern aber nicht erlaubten, da sie es für zu gefährlich hielten. Das Mädchen erkrankte wenige Wochen später nach dieser Ferienmaßnahme an einer schweren Anorexia nervosa, die sie bis ins mittlere Erwachsenenalter hinein nicht völlig überwinden konnte, da sie jedoch nie die Insulinreduktion zur Gewichtsreduktion einsetzte, ist sie auch nach 25 Jahren Diabetes mellitus und Anorexia nervosa völlig frei von diabetischen Folgeschäden, und auch alle anderen körperlichen Befunde liegen, bis auf den Kaliumwert, der zeitweilig erniedrigt ist, im Normbereich. Diese Patientin berichtete über sich selbst:

»In meinem 9. Lebensjahr erkrankte ich an Diabetes mellitus. Damals wurde ich nach der Methode der konventionellen Insulintherapie eingestellt, heute wende ich die Intensivierte Insulintherapie (ICT) an und verwende die Insuline Protaphan mit 2 Injektionen morgens und abends und weiteren Injektionen mit Humalog nach Bedarf. Auf dem Hintergrund der nach wie vor bestehenden Ess-Störung ist hierzu anzumerken:

Sehr gezielte Überlegungen zur Insulin-Essensmenge-Anpassung finden nicht statt, da ich mich derzeit auf meine Essensmengen ohnehin nicht verlassen kann, so dass ich nach dem Prinzip ›Schadensminimierung‹ lebe, sicherlich nicht nach dem Prinzip ›Diabeteseinstellung so gut wie möglich‹.
sehr viele Blutzuckertests
Ich kann oft nicht so gut unterscheiden, ob ich eine Unterzuckerung habe oder ob mein Blutdruck mal wieder total im Keller ist.
Überhaupt scheine ich meinen Körper nicht so besonders differenziert wahrzunehmen. Ich bemerke oft nur Extremzustände, extreme Erschöpfung oder es ist auch schon vorgekommen, dass ich kollabiert bin. (3x Notarzt, stationäre Aufnahme; ab und zu mal Notarzt ambulant und schon öfter ›Umkippen‹, ohne, dass ein Arzt gekommen wäre)
Tagsüber esse ich nur sehr wenig, abends vor dem Schlafengehen mehr; manchmal esse ich auch nachts, wenn ich vor Hunger aufwache.
Essen schmeckt mir, ich schäme mich, dass ich Genuss beim Essen empfinde. Ich ekle mich nur vor Fleisch, Wurst; esse also vegetarisch, dies aber auch aus Überzeugung.«

Eine andere mir bekannte Patientin freute sich in der Remissionsphase zunächst darüber, dass sie mit einer Insulininjektion täglich auskam. Sie blieb dann aber sozusagen psychisch in der Remissionsphase stecken und erhöhte die Insulindosis nicht mehr, zumal sie feststellte, dass sie ihr Körpergewicht damit niedrig halten konnte. Die Patientin erkrankte außerdem an Bulimia nervosa mit massiver Symptomatik. Dramatische Diabeteskomplikationen führte zu einer »Klinikkarriere« von Diabetesklinik zu Diabetesklinik, auch ein mehrwöchiger Aufenthalt in einer medizinisch-psychosomatischen Fachklinik mit Abteilung für essgestörte Patientinnen war darunter, und dennoch konnte dieser Patientin nicht wirklich geholfen werden, bzw. sie konnte Hilfsangebote nicht in für sie ausreichendem Maße annehmen, so dass sie u. a. eine berufliche Ausbildung mehrfach abbrechen musste. Die Patientin weist im Alter von 25 Jahren massive körperliche Schäden an mehreren Organen bzw. Organsystemen auf.
Ein diabetischer Junge, weigerte sich von Anfang an, Insulininjektionen selbstständig durchzuführen, und sorgte damit teils bewusst, teils unbewusst dafür, dass eine altersinadäquate Mutter-Kind-Bindung bis in sein 14. Lebensjahr hinein erhalten blieb.

Zur Therapie von Betroffenen mit Diabetis mellitus Typ 1 und gestörtem Essverhalten

Kann das Bestehen eines Diabetes mellitus Typ I das Auftreten einer Ess-Störung begünstigen?

Ungeachtet dieser empirisch ermittelten widersprüchlichen Ergebnisse verdient ein Faktor Beachtung, die Tatsache nämlich, dass einige Verhaltensweisen, die im Ernährungsverhalten von Diabetikerinnen gefordert werden, im Hinblick auf essgestörtes Verhalten als begünstigende Faktoren gelten, an einer Ess-Störung zu erkranken. Hierzu zählen alle Verhaltensweisen, die in irgendeiner Form die mengenmäßige Einschränkung und die Einschränkung in der Auswahl der Lebensmittel verlangen. Dieser Faktor »Einschränkung« spielte eine noch größere Rolle, als es die so genannte intensivierte Insulintherapie noch nicht gab. Bei der heute »konventionell« genannten Insulintherapie spritzte die insulinpflichtige Diabetikerin zu bestimmten Zeiten, meist morgens und abends, ein so genanntes »Verzögerungsinsulin« oder »Mischinsulin« bestehend aus einem schneller und einem langsamer blutzuckersenkenden Anteil und war deshalb daran gebunden, ihre Mahlzeiten nach einem festen Zeit- und Mengenplan einzunehmen. Gemessen an dieser Notwendigkeit, war es nicht nötig, auf Hunger- und Sättigungssignale zu achten, ja sie durfte es in gewissem Sinne nicht einmal. Änderungen dieses Zeit- und Mengenplanes waren allenfalls mittelfristig möglich, die Insulindosen mussten dann entsprechend angepasst werden, es konnte zwar ein neues Schema eingeführt werden, aber eben wieder bloß ein relativ starres.

Junge Menschen, die heute an Diabetes mellitus Typ I erkranken, haben es da bereits leichter, wenn sie es auch nicht leicht haben. Verschiedene Insulinpräparate, Humaninsuline oder so genannte Insulinanaloga, ermöglichen es bei der so genannten intensivierten Insulintherapie, Mahlzeiten relativ flexibel nach Zeit und Menge zu variieren. Das Prinzip der Intensivierten Insulintherapie besteht darin, dass die Diabetikerin ein Verzögerungsinsulin spritzt, das den Bedarf an Insulin abdeckt, den sie hat, auch wenn sie nichts isst. Darüber hinaus spritzt sie sich ein schnell wirksames so genanntes »Altinsulin« oder noch schneller wirksames »Insulinanaloga« zu den Mahlzeiten oder unmittelbar nach der Mahlzeit. Insulinanaloga sind besonders schnell wirksame Substanzen, so dass die Diabetiker keinen Spritz-Ess-Abstand einhalten müssen. (Von der Molekülstruktur her werden beim Insulinanalogon »Lispro« die Aminosäuren Prolin und Lysin in den Positionen

B 28 und B 29 vertauscht.) Die Menge dieses schnell wirksamen Insulins richtet sich nach der Anzahl der Broteinheiten, die die Diabetikerin zu sich nimmt, aber auch nach der Tageszeit. Die Sensitivität für Insulin ist tageszeitlichen Schwankungen unterworfen. Die Sensitivität für Insulin ist individuell unterschiedlich und kann auch bei ein und derselben Person aufgrund verschiedener weiterer Parameter wie eben Körpergewicht, Stress, Stimmungsschwankungen variieren.
Wir wissen, dass essgestörte Frauen es oft verlernt haben, Hunger- und Sättigungssignale rechtzeitig wahrzunehmen bzw. sie adäquat zu interpretieren. Gehen wir davon aus, dass Diabetikerinnen, die sich über lange Zeiträume, z. B. weil sie nach der konventionellen Insulintherapie eingestellt wurden, nach einem festen Schema ernährt haben, bei dem sie dann auch des Öfteren gezwungen waren zu essen, obwohl sie keinen Hunger hatten oder nicht zu essen, obwohl sie großen Hunger hatten, so wird deutlich, dass bei diesen Diabetikerinnen eine erhöhte Gefahr besteht, genau diese Fähigkeit, Hunger- und Sättigungssignale rechtzeitig wahrzunehmen und angemessen zu interpretieren, zu verlieren. Ist das bereits geschehen, so birgt auch die an sich sinnvolle Umstellung von der konventionellen Insulintherapie auf die intensivierte Insulintherapie, weil sie der jungen Frau mehr Freiheitsgrade in der Gestaltung des alltäglichen Ernährungsmanagement ermöglicht, ein erhöhtes Erkrankungsrisiko in sich.
Auf dem Hintergrund dieser Annahmen müsste es, könnte man den Faktor »Fähigkeit, Hunger- und Sättigungssignale wahrzunehmen und zu interpretieren« isoliert betrachten, so sein, dass in bestimmten Jahrzehnten, in der der Umbruch von der üblicherweise konventionellen Insulintherapie zur intensivierten Insulintherapie erfolgte die Erkrankungsrate an Ess-Störungen unter Diabetikerinnen höher liegt. Überhaupt ist es eine m. E. interessante Frage, einmal zu prüfen, unter welcher Bedingung, konventionelle Insulintherapie oder intensivierte Insulintherapie, die Rate der essgestörten Patientinnen höher liegt. Liegt eine Ess-Störung bereits vor, so ermöglicht es die Intensivierte Insulintherapie glücklicherweise, Exzesse in jede Richtung, also zu wenig oder nichts essen, Überessen oder selbstinduziertes Erbrechen einigermaßen auszugleichen. Ideal funktioniert das aber mit Sicherheit nicht, das beweisen Studien, die die HbA1c-Werte von Diabetikerinnen mit und ohne Ess-Störung miteinander verglichen.

Inwiefern brauchen essgestörte DiabetikerInnen spezielle therapeutische Hilfen, um Ihre Ess-Störung überwinden zu können?

Allein die Tatsache, dass insulinpflichtige Diabetikerinnen nicht nur sehr bewusst essen und die Kohlenhydrate zählen müssen, um die Insulindosen anpassen zu können, erfordert meines Erachtens spezielle therapeutische Hilfen bzw. zusätzliche therapeutische Hilfen gerade für die Patientinnen mit Doppeldiagnose Diabetes mellitus Typ I und Ess-Störung. Vom Kohlehydratzählen zum essgestörten Kalorienzählen ist es, nebenbei bemerkt, übrigens nicht weit. Das wirft u. E. die Frage auf, inwiefern auch die mangelhafte Bewältigung bzw. die Akzeptanz der Ersterkrankung oder Veränderungen im Familiensystem und der Familiendynamik es begünstigt haben mögen, dass ein diabetisches Mädchen später eine Ess-Störung entwickelt. Rubin und Peyrot berücksichtigen in ihrer Studie 3 Problemfelder mit psychosozialen Auswirkungen:
- medizinische Komplikationen,
- Psychopathologie (in diese Kategorie fallen dann auch die Ess-Störungen)
- selbstschädigendes Verhalten (in diese Kategorie fällt dann auch das Auslassen von Insulingaben.)

Eckpunkte der Therapie bei der Doppelerkrankung Diabetes mellitus und Ess-Störung

Bei Typ-I-Diabetikerinnen, die zugleich eine Ess-Störung aufweisen, sind eine Reihe von Symptomen zusätzlich zu beobachten:
- mangelhafte oder manipulierte Dokumentationen von Blutzuckerkurven,
- Manipulation der Insulindoses, auch »Erbrechen über die Niere« genannt, um Gewichtsverlust zu erzielen,
- Verleugnung oder scheinbarer Akzeptanz von selbst verursachten Komplikationen (diabetische Folgeschäden),
- bei Diabetikerinnen, die an einem stationären oder tagesklinischen Therapieprogramm teilnehmen: Sonderwünsche im Essprogramm, die vom Diabetes her nicht unbedingt erforderlich sind.

Damit beide Erkrankungen und deren Therapie gleichermaßen ernst genommen werden, können folgende Punkte als Eckpfeiler der Therapie angesehen werden:

- engmaschige Erstellung von Blutzucker-Tagesprofilen (Wenn die Patientin an einer stationären oder tagesklinischen therapeutischen Maßnahmenteilnimmt, ist es sinnvoll, wenn zusätzlich zum von der Patientin selbst angefertigten Blutzuckerprotokoll eines von der Institution erstellt wird),
- Erarbeitung eines Ernährungsplanes (zusammen mit einer Ökothrophologin und der Patientin) unter besonderer Berücksichtigung der diätischen Erfordernisse des Diabetes mellitus,
- ärztliche Supervision der selbstverantwortlichen Diabetes-Führung, Im Idealfall übernimmt dies ein Diabetologe.

Details der Therapie bei Patientinnen mit der Doppeldiagnose Diabetes mellitus und Ess-Störung

Meiner Erfahrung nach gehen essgestörte Diabetikerinnen häufig in den herkömmlichen stationären Settings mehr oder weniger unter, in dem Sinn, dass die Hilfe, die ihnen angeboten wird, zu wenig effizient ist. Entschließt die essgestörte Diabetikerin sich zu einer Psychotherapie in einer Klinik für Ess-Störungen, bekommt sie etwa zu hören – dieses Beispiel ist Realität: »Es ist egal, wie hoch ihr Zucker wird. Bevor er auf 300 ist, wird nichts zusätzlich gespritzt.« Geht sie in eine Diabetesklinik, weil ihr Stoffwechsel mehr oder weniger entgleist ist, wird die akute Gefährdung irgendwie aufgefangen, aber das verursachende Problem wird möglicherweise nicht beachtet oder gleichermaßen ernst genommen, d. h. in die Therapie einbezogen. Es mag inzwischen Therapiestationen geben, die dieser lebensgefährdenden Doppelproblematik durch spezielle Therapieprogramme oder -maßnahmen gerecht zu werden versuchen. Flächendeckend ist ein solches therapeutisches Angebot sicherlich noch nicht, und der Austausch von Experten zu dieser Problematik steckt sicherlich noch in den Kinderschuhen. Eine gute Diabeteseinstellung hinzubekommen ist als solches schon eine Kunst für sich; die Therapie von Ess-Störungen gilt allgemein als schwierig; es liegt auf der Hand, dass sich bei der Therapie essgestörter Patientinnen die Schwierigkeiten potenzieren und die Details, die es zu beachten gilt, vervielfachen. »Der Teufel liegt im Detail«, wie der Volksmund sagt. Ich möchte für solche Details einige wenige Beispiele nennen:
- Diabetikerinnen sind geschult, auf den Kohlehydratgehalt ihrer Speisen zu achten, und müssen dies auch. So wird es ihnen schwerer fallen, das bei vielen essgestörten Patientinnen übliche Kalorienzählen zu unterlassen. Insulinpflichtige Diabetikerinnen müssen sich genau dessen bewusst

sein, was sie essen. Das Ernährungsmanagement beispielsweise in einem stationären therapeutischen Setting vertrauensvoll aus der Hand zu geben, wie es essgestörten Patientinnen auf manchen Ess-Störungsstationen nahe gelegt wird, kommt für sie kaum in Frage.
- Bei Diabetikerinnen ist die gesamte Körperwahrnehmung wegen der Notwendigkeit, erste Anzeichen hypoglykämischer Zustände zu bemerken, viel stärker an die bewusste Ernährung gebunden als bei Nichtdiabetikerinnen.
- Diabetikerinnen können nur bedingt durch mehr Sporttreiben abnehmen. Sehr starker Energieverbrauch bedeutet Unterzucker und die Notwendigkeit, Kalorien wieder zuzuführen.
- Diabetikerinnen erleben Hunger- und Sättigungssignale manchmal gesteigert bzw. verzerrt. Überhöhte Blutzuckerwerte beispielsweise dämpfen das Hungergefühl eher, während Heißhunger auf zu niedrigem Blutzuckerspiegel resultieren kann. Es kann sogar zu so genannten paradoxen Hungergefühlen kommen, z. B. Hunger aufgrund von niedrigem Blutzuckerspiegel, zugleich Völlegefühl, weil die Patientin z. B. vor kurzem eine Portion nicht kohlehydrathaltigen Salat gegessen hat.
- Die Entleerung des Magens kann aufgrund von Polyneuropathie verzögert sein. Besonders Anorektikerinnen klagen ohnehin über Völlegefühle, auch wenn sie nur einen Apfel gegessen haben.
- Aufgrund der hormonellen Umstellung erhöhen sich bei vielen Diabetikerinnen die Blutzuckerwerte in den Tagen vor und während ihrer Periode. Viele berichtet über verstärkten Appetit in diesen Tagen, auch Süßhunger. Süßes essen bedeutet immer, mehr Insulin spritzen.
- Für etliche Diabetikerinnen ist die Versuchung, Gewichtsreduzierung über Insulinreduzierung zu erreichen, eine große Versuchung, selbst wenn sie über mögliche Folgeschäden informiert sind.
- Die Blutzuckerkurve normalisiert sich nicht unbedingt im Gleichschritt mit der tatsächlichen Besserung des Essverhaltens der Patientin, weil die Insulingaben aufgrund von Erfahrungswerten angepasst werden müssen. Außerdem gibt es noch diverse andere Einflussgrößen wie Stimmungsschwankungen und Stress, die die Blutzuckerwerte beeinflussen. Starke Blutzuckerschwankungen können zu gereizter bis aggressiver Stimmungslage führen. Erhöhte Blutzuckerwerte machen müde, erniedrigte unkonzentriert. Die Diabetikerin muss also u. U. ein ziemlich hohes Maß an Frustrationstoleranz aufbringen.
- Diabetesernährung im stationären Setting und Diabetesernährung im Alltag sind nochmal zwei verschiedene Dinge. Hier spielen ganz pragmatische Faktoren eine große Rolle. (Essen in der Mensa vs. Selberkochen;

Einkaufsmöglichkeiten, Preise für diabetesgerechte Nahrungsmittel; Verführung durch viele zuckerhaltige Lebensmittel in den Supermärkten; fehlende Kohlenhydratangaben auf Lebensmitteln; Zuckerzusätze selbst in pikanten Lebensmitteln wie Saucen, Brot und Gemüsebrühe; sehr unterschiedliche Größen von Semmeln, Laugengebäck etc.).

Allein diese Punkte dürften deutlich machen, dass professionelle wie nichtprofessionelle Helfer sehr viel Wissen und Verständnis für beide Erkrankungen brauchen, sehr viel Einfühlungsvermögen in die psychische und psychosoziale Situation dieser Patientinnen, die von beiden Erkrankungen gleichzeitig betroffen sind und deren wechselseitige Beeinflussung verhängnisvoll ist.

Ausblick

Die Frage, die nach wie vor im Raum steht, ist: Welche Faktoren sind es, die diabetischen Menschen helfen, ihre chronische Erkrankung so in ihr Leben zu integrieren, dass sie nicht noch zusätzliche psychische Symptome oder Syndrome wie essgestörtes Verhalten entwickeln, sondern ein möglichst hohes Maß an Lebensqualität erreichen?
In der Praxis sehen wir essgestörte Patientinnen, bei denen der Faktor vorausgegangene Diabeteserkrankung mehr oder weniger stark bei der Entstehung der Ess-Störung ins Gewicht fällt und dies zudem in unterschiedlicher Weise. Es gilt also, bei dieser Doppeldiagnose für Fachleute *sehr genau* hinzuschauen. Es ist wahr, dass manche essgestörte Patientinnen ihr Gewicht über absichtliche Insulinreduktion zusätzlich reduzieren – aber nicht alle tun dies! Es ist ebenso wahr, dass diabetische Mädchen und Frauen eine Ess-Störung lange Zeit kaschieren können, weil sie so tun, als sei ihr sehr schlankes Aussehen allein auf den Diabetes zurückzuführen.
Ich glaube, dass die Gruppe der diabetischen Mädchen und Frauen, die zusätzlich an einer Ess-Störung leiden, eine sehr heterogene Gruppe ist. Da gibt es Patientinnen mit Mehrfachdiagnosen, z. B. neben der Ess-Störung noch eine oder mehrere psychische Störungen wie in dem von Hirsch erwähnten Fall, und es gibt diabetische Frauen, die vergleichsweise zu dieser Gruppe mit starker Komorbidität »psychisch relativ gesund« erscheinen. Ich halte es für verantwortungslos, hier nicht wirklich sorgfältige einzeltherapeutische Arbeit zu leisten, sondern etwa zu meinen Diabetikerinnen könnten z. B. verhaltenstherapeutische Standardprogramme in Kursform genauso gut und mit gleicher Effektivität für sie persönlich durchlaufen wie

jede andere auch. Für einige Betroffene mag das zutreffen, für andere aber nicht! Mich persönlich wundert es nicht, dass sich in der Gruppe diabetischer Frauen mit Ess-Störung langjährige, was die Ess-Störung angeht, nicht ausgeheilte Verläufe gibt, möglicherweise mit mehrfachen Therapieverläufen.

Diagnosemanuale wie das ICD-10 oder das DSM-IV, die die Kriterien dafür angeben, wann wir von einer klinisch manifesten Ess-Störung zu sprechen berechtigt sind und wann nicht, sind zur Kommunikation zwischen Fachleuten und zur Vermittlung zwischen Institutionen und Krankenkassen unabdingbar. Die allein genügen aber auf keinen Fall, um zu einem tieferen Verständnis der Entstehungsbedingungen, der Psychodynamik der von diesen Störungen Betroffenen, der aufrechterhaltenden Bedingungen und der in der Therapie notwendigen und hilfreichen Interventionen zu gelangen.

Die Literatur zu Ess-Störungen ist fast uferlos geworden. Mich beeindrucken immer wieder diejenigen Analysen von Fachautorinnen, die zu Beginn ihrer therapeutischen Arbeit mit essgestörten Mädchen und Frauen kein tieferes Verständnis über diese Störungen hatten und dieses tiefere Verstehen nicht etwas dadurch zu erlangen suchten, dass sie Diagnosemanuale aufschlugen und abcheckten, ob die Kriterien wohl auf die Patientin, die da vor ihnen saß zutraf oder nicht; sondern sie ließen sich von ihrem persönlichen Erleben in der Begegnung und in der Gegenübertragung mit bestimmten Mädchen und Frauen von ihrer Intuition leiten. Meines Erachtens haben diese Autorinnen am meisten zu einem tieferen Verständnis der Ess-Störungen und der therapeutischen Wege, Menschen mit Ess-Störungen zu helfen, beigetragen. Ausdrücklich nennen möchte ich hier die Publikationen von Alexa Franke, Anita Johnston und Marilyn Lawrence.

Meines Erachtens gibt es für dieses Klientel diabetischer Mädchen und Frauen mit Ess-Störungen und in selteneren Fällen auch Jungen noch sehr viel zu tun, zu erforschen, in präventive Maßnahmen und therapeutische Interventionen umzusetzen.

In der Praxis sehen wir auch diese Menschen, die Diabetes mellitus Typ 1 haben, Zufriedenheit ausstrahlen, beruflich erfolgreich sind; ich denke hier z. B. an einen Fachschullehrer mit Diabetes mellitus Typ 1, Familie, drei schulpflichtige Kinder und auch in seiner Freizeit sehr aktiv. Es ist zu wünschen, dass die Gruppe derjenigen Diabetiker, die mit ihrem Leben zufrieden sind und es nicht »nötig haben«, eine Ess-Störung zu entwickeln, größer wird als bisher.

Es ist mein Forschungsanliegen, mich Fragestellungen, die sich auf spezielle Faktoren der Genese dieser Doppelerkrankung wie auch deren therapeutische Möglichkeiten beziehen, zu widmen.

Literatur

Brumberg, J. J. (1994): Todeshunger. Die Geschichte der Anorexia nervosa vom Mittelalter bis heute. Frankfurt/New York, Campus.

Böhles, H. (1999): Klinik, Diagnose und Therapie des Typ-1-Diabetes im Kindes- und Jugendalter. In: Mehner, Hellmut (1999; 4. Aufl.) Diabetologie in Klinik und Praxis. Stuttgart, New York, Thieme.

Boeyesen; H. (1991): Eigentlich möchte ich ... Leben zwischen Wunsch und Wirklichkeit. München, Kösel.

Habermas, T. (1994): Zur Geschichte der Magersucht. Eine medizinpsychologische Rekonstruktion. Frankfurt am Main, Fischer.

Herzog; Munz; Kächele (Hg.) (1996): Analytische Psychotherapie bei Eßstörungen. Therapieführer.

Klessmann u.Klessmann (2. korr. Aufl. 1990): Heiliges Fasten – heilloses Fressen. Die Angst der Magersüchtigen vor dem Mittelmaß. Bern/Stuttgart/Toronto, Hans Huber.

Mayr, U. (Hg.) (2001): Wenn Therapien nicht helfen – Zur Psychodynamik der »negativen therapeutischen Reaktion«. Daraus: Negative therapeutische Reaktion als Objektbeziehungsgeschehen, München, Pfeiffer bei Klett-Cotta.

Oerter; M. (2. Aufl. 1987): Entwicklungspsychologie. München, Weinheim, Psychologie Verlags Union.

Strian; Hölzl; Haslbeck (1987): Verhaltensmedizin und Diabetes mellitus. Psychobiologische und verhaltenspsychologische Ansätze in Diagnostik und Therapie. Berlin, Heidelberg, Springer. Daraus: Schweiger, U.: Diabetes mellitus und Eßstörungen.

Vandereycken; van Deth; Meermann (1992): Hungerkünstler, Fastenwunder, Magersucht. Eine Kulturgeschichte der Eßstörungen. München, Deutscher Taschenbuchverlag.

Waadt; Laessle; Prike (1992): Bulimie. Ursachen und Therapie. Berlin/Heidelberg, Springer.

Koch- und Backbücher für Diabetiker

Casparek; Casparek-Türkkan (2002): München, Gräfe und Unzer.

Erkelenz, H. (1994): Backen ohne Zucker. Niedernhausen/Ts., Falken.

Hauner; Bachmann; Bohlmann (u. a.m.) (2001): Das große GU Koch- und Backbuch für Diabetiker. München, Gräfe und Unzer.

Leitzmann; Laube; Million (1990): Vollwertküche für Diabetiker – Köstliche kochen und backen für die ganze Familie. Niedernhausen/Ts., Falken.

Erfahrungsbericht Diabetes und Bulimie
Claudia, 41 Jahre
Bulimia nervosa und Diabetes mellitus, Typ 1

Schon von Kind auf an werde ich von der so genannten Zuckerkrankheit verfolgt.
Als ich aus dem Koma erwachte, verstand ich zunächst nicht so richtig, was der Name bedeutete. Doch schon bald musste ich mich damit auseinander setzen. Die Ärzte und Krankenschwestern versuchten es mir auf verständliche Weise zu erklären, schließlich war ich ja noch ein Kind.
Im Krankenhaus empfand ich das regelmäßige Insulinspritzen als unüberwindbar, sich selbst Spritzen setzen zu müssen, fand ich Furcht erregend.
Doch das sich später das Normalste der Welt, das Essen, zu meinem größten Problem entwickeln könnte, war mir zu diesem Zeitpunkt noch nicht klar. In der Klinik bemerkte ich noch nicht die Fesseln der Diabetes-Diät, schließlich erhielt jeder Patient sein Essen portionsweise und Süssigkeiten bekamen auch nur die Wenigsten.
Nach vielen Wochen war ich endlich so weit, dass ich mir selbst die Insulinspritze setzen konnte. Damals waren es noch größere Glasspritzen mit erheblich dickeren Nadeln als heute.
Bevor ich aber aus dem Krankenhaus entlassen werden konnte, musste ich lernen, was für mich als Nahrung in Frage kam.
Da bemerkte ich zum ersten Mal ein wenig Angst vor dieser Krankheit, doch ich wollte erwachsen sein und machte alles brav mit!
Ich erlernte den Unterschied zwischen kohlehydratarmen und kohlehydratreichen Lebensmitteln, welche ich einfach so essen durfte und welche für mich absolut tabu waren.
Ich hatte kein Problem die Logik dieser Ernährungsweise zu erkennen und wurde dann auch relativ schnell aus der Obhut der Ärzte entlassen.
Erst zu Hause stellte ich bitter fest, dass ab jetzt mein Leben ganz anders sein würde.
Wenn andere aßen, musste ich zuschauen, wenn es sonntags Kuchen oder Nachtisch gab, gab es für mich oft nur »Kinderkaffee« usw.
Manchmal fiel der Zuckerspiegel so sehr, dass ich essen musste, obwohl ich

keinen Hunger hatte. Nach einiger Zeit kannte ich kein Hungergefühl mehr, sondern kannte nur noch Essenszeiten.

Es gab auch noch viele weitere Einschränkungen, die die Schule und meine Hobbys betrafen. Doch in diesem Bericht möchte ich nur auf die Probleme, die durch den strengen Diätplan entstanden, aufmerksam machen.

So langsam kam ich in die Pubertät. Meine Freundinnen wurden schlanker und schlanker, machten eine Diät nach der anderen und tranken die damals so revolutionäre Coca-Cola.

Sicherlich hielt ich auch Diät, aber es war keine Diät zum Abnehmen, es war eine Krankendiät. Ich fühlte mich oft ausgeschlossen und konnte auch nur selten mitreden.

Wenn es mal zum Italiener ging und die Mädels doch mal Nudeln oder Pizza aßen, saß ich mit Wasser und Kaffee am Tisch. Immer mehr tauchte der Drang nach Freiheit auf, endlich selbstständig entscheiden zu können, was und wann ich essen will.

Jeden Tag berieten sich meine Freundinnen bezüglich der Diäten, was dick macht und was nicht. Plötzlich fühlte ich mich in und mit meinem Körper nicht mehr wohl.

Obwohl ich wusste, dass es nicht einfach wäre, bei dieser Krankheit eine »Abnehmdiät« durchzuführen, beschloss ich, in Zukunft weniger zu essen. Ich reduzierte das Essen und damit die Kohlehydrate so massiv, dass ich mich fast täglich mindestens einmal im Unterzucker befand. Dadurch landete ich schließlich des Öfteren im Krankenhaus.

Bald wurde das Wenigessen fast zur Droge. Endlich konnte ich mitreden, bald hatte ich die kleinste Jeansgröße von uns Freundinnen.

Zu dieser Zeit war ich auch sportlich sehr engagiert und spielte im örtlichen Sportverein. Hier lernte ich dann meinen ersten Freund kennen.

Das Essen blieb für mich ein schwieriger Faktor. Ich achtete sehr auf meine Figur und bildete mir ein, dass mein Freund mich nur dann lieben würde, wenn er nicht spüren würde, dass ich krank war. Also versuchte ich, immer schlank und gesund auszusehen.

Bis zum Abitur behielt ich diesen Lebensstil bei. Ich kam zwar immer noch des Öfteren wegen des daraus resultierenden Unterzuckers ins Krankenhaus, aber nichts konnte meine Gesinnung diesbezüglich ändern, auch nicht die häufigen Streitereien mit meinen Eltern.

Doch bald sollte sich ein Wendepunkt einstellen.

Während der Abiturprüfungen, die mich nervlich ziemlich belasteten, machte mein heiß geliebter Freund mit mir Schluss.

Er hatte eine andere!!!!!

Meine Nerven lagen blank. Ich fühlte mich hässlich, wertlos, fürchterlich einsam und unverstanden.
An diesem Nachmittag aß ich zum ersten Mal völlig unkontrolliert. Ich erkannte mich selbst nicht wieder, aber ich hatte das Gefühl, ein großes Loch stopfen zu müssen.
Natürlich wurde mir relativ schnell schlecht, da mein Magen diese Menge nicht gewöhnt war, doch ich konnte mich einfach nicht übergeben. Ich fühlte mich völlig schlapp und krank. Mein Zucker war mit Sicherheit sehr stark angestiegen, doch ich vermied es, einen Zuckertest zu machen. Ich wollte der Wahrheit nicht ins Auge schauen und ging dann einfach früh zu Bett. So konnte ich auch den prüfenden Blicken meiner Eltern aus dem Weg gehen, die mein befremdliches Essverhalten an diesem Tag Gott sei Dank nicht mitbekommen hatten.
Da ich die Insulinmenge nicht erhöht hatte, waren auch in den nächsten Tagen die Zuckerwerte noch sehr hoch.
Ich versuchte, mein Essverhalten wieder zu normalisieren, ich hatte aber immer noch das Gefühl von einer inneren großen Leere.
Die Angst, dicker zu werden, schlich sich bald auch wieder ein.
Ich hatte meine letzte mündliche Prüfung noch so einigermaßen hingezaubert, denn der hohe Zucker und auch die Erinnerungen an meinen Freund ließen kaum klare Gedanken zu.
Durch Zufall las ich in den nächsten Tagen einen Artikel über anhaltend hohe Zuckerwerte und deren Auswirkungen:
Darin stand, dass der Körper bei anhaltend hohen Zuckerwerten in großen Mengen Aceton bildet. Durch diese erhöhte Acetonbildung übersäuert der Körper, was bedeuten würde, dass er sich selbst vergiftet. Die Folge davon seien erhebliche Schäden an vielen Organen und ein massives Abnehmen trotz ausreichender Nahrungsaufnahme.
Die genauen Folgen, die dort beschrieben wurden, las ich jedoch nicht mehr. Also, das war für mich doch eine gute Lösung, was wollte ich mehr.
Das Loch konnte ich stopfen, konnte essen, was ich wollte, würde aber nicht zunehmen. Ich würde es bestimmt irgendwann einmal ausprobieren.
Nach erfolgreich bestandenem Abitur suchte ich mir eine Lehrstelle, die mich weit weg von zu Hause brachte. Ich wollte endlich raus aus den Fesseln und ein eigenes freies Leben führen!
Schnell hatte ich eine eigene kleine Wohnung gefunden, hatte mich schnell in die neue Situation eingefunden, ein Auto gekauft und war mit der neuen Freiheit überglücklich.
Ich konnte nach Hause kommen, wann ich wollte, ich aß, was und wann ich wollte, keiner fragte mich nach Zuckerwerten und Ähnlichem.

Nach circa einem halben Jahr bemerkte ich die Nachteile dieser Freiheit. Ich vermisste meine Familie, meine Freundinnen, meinen geliebten Freund und viele andere Gewohnheiten. Nach einem anstrengenden Tag saß ich oft abends alleine vor dem Fernseher und schaute mir jede noch so verrückte Sendung an. Langeweile und Müdigkeit ließen mich bald erneut in ein tiefes Loch fallen, tiefer als das, was ich von zu Hause kannte. So begann ich eines Tages mit Süßigkeiten das Loch zu füllen. Ich spürte kein Sättigungsgefühl, oft war mir hinterher schlecht, und mein Kopf schmerzte von den hohen Zuckerwerten. Am nächsten Morgen stand ich meist ziemlich verkatert auf und versuchte durch starken Kaffee wieder einigermaßen in die Gänge zu kommen. Den Zuckerwert kontrollierte ich vorsichtshalber nicht, warum auch, dass er schlecht sein musste, war doch klar.

Tagsüber aß ich manchmal gar nichts oder nur einen kleinen Salat zu Mittag. So waren dann abends die Zuckerwerte wieder etwas besser, aber nach einem so langem Arbeitstag hatte ich natürlich auch Hunger. Zu Hause hatte ich vorsichtshalber nichts Richtiges zu essen im Kühlschrank, so dass ich dann oft mit hungrigem Magen noch schnell etwas einkaufen ging.

Ich kaufte aus Alibifunktion meist Salat, Diätwurst oder Diätkäse. Doch auf der Heimfahrt hielt ich dann an irgendwelchen Tankstellen und kaufte Schokolade, Eis oder andere Süßigkeiten.

Je nach Hungergefühl aß ich diese Dinge gleich im Auto. Selbst wenn ich es bis nach Hause schaffte und mir dort mit gutem Vorsatz zuerst einen leckeren Salat zubereitete, gingen mir die süßen Dinge nicht aus dem Kopf. Ich nahm mir vor, höchstens ein Stück Schokolade oder nur zwei Bonbons nach dem Salat zu mir zu nehmen, doch wenn ich ein Stück im Mund hatte, war es vorbei. Der Vorsatz war vergessen, die Angst vor dem Zucker ebenfalls. Es galt nur noch das gute Gefühl des Schokoladenessens – und niemand sah es, ich konnte so lange und so viel essen, wie ich wollte. Toll und gleichzeitig furchtbar!

Wenn ich heute darüber nachdenke, bin ich richtig erschrocken, dass das Normalste der Welt, das Essen, zu einem lebensbedrohlichen Problem werden konnte.

Noch nie hatte ich so viel Süßigkeiten und Kalorien in mich hineingestopft. Trotzdem wurde ich nicht dicker, teilweise nahm ich sogar ab. Es funktionierte, auch ohne Erbrechen konnte ich das Kalorienmaß steigern, ohne davon zuzunehmen.

Mittlerweile aß ich auch schon in der Firma Süßigkeiten. Mein Körper hatte sich jetzt schon an die hohen Werte gewöhnt, und es bereitete mir nicht mehr so schnell Kopfschmerzen.

Bald bemerkte ich noch einen weiteren Vorteil dieser üblen Lebensweise:

Wenn ich Angst vor einer Aufgabe hatte, Angst davor, etwas nicht bewältigen zu können, aß ich einfach drauflos. Schon wurde ich ruhiger. Ich nehme an, dass die erhöhten Zuckerwerte den Körper einfach langsamer arbeiten ließen, er wurde einfach müde. Die Schokolade, die bei solchen Anlässen meist konsumiert wurde, gab mir zusätzlich noch Endophine. So rundete sich bald mein ganzes System ab, ich war der absolute Experte in Sachen Abnehmen durch hohe Zuckerwerte.

In kurzer Zeit setzte ich die Eckpunkte für mein Leben. In den nächsten zwei Jahren behielt ich mehr oder weniger diese Lebensweise bei.

Ich hatte jedoch große Angst davor, dass mein abnormes Verhalten von irgendjemandem entdeckt werden könnte. Allerdings war der Ablauf nach einiger Zeit so gut eingespielt, dass kaum einer etwas bemerken konnte. Das Beste war ja, dass ich alleine lebte und dass kaum einer etwas von meinem Diabetes wusste.

Wie es das Leben meistens so will, lernte ich einen jungen Mann kennen, der mich trotz meiner manchmal unnahbaren Art doch sehr gern zu haben schien. Er baute mich sehr schnell in sein Leben ein, stellte mich seinen sehr strengen Eltern vor und nahm mich zu all seinen Freunden mit. Schon war es gar nicht mehr so einfach, die alten, schlank machenden Essgewohnheiten einzuhalten. Ich musste ihm meinen Diabetes gestehen, erklärte ihm aber nicht, welche negativen Dinge damit eigentlich verbunden waren. Er glaubte, mit dem regelmäßigen Spritzen wäre alles behoben, wunderbar. Was besonders günstig war, war, dass er sein Studium in einer anderen Stadt absolvieren musste. Er war oft traurig, wenn er nach einem Wochenende, wieder abreisen musste. Ich dagegen war meist erleichtert, wenn ich wieder meine gewohnte Ruhe hatte. Endlich war ich wieder allein und konnte mein »zweites Leben« führen. Ich wusste schon früh, dass ich ihn nicht richtig liebte. Ich ließ trotzdem zu, dass das Verhältnis zu ihm immer enger und familiärer wurde. Schon bald war es zur Sitte geworden, dass wir am Wochenende immer bei seinen Eltern wohnten. Sie meinten es alle sehr gut mit mir, aber ich fühlte mich wie im Gefängnis oder, besser gesagt, wie auf einem Pulverfass. Ich wollte die Geschichte beenden, so sehr belastete mich das Schauspielern. Ich merkte, dass ich mich sehr verändert hatte. Ich war nicht mehr beziehungsfähig, konnte keine direkte Nähe mehr ertragen und hatte Angst, dass jemand etwas von meinem anderen ich bemerken konnte.

Meine Lehre endete im September, und ich sollte gleich danach für drei Monate nach Düsseldorf versetzt werden. Mein Freund hatte davor furchtbare Angst. Er spürte schon, dass ich eventuell unsere Beziehung beenden würde. Wahrscheinlich spürte dies auch meine zukünftige Schwiegermutter. Sie machte auf einmal den Vorschlag, dass ich meine Wohnung schon

für August und September kündigen sollte und in den letzten zwei Monaten bei der Familie meines Freundes wohnen könnte. Dadurch könnte ich mir eine Menge Geld ersparen. Der Vorschlag wurde von allen gleich für gut befunden und beschlossen. Ich wagte es nicht, das Angebot abzulehnen, es hätte doch keiner verstanden, keiner kannte ja mein Problem.
Als ich dann einzog, erfuhr ich erst, dass ich zusammen mit der Schwester meines Freundes in einem Zimmer schlafen sollte. Sie war eigentlich sehr nett, aber nun war ich keinen Moment mehr alleine. Ich war absolut verzweifelt. Es waren die schlimmsten zwei Monate meines Lebens.
Sobald ich in Düsseldorf war, machte ich mit meinem Freund auf eine üble Weise Schluss! Ich war brutal und verletzte ihn aufs Schlimmste.
Ich hasste ihn für die letzten Monate, für den Druck, für die Schauspielerei, eigentlich für alles, was mir in der letzten Zeit Probleme bereitet hatte. Er verstand die Welt nicht mehr, er machte sogar einen Selbstmordversuch, er rührte mich nicht.
In Düsseldorf konnte ich mir nur ein Zimmer in einer WG leisten. Es war zwar auch nicht das, was ich mir erträumt hatte, aber immerhin hatte ich ein eigenes Zimmer. Da meine Kolleginnen genauso viel und oft wie ich lernen mussten, ließen sie mich meistens in Ruhe.
So konnte ich wieder mehr und mehr zu den alten Gewohnheiten übergehen, obwohl mittlerweile die Essensmengen erheblich kleiner geworden waren. Vielleicht war das den zwei Monaten bei den Eltern meines Exfreundes zu verdanken.
Ich wurde wieder ruhiger, und meine Gereiztheit, die ich in den letzten Wochen an den Tag gelegt hatte, verflog nach und nach. In dieser Zeit lernte ich meinen ersten Mann kennen. Wir hatten zusammen Unterricht und manchmal trafen wir uns, um zusammen zu lernen. Es entwickelte sich ein freundschaftliches Verhältnis, aber jeder lebte zunächst sein Leben weiter. Ich hatte mein Zimmer, er hatte seine Wohnung. Wir wussten, dass wir irgendwann nach unseren Prüfungen verschiedene Wege gehen würden. Diese Art von Freundschaft war mir zu dieser Zeit gerade recht, ihm ging es damals genauso. Später erfuhr ich, dass er zu diesem Zeitpunkt noch eine Freundin hatte und sich deswegen zurückgehalten hatte.
Kurz vor dem Ende unserer Prüfungen wurde unsere Beziehung doch enger. Ich hatte mich so richtig in ihn verliebt und er sich anscheinend in mich. Wir genossen die Zeit, in der wir noch zusammen sein konnten und unternahmen viele gemeinsame Dinge. Es war komisch, meine Essprobleme waren wie weggeblasen. Ich fühlte keine innere Leere mehr. Ich fühlte mich geliebt und konnte auch wieder Liebe geben, was mir bei meinem letzten Freund sehr schwer gefallen war.

Ich dachte, jetzt ist alles vorbei, jetzt werde ich wieder normal.
Ich war frei, denn ich brauchte nicht mehr schauspielern. Ich konnte mich so geben, wie ich mich fühlte, es war ein unbeschreibliches Gefühl.
Ich glaubte allerdings immer, dass ich nur dann geliebt wurde, wenn ich meine Idealfigur behalten würde und gesund wäre.
Deshalb verschwieg ich eins immer noch: Ich erzählte ihm nichts von meinem Diabetes, ich wollte normal sein, unter allen Umständen normal und gesund.
Wir bestanden beide unsere Prüfungen mit Bravour. Wir bekamen sofort unsere Assistentenstellen, doch in weit auseinander liegenden Städten.
Nun begann wieder eine schlimme Zeit für mich. Zunächst hatte ich keine Wohnung und musste sechs Wochen in einem Hotel leben. Ich fühlte mich dort so unwohl, die Zimmer waren ungemütlich und man konnte dort nur für teures Geld essen. Um zu sparen, kaufte ich Dinge, die ich auf dem Zimmer essen konnte. Leider waren es meist nur Süßigkeiten, und schon fing es wieder an. Leider konnte mich mein geliebter Freund in dieser Zeit kaum besuchen. Wir hatten nur übers Telefon Kontakt zueinander, und dies war auch nicht einfach.
Endlich fand ich eine geeignete Wohnung. Mit guten Vorsätzen zog ich dort ein, ich wollte wieder mehr auf mich achten. Ich versuchte, meine Ernährung wieder mehr auf meine Krankheit abzustimmen.
Dies fiel mir nicht leicht, denn die zunehmende Verantwortung in meinem neuen Job lastete schwer auf mir. Ich hatte enorme Angst zu versagen.
Für die Angestellten in der Abteilung, die teilweise schon zwanzig Jahre ihre Arbeit dort verrichteten, war ich eine junge unerfahrene Chefin, die man erstmal auflaufen lassen sollte. Es waren zwölf ältere Damen, die sich über jeden noch so kleinen Fehler meinerseits freuten. Ich wusste, ich musste da durch, aber es war für mich der reinste Horror.
Ich fühlte mich alleine und hilflos, und mein Freund war weit weg. Er hatte ebenso wie ich die anfänglichen Probleme, deshalb wollte ich ihn bei den seltenen Telefongesprächen nicht auch noch mit meinen Dingen belasten. Ich wollte für ihn da sein, ihn trösten und unterstützen.
Ich stellte mich gesund und stark.
So wurde die allabendliche Fressorgie mein einziger Zufluchtsort!
Es war ein Teufelskreis. Ich war nach so einer Fressorgie von mir selbst so enttäuscht, mein Selbstbewusstsein wurde immer geringer. Die Süßigkeiten spendeten mir aber gleichzeitig den nötigen Trost. Also irgendwie gab es kein Entkommen.
Bald spielte das Schicksal mal wieder eine wichtige Rolle.
Mein Freund wurde ganz plötzlich in meine Nähe versetzt. Es stand nicht

fest, für wie lange er dort bleiben sollte. Man riet ihm, seine alte Wohnung zunächst noch zu behalten.
So kam es, dass er mich fragte, ob er vorübergehend bei mir wohnen dürfe.
Anfänglich freute ich mich zwar riesig darüber, dass er jetzt wieder in meiner Nähe wohnen würde, aber die Vorstellung, dass er direkt bei mir in der Wohnung leben wollte, machte mir Angst. Doch ich konnte ihn auch nicht hängen lassen.
Also willigte ich ein und baute meine 1-Zimmer-Wohnung so um, dass zwei Menschen darin leben konnten. Es war fürchterlich eng, aber auch irgendwie lustig.
Nun wurde es für mich natürlich sehr schwierig. Ich musste nicht nur meine Essgewohnheiten umstellen. Es gab noch andere Fragen, nämlich, wohin mit meinen Spritzen, wohin mit dem Insulin usw.
Nach einigen nervigen Überlegungen fand ich eine Ecke in meinem Kleiderschrank, in der Hoffnung, dass mein Freund dort nie reinschauen würde. Zunächst war alles geregelt. Die Essensumstellung klappte ganz gut. In der Rolle der Hausfrau fühlte ich mich sogar ganz wohl und verwöhnte meinen Freund nach Strich und Faden.
Er belohnte mich dafür mit wunderbarem Sex und intensiver Leidenschaft. Diese Art von Liebe kannte ich noch nicht, ich fühlte mich ganz Frau, ich fühlte mich als etwas Besonderes. Ich glaubte, dass er alles für mich geben würde. Dies war sicherlich auch ein Grund dafür, dass ich die Fressorgien jetzt nicht mehr vermisste. Ich hatte kein Loch mehr, dass gestopft werden musste, und mein Selbstwertgefühl wurde wieder stabiler. Was auch sehr schön war, war der Austausch unserer beruflichen Probleme, er hörte mir zu und umgekehrt.
Bald verlor ich gänzlich meine Angst vor der großen Nähe.
Eines Abends suchte er etwas im Kleiderschrank. Dabei fand er meine Spritzutensilien.
Zunächst glaubte er, ich sei drogensüchtig, und war ziemlich entsetzt.
Nachdem ich ihm völlig aufgelöst erklärte, dass ich schon seit Jahren an Diabetes litt und zur Behandlung dieser Krankheit Insulin spritzen müsste, wurde er wieder ruhiger.
Ich versuchte, ihm zu erklären, dass ich Angst davor gehabt hatte, ihn deshalb zu verlieren.
Er verstand die Welt nicht mehr, er war enttäuscht darüber, dass ich ihm gegenüber so wenig Vertrauen hatte.
Doch nach ein paar Tagen war diese Episode schon wieder vergessen. Für ihn hatte sich auch weiterhin nichts geändert. Er wusste jetzt offiziell, dass ich spritzen musste, das war alles.

Ich versuchte auf Biegen und Brechen mein »Anders sein« zu verbergen. Auf eine besondere Ernährung achtete ich so gut wie überhaupt nicht, Blutzuckertests unterließ ich völlig!

Nach circa einem Jahr trat bei mir eine berufliche Veränderung ein. Ich fand eine sehr interessante Stelle in einer sehr großen, weit entfernten Stadt.

Nach langen Diskussionen beschlossen wir, dass ich die Stelle annehmen sollte. Dies bedeutete für mich, dass ich alleine in die große Stadt umziehen musste. Mein Freund wollte dann in absehbarer Zeit nachkommen.

Schnell erkannte ich, dass die Stelle für mich eine Nummer zu groß war. Darüber hinaus lehnte mich mein neuer Chef regelrecht ab.

In der Wohngemeinschaft, bei der ich mein Zimmer hatte, fühlte ich mich überhaupt nicht wohl. Es gab kein Telefon, keine gemütlichen Möbel, keine eigene Toilette, kein eigenes Bad usw.

Es war einfach furchtbar …

Meine Kollegen waren zwar ganz nett, aber gingen nach Büroschluss ihre eigenen Wege. Die Bewohner der Wohngemeinschaft sah ich nie!

Ich fuhr jeden Freitag eine weite Strecke, um das Wochenende mit meinem Freund zu verbringen, fuhr ich oft spät in der Nacht wieder zurück.

Bald kehrte das Gefühl von Leere und Einsamkeit zurück.

Ich fühlte mich nirgendwo zu Hause, hatte keine Freunde, und in der Firma stieß ich auf heftige Schwierigkeiten.

Mein Chef kritisierte alles, nichts war ihm gut genug. Am meisten liebte er es, wenn er mich vor meinem Kollegen bloß stellen konnte.

Mein Selbstbewusstsein war erneut auf dem Nullpunkt. Ich fühlte mich ausgepowert, ruhelos und überflüssig.

So begann der Teufelskreis wieder von vorne.

Mittlerweile aß ich sogar während der normalen Arbeitszeit, vor allem Schokolade.

Je mehr Angst ich vor Fehlern hatte, umso mehr Schokolade stopfte ich in mich hinein.

Mein Zucker war bestimmt unmöglich hoch, aber ich durfte nicht »runterspritzen«, da ich sonst dicker geworden wäre.

War doch meine Figur mein einziger Pluspunkt, den ich jetzt noch aufweisen konnte.

So liebte mich mein Freund. Nur so passte ich ins Umfeld der Abteilung, die sich mit dem Einkauf von Damenwäsche befasste.

Unter der Woche war ich Werkzeug für meinen Chef und am Wochenende wurde ich zum Sexspielzeug für meinen Freund.

Ich hasste die ganze Situation, doch ich funktionierte, so gut ich konnte.

Sicherlich waren das teilweise überzogene Gefühle, aber es war niemand da,

der mich aus diesem negativen Gefühlskreis rausziehen konnte. Für mich stand fest, ich bin krank, anders, weniger leistungsfähig, eine schwache Person und nur dann liebenswert, wenn ich meine Figur behalte.
Ich fühlte mich häufig müde und schlapp. Die Energie reichte kaum für den nächsten Tag aus.
Es verging ein halbes Jahr, bis mein Freund eine Stelle in meiner Stadt bekam und zu mir ziehen konnte. Nach längerem Suchen bekamen wir dann auch eine nette Wohnung.
Zunächst waren die meisten Schwierigkeiten vergessen. Ich fand es einfach schön, wieder ein Zuhause zu haben, wieder für jemanden da zu sein und nicht mehr alleine leben zu müssen.
Ich versuchte alles gut zu machen, ich wollte hundertprozentig funktionieren, ich war
eine gute Hausfrau
eine gute Freundin
eine gute Hure
eine gute Mutter
eine gute Mitarbeiterin
Nur an meine Krankheit dachte ich nicht. Ob der Diabetes nun gut oder schlecht eingestellt war, interessierte mich so gut wie gar nicht!
Die Arbeit nagte weiterhin ununterbrochen an mir und meinem Selbstwertgefühl.
Mein Freund stellte leider nach kurzer Zeit fest, das er die falsche Stelle angenommen hatte. So waren wir beide trotz unserer schönen Wohnung frustriert und reagierten oft gereizt auf einander. Meist interpretierte ich diese Stimmung als Folge auf mein Versagen.
Ich hatte die Vorstellung, dass eine Frau einen Mann glücklich machen muss. Ein Mann sollte durch mich die Probleme dieser Welt vergessen.
Ich spürte, dass mein Freund die Probleme und Schwierigkeiten dieser Welt am besten über den Sex vergessen konnte. So bürgerte es sich ein, dass wir zur Lösung eines jeden Problems Sex hatten.
Auch wenn ich es manchmal gar nicht wollte, ließ ich es geschehen. Ich wollte, dass mein Freund glücklich war.
Durch all diese Ansprüche an mich selbst klaffte das Loch der inneren Leere immer wieder auf. Mein Essenszwang wurde wieder mächtiger.
Nach cirka zwei Jahren erhielt mein Freund, die Chance auf eine gute Stelle in einer anderen Stadt. Nun war ich an der Reihe, hinter ihm herzuziehen.
Das war das erste Mal, dass ich eine Forderung aussprach: Ich wollte nur dann mit ihm ziehen, wenn er mich vorher heiraten würde.
Ich war selbst überrascht, denn er war damit einverstanden. Obwohl wir

schon vier Jahre zusammen waren, rechnete ich eigentlich mit einer Absage. Unsere Hochzeit wurde nur im Familienkreis gefeiert, es gab keine große Feier, keine Flitterwochen, keine großen Geschenke. Wir heirateten freitags und gingen montags wieder zur Arbeit.
Ich hätte es nicht auf diese Weise tun sollen, denn dadurch fühlte ich mich selbst an diesem Tag ziemlich wertlos.
Mein Mann ging dann für cirka ein halbes Jahr alleine in die neue Stadt. Er wollte erst die Probezeit abwarten. Wir brauchten eine Wohnung, ich musste eine neue Stelle finden usw. Es gab noch eine Menge zu tun, bevor ich dann das echte Eheglück genießen konnte. In der Zeit, in der ich noch allein in unserer alten Wohnung war, fühlte ich mich plötzlich wieder etwas wohler. So langsam schloss ich sogar ein bisschen Freundschaft mit den Kollegen. Das gab meinem Selbstwertgefühl wieder etwas Auftrieb.
Nachdem ich in der neuen Stadt eine Stelle gefunden hatte, kündigte ich. An diesem Tag fielen tausend Steine von meinem Herzen. Endlich konnte ich meinem Chef gegenüber freier reagieren, ich hatte nichts mehr zu verlieren.
Es war komisch, je frecher und selbstbewusster ich ihm gegenüber war, umso besser konnte ich mit ihm arbeiten.
In den letzten Monaten fühlte ich mich sogar in meiner alten Stelle richtig frei. Die Fressanfälle wurden weniger, was natürlich auch meinem körperlichen Wohlbefinden gut tat.
Manchmal fühlte ich mich schon allein gelassen und leer, aber die meiste Zeit hatte ich das Gefühl, endlich mal ich selbst sein zu dürfen.
Um die Weihnachtszeit zogen wir dann endgültig um. Ich tat es mit einem lachenden und einem weinenden Auge. Zu guter Letzt sagte mein Chef sogar, dass er nicht so schnell wieder eine Dame finden würde, die so wie ich gut in die Abteilung passen würde. Ich verstand die Welt nicht mehr ...
Unsere neue Wohnung war sehr klein, keiner von uns hatte die Möglichkeit, sich mal etwas zurückzuziehen. Wir mussten stets Rücksicht auf einander nehmen.
Meine neue Stelle entpuppte sich bald als sehr stressig, doch mit den Kollegen verstand ich mich von Anfang an gut.
Mein Mann kam in seiner neuen Stelle nicht gut zurecht. Er fühlte sich unbefriedigt, diesmal kam er mit seinem Chef nicht klar.
So kam es, dass ich wieder den Druck spürte, ihn glücklich machen zu müssen, selbst wenn es auf meine Kosten ging.
Die Lösung war wie immer der Sex. Wir hatten viel leidenschaftlichen, ungewöhnlichen Sex. Das Schlimme daran war, mein Mann wurde nicht glücklicher, er wollte nur immer mehr davon.

So ging es irgendwann auch wieder mit dem Essen los.
Mittlerweile war das Arbeitsvolumen in meiner Firma kaum noch zu bewältigen. Es kam nicht selten vor, dass ich bis circa 21.00 Uhr in der Firma war. Oft war ich unruhig und konnte mich nur noch schwer konzentrieren. Ich wollte die Arbeit noch fertig stellen, wusste aber, dass mein Mann zu Hause auf mich wartete. Ich wollte alles gut bzw. sehr gut machen. Keiner sollte sagen, die ist krank, die schafft das nicht.
Aber so wurde ich nur noch kränker. Ich stopfte mich wieder mit Süßigkeiten voll. Keiner sah es mir an. Im Gegenteil, durch den hohen Zuckergehalt in meinem Blut nahm ich immer mehr ab.
So nach und nach spürte ich die negativen Nebeneffekte des ständig hohen Zuckers: massive Müdigkeit, Herzrasen, Sehstörungen, Wasseransammlungen in den Beinen, Gemütsstörungen usw.
Oft ging es mir so schlecht, das ich kaum noch spazieren gehen konnte. Bei der geringsten Anstrengung schien mein Herz den Brustkorb zu sprengen. So ging ich dann doch irgendwann zum Arzt, der die hohen Zuckerwerte mit Entsetzen feststellte.
Weil es mir wirklich nicht gut ging, erzählte ich ihm von meinen großen Essproblemen. Er war der erste Mensch, mit dem ich darüber sprach. Doch zu dieser Zeit war das Thema Ess-Störungen noch nicht so bekannt. Er versuchte mich durch einen neuen Diätplan wieder auf den richtigen Weg zu bringen. Doch dies bewirkte eher das Gegenteil.
Eines Sonntags hörte ich wie im Radio eine Diplompsychologin über das Thema Ess-Störungen sprach.
Gott sei Dank spielte mein Mann an seinem PC. Ich drehte das Radio etwas lauter, ich wollte alles genau mithören.
Die Frau wusste, wovon sie sprach. Sie erzählte von Patientinnen, die das Gleiche erlebten wie ich. Ich hatte immer geglaubt, dass ich die Einzige war, die solche Probleme hatte. Bis dahin kam ich mir immer wie ein Monster vor.
Leider erfuhr ich bei dieser Reportage nicht den Namen der Psychologin. Aber nun wusste ich, ich muss etwas unternehmen. Es gab Hilfe.
Da meine körperlichen Probleme nicht besser wurden, ging ich nochmal zu meinem Arzt und erzählte ihm unter anderem von dieser Reportage.
Er kannte diese Psychologin leider auch nicht, hatte sich aber in der Zwischenzeit über Ess-Störungen erkundigt. Er machte mir den Vorschlag, für eine gewisse Zeit in eine psychosomatische Klinik zu gehen.
Ich war entsetzt, wie sollte ich so etwas meinem Mann, geschweige denn meinem Arbeitgeber erklären. Es würde den Eindruck erwecken, dass ich nervlich am Ende war. Zunächst lehnte ich es ab und versuchte daraufhin

Hilfe bei einem Psychiater zu finden. Ich landete bei einem Menschen, der mir so unsympathisch war, dass ich diesen Weg schnell verwarf.
Die körperlichen Symptome wurden schlechter und schlechter, das Essensproblem auch. Ich bekam immer häufiger Streit mit meinem Mann. Schließlich wusste er ja auch nicht, was mit mir eigentlich los war.
Ich war nervlich wie körperlich am Ende. So ging ich eines Tages kleinlaut zu meinem Arzt zurück und willigte in die psychosomatische Kur ein.
Ich erzählte allen, dass sich mein Gesundheitszustand aufgrund des Stresses plötzlich so verschlechtert hätte, dass ich in eine spezielle Klinik gehen müsse.
Die meisten meiner Kollegen kannten meinen stressigen Job, hatten durchaus Verständnis für diesen Weg.
Ich erzählte meinem Mann, dass die Klinik sich speziell mit Diäten, Diabetes und den daraus resultierenden Problemen beschäftigen würde. Er unterstützte die ganze Sache, denn er hoffte, dass bei mir ein bestimmter »Schalter« wieder so eingestellt werden könnte, dass ich wieder normal funktionierte. Insgeheim hoffte ich das auch. Ich hatte doch keine Erfahrung mit psychosomatischen Behandlungen.
Als ich in dieser Klinik ankam, wollte ich am liebsten gleich wieder gehen. Es war ein altes heruntergekommenes Gebäude weit außerhalb. Mein Zimmer musste ich mit zwei anderen Mädels teilen, die irgendwelche anderen psychischen Probleme hatten.
Ich dachte, hier halte ich es keine zwei Tage aus! Das Ende vom Lied war jedoch, dass ich acht Wochen dablieb. In den acht Wochen ging es mir essensmäßig tatsächlich besser, doch warum genau, kann ich bis heute nicht sagen. Wahrscheinlich weil der Alltag fehlte. Es fanden zwar Gruppengespräche statt, die aber viel zu wenig auf mein persönliches Problem abgestimmt waren. Die Therapeuten waren für die Kombination Ess-Störungen und Diabetes absolut unbrauchbar.
Das Einzige, was mir ein wenig half, waren manche Mitpatienten. Die Gespräche mit ihnen taten mir einfach gut, obwohl ich mich auch ihnen nicht öffnen konnte. Hier konnte ich wenigstens zugeben, das ich krank war. Dass ich an einer schweren Diabetes litt, stellte ich hier sogar in den Vordergrund, die Ess-Störungen verschwieg ich meistens.
Immerhin musste ich hier nicht stark sein. Therapien, die sich mit der Körperwahrnehmung beschäftigten, empfand ich als wohltuend. Ich empfand es als hilfreich, dass es das Essen zu geregelten Uhrzeiten gab, dass ich es nicht selbst zubereiten musste, dass es feste Einteilungen waren und dass wir das Essen gemeinsam einnahmen. Mein Diätessen unterschied sich kaum von dem Essen der anderen, so fühlte ich mich nicht ausgegrenzt.

Leider gewöhnte ich mir das Rauchen in dieser Klinik stärker als je zuvor an.
Ich wurde insgesamt etwas zufriedener mit mir selbst und auch etwas selbstbewusster.
Nun stand die Heimkehr bevor. Ich hatte wirklich Angst davor. Würde ich nach diesen acht Wochen wieder mit meinem Mann zurechtkommen und er mit mir? Würde ich die Arbeit wieder meistern können, ohne wieder in das alte Verhaltensmuster zurückzufallen? Konnte ich zu meinem Diabetes stehen, oder würde ich ihn wieder verleugnen?
Die erste Zeit war sehr schwer, und ich fand kaum das Gleichgewicht wieder. Es krachte häufig zwischen meinem Mann und mir, er hatte sich natürlich mehr erwartet. Er hatte gehofft, dass jetzt eine zufriedene, liebe Frau nach Hause kommt, die genau seinen Vorstellungen entsprach.
Doch so einfach war das nicht, im Gegenteil, es wurde zunächst noch schwieriger mit mir. Ich wollte mir nicht mehr alles gefallen lassen, wollte über alles und jedes diskutieren und war immer noch sehr schnell verletzt.
Ich wurde noch einige Wochen von meinem Arzt krankgeschrieben, denn er erkannte, dass ich keinerlei Stress gewachsen war.
Durch Zufall ergab sich die Möglichkeit, relativ kurzfristig die Stelle zu wechseln.
In der neuen Stelle fand ich schnell Anerkennung. Ich gestand gleich beim Einstellungsgespräch meinen Chefs, dass ich unter Diabetes litt und erklärte auch die eventuellen Nachteile, die sich daraus ergeben könnten.
Aber das schien sie nicht zu beeindrucken, sie stellten mich trotzdem ein. Das gab meinem Selbstbewusstsein wieder ein bisschen Auftrieb, was auch für meine Beziehung zu meinem Mann von Vorteil war.
Zunächst ging es mir dort ganz gut. Doch mit der Zeit wuchsen auch hier der Stress und die Verantwortung. Immer mehr drängte sich wieder die Angst, zu versagen, in den Vordergrund. Mittlerweile gab ich für Kunden meiner Firma Schulungen in verschiedenen Bereichen der Bürokommunikation. Des Weiteren war ich neben den Sekretariatsarbeiten auch intern für die Buchhaltung mitverantwortlich.
Ich wusste zwar, dass ich die verschiedenen Sachgebiete gut beherrsche, aber ich hatte immer furchtbare Angst vor den Schulungen beziehungsweise vor den Monatsabschlüssen in der Buchhaltung.
So kam es, dass ich wieder zu den alten Gewohnheiten zurückkam. Wenn ich abends alleine im Büro noch meine Buchhaltung eingab, fing ich an, mich mit Süßigkeiten voll zu stopfen. Der Zucker stieg und ich wurde dadurch ruhiger. Aber ich machte dadurch auch sehr häufig Flüchtigkeitsfehler, die meinen Chef sehr verärgerten. Dadurch entstand ein Teufelskreis:

Ich bekam noch mehr Angst, aß noch mehr Süßigkeiten, der Zucker stieg teilweise noch mehr an, und die Fehlerquote wuchs.
Oft kam ich mit hohen Zuckerwerten und von der Arbeit ausgelaugt nach Hause. Mein Mann erkannte die schleichende Geschichte nicht, sondern forderte seine Rechte als Ehemann: Es musste noch gekocht werden, und andere Hausarbeiten warteten auch noch auf mich. Wenn ich dann absolut fertig ins Bett fiel, stand meist noch die »eheliche Pflicht« auf dem Programm.
Ich spürte das Ende meiner Kräfte. Mein Arzt schaute mich manchmal voller Angst an. Er prophezeihte mir einen frühen Tod, wenn ich so weitermachen würde.
Das Einzige, was mich bei den ganzen Problemen freute, war, dass ich jetzt ein Traumgewicht von circa 55 kg hatte. Mein Mann fand es toll, und jede Kollegin in der Firma war neidisch.
Mein Motto lautete damals: Lieber krank und schlank sterben als gesund und dick leben.
Irgendwann geriet das Ganze wieder völlig außer Kontrolle. Mein Arzt riet mir, in die Uniklinik zur Zucker-Neueinstellung zu gehen. Ich war so (lebens-)müde, dass ich seinen Anordnungen schnell folgte.
Die Klinikärzte stellten dabei die ersten Spätfolgen fest:
– Polyneuropathie in den Beinen
– leicht vergrößerte Nieren.
Ich bekam eine neue Ernährungsschulung, einen neuen Diätplan und einige neue Medikamente. Dort unter der strengen Obhut der Ärzte und auch der geringen Möglichkeiten sich selbst Essen beziehungsweise Süßigkeiten zu besorgen, pendelten sich relativ schnell meine Zuckerwerte wieder ein.
Es ging auch psychisch wieder aufwärts. Es gab keinen Stress und ich hatte keine Verantwortung mehr.
Ich bekam viel Besuch von Arbeitskolleginnen und -kollegen, wodurch ich mich trotz meiner unnormalen Art anerkannt und geliebt fühlte. Natürlich erfuhr keiner etwas über mein eigentliches Problem, Ess-Störungen.
Trotz der körperlichen und seelischen Gesundung litt die Beziehung zu meinem Mann immer mehr unter den Geschehnissen.
Wir konnten uns gegenseitig nichts mehr verzeihen. Die Beziehung stand einfach unter zu großen Belastungen.
Ich wusste, dass mein Mann mich noch immer liebte, er fand mich sexy und nett. Aber er konnte meine und seine Probleme einfach nicht bewältigen.
Er stand dem Ganzen ziemlich hilflos gegenüber, zumal ihm auch die Ärzte keinen handfesten Rat geben konnten.
In meinen Augen war er der Sündenbock für alles. Dieser Gedanke kam mir,

nachdem ich feststellte, dass es mir immer dann besser ging, wenn ich weit weg von ihm war. Ich konnte mit anderen Menschen teilweise besser über meine Probleme sprechen – das bildete ich mir zumindest zu diesem Zeitpunkt ein.
Ich überprüfte den Gedanken nicht. Ich genoss es, wenn ein bestimmter Arbeitskollege mich besuchte, mit dem ich anscheinend über alles sprechen konnte. Natürlich tat ich das nicht, ich sprach nur über solche Dinge, die ich erzählen konnte und wollte, ohne mein Gesicht zu verlieren.
Ich erkannte immer noch nicht, dass mein größtes Problem in mir selbst lag. In meinem fehlenden Selbstwertgefühl, in der Angst, etwas falsch zu machen und dafür die Liebe und Anerkennung anderer zu verlieren.
Ich hatte Angst, wertlos zu sein.
Ich hatte Angst, als disziplinlos und willenlos zu gelten und dann mit Verachtung bestraft zu werden.
Ich hatte Angst, etwas zu verpassen, was eigentlich zum normalen Leben gehört.
Meinen organischen Schaden wollte ich durch einen schönen Körper wettmachen. Nur durch einen schönen Körper hat man als Frau einen gewissen Wert.
Ich wollte etwas darstellen, was ich nicht war – körperlich gesund und seelisch intakt.
Auch die Therapeuten erkannten meinen gedanklichen Fehler nicht. Sie erklärten mir, dass ich vielleicht zu früh geheiratet hätte und mein Mann vielleicht doch nicht so richtig zu mir passen würde. Gaben mir Denkanstöße, die in die Richtung Auszug und vorübergehende Trennung gingen.
Was richtig gewesen wäre, konnte ich zu diesem Zeitpunkt überhaupt nicht erkennen. Ich spürte nur, dass es so nicht weitergehen konnte.
Nach vielen Wochen kam ich wieder nach Hause. Sicherlich spürte auch mein Mann, dass es so nicht weitergehen konnte, aber er stand hilflos da.
In der ersten Zeit versuchten wir alles wieder in den Griff zu bekommen. Wir versuchten, den normalen Alltag zu leben.
Ich stürzte mich sowohl in der Firma als auch zu Hause in die Arbeit, ich tat mehr als nötig. Ich hätte dafür so gerne mehr Lob und Anerkennung von meinem Mann erhalten. Doch das gab es nicht.
Ich war enttäuscht, er war enttäuscht! Unser Sexleben wurde teilweise zur Qual – wir beide brauchten Liebe, aber welche. Es war unmöglich geworden, miteinander zu reden. Meine Reaktion war Rückzug, seine Reaktion war starkes Verlangen nach Sex mit mir auf Biegen und Brechen.
Der bereits eben erwähnte Arbeitskollege war irgendwann zur richtigen Zeit am richtigen Ort. Nach einem für mich enttäuschenden Wochenende traf ich

mich mit ihm zum Frühstück. Eigentlich wollte ich nur reden, Verständnis bekommen und liebevoll in den Arm genommen werden, doch dabei blieb es nicht.

Schnell wurde aus der Freundschaft Liebe, so dachte ich wenigstens, und so gab ich meinem Mann den Laufpass!

Es war eine schlimme Zeit, denn mein Mann reagierte ganz anders, als ich erwartet hatte. Er war tief getroffen und versprach mir den Himmel auf Erden, bloß damit ich wieder zurückkam. Aber ich ließ mich nicht beirren, ich dachte, der Neue sei der Richtige für mich. Endlich ein neuer Anfang, die Vergangenheit wollte ich begraben. Mein Mann hatte es nicht verdient!

Zu Anfang zog ich zur Schwester meines Arbeitskollegen. Sie lebte allein, und so konnte ich bei ihr bleiben. Doch ich hatte einige Schwierigkeiten mit ihrer Lebensweise und beschloss bald, dass ich mir schnellstmöglich eine eigene Wohnung suchen wollte. Doch mein neuer Freund wollte gleich mit mir zusammenziehen und ich ließ es dummerweise zu.

Das war ein grober Fehler. Ich hätte ein wenig Zeit zwischen der alten Beziehung und dem neuen Verhältnis vergehen lassen sollen.

So hatte ich keine Möglichkeit, mich mal mit mir selbst zu beschäftigen. Vor lauter Wohnungssuche, Umzug, neuen Bekannte, neuen Hobbys usw. waren alle bulimischen Symptome auf Eis gelegt. Ich fühlte mich geliebt, anerkannt und glücklich. Wir unternahmen so viele Dinge, die für mich neu waren, dass ich gar keine Zeit hatte, Fressanfälle aufkommen zu lassen.

Ich dachte, ich sei geheilt, ich glaubte es wirklich. Denn ich wusste ja, der Übeltäter, mein Mann, war nicht mehr da.

Irgendwann traten übliche Alltagsprobleme in unser Leben. Es gab große Missverständnisse, die wir zunächst durch unsere euphorische Liebe immer wieder vergaßen. Immer öfter bemerkte ich, dass ich den Hobbys von meinem Freund durch meine Erkrankung einfach nicht gewachsen war. Ich bemerkte seine große Enttäuschung darüber.

Es kam immer häufiger vor, dass ich abends allein zu Hause war, und mein Freund ging zu irgendwelchen Veranstaltungen, die ich einfach nicht mitmachen konnte.

Es kamen wieder alte Gefühle hoch. Mangelndes Selbstwertgefühl, Versagensangst, sich überflüssig fühlen, sich unbrauchbar fühlen, anders sein usw. machten sich wieder in meiner Seele breit. Wo fand ich ein wenig Trost – in leckeren Süßigkeiten, vor allem Schokolade …

Ich hatte ja abends oft Zeit genug!

Die schlimmste Erfahrung machte ich mit der Eifersucht seiner Schwester. Mein Freund lebte, bevor er mich kennen lernte, auch alleine. Er unternahm häufig mit seiner Schwester etwas gemeinsam. Nun, da er mit mir zusam-

men war, stand sie außen vor. Für sie war das eine unerträgliche Situation. Sie machte mir das Leben, wo es ging, zur Hölle. Mein Freund bemerkte unseren Kleinkrieg nicht so richtig. Meist verteidigte er seine Schwester. Ich fühlte mich immer einsamer, ungerecht behandelt und unverstanden. Komisch, jetzt verstand mich mein Mann sogar besser als er!?
Irgendwann wollte ich mit meinem Freund über die immer mächtiger werdenden Essensprobleme sprechen. Anhand von vielen Beispielen und Erklärungen versuchte ich vorsichtig, ihm ein bisschen meine Probleme näher zu bringen. Doch er war absolut überfordert. Nach einigen Monaten erkannte ich, dass eine Trennung besser für uns sein würde.
Ich suchte mir eine neue Wohnung, obwohl ich lieber bei ihm geblieben wäre. Es begann eine schreckliche Zeit für mich, denn er und seine Schwester waren Kollegen von mir, und ich begegnete ihnen jeden Tag im Büro.
Jeden Abend saß ich in meiner neuen Wohnung vorm Fernseher und aß irgendwelche verbotenen Dinge ... sei es, um mich zu bestrafen oder mir ein paar Glücksgefühle zu verschaffen. Ich weiß es nicht. Auf jeden Fall ging es mir in dieser Phase gesundheitlich nicht besonders gut.
In diesem Dilemma gab ich eine Kontaktanzeige auf. Mir war egal, was passierte, ich wusste nur, irgendetwas musste ich tun.
Es schrieben mir damals circa 200 Männer, drei kamen in die engere Auswahl, einer blieb zum Schluss übrig. Mit diesem Herrn ging ich dann nach einigen Wochen oder Monaten eine neue Beziehung ein. Er war von Anfang an nicht der Traummann, aber wir verstanden uns ganz gut. Ich dachte, nach alldem, schlimmer kann es nicht mehr kommen.
Ein wenig später fand ich auch eine neue Arbeitsstelle, die mir wieder etwas mehr Selbstvertrauen schenkte.
In der neuen Beziehung ging jeder seinen Weg, nur am Wochenende waren wir zusammen.
Nach diesem ganzen Gefühlschaos war das genau das Richtige für mich, und Zukunftsgedanken hatte ich zu dieser Zeit sowieso nicht mehr.
Sexuell lief alles ganz harmonisch und ziemlich normal ab, sodass ich langsam wieder ein wenig Kraft und Gesundheit aufbauen konnte.
Ich stellte für mich selbst fest, dass die euphorische Liebe, wie ich sie anfänglich bei meinem Mann und dann auch bei meinem späteren Freund hatte, für mich tödlich war. Oft war ich zwar über meine Kälte meinem neuen Freund gegenüber sehr überrascht und enttäuscht, aber dann war ich mir wieder sicher, dass dieser Weg der bessere Weg sei. So konnte ich nicht mehr so schnell verletzt werden. Ich wollte einfach nicht mehr alles für einen Mann beziehungsweise für eine Beziehung geben.
Doch leider hielt mein Vorsatz nur in den ersten zwei Jahren.

Ich bemerkte, dass nicht nur ich an einer Sucht litt, sondern er auch. Er war heimlicher Alkoholiker. Natürlich wollte er es nicht zugeben, aber verheimlichen konnte er es mir auch nicht. Mir wurde klar, dass dies der Hauptgrund war, warum er sich gegen ein Zusammenziehen wehrte. Er hätte dann keine Möglichkeit mehr gehabt, heimlich zu trinken. Seine »zweite Persönlichkeit« wäre dann nicht mehr zu verstecken gewesen, und er hatte fürchterliche Angst vor Ärger.
Im Gegensatz zu mir wollte er weiterhin seiner Sucht frönen, was er am besten allein konnte. Ich dagegen hatte Angst davor, zu lange allein zu leben und dann in ein Fahrwasser zu kommen, dem ich nicht mehr entrinnen konnte. Er war schon weiter, er war schon in einem Fahrwasser, aus dem man nur noch schwerlich herauskommen konnte und auch nicht mehr herauskommen wollte.
Ich tat alles, um ihm die Gefahren seines Problems klarzumachen. Ich wollte ihm Solidarität zeigen, indem ich mit ihm ganz offen über meine Probleme bezüglich des Essens redete.
Schließlich wurde aus dieser Beziehung ein ganz komisches Verhältnis. Wir tauschten oft Erlebnisse aus, die wir keinem anderen erzählen würden. Wir erkannten Ähnlichkeiten in den verschiedenen Süchten, die uns nach und nach tief verbanden. Doch helfen konnten wir uns gegenseitig nicht. Er kam durch diese Gespräche nicht vom Alkohol los und ich nicht von meiner Ess-Sucht. Schlimmer wurde es noch, als er arbeitslos wurde. Er tat mir Leid. Durch Beziehungen vermittelte ich ihm mehrere Stellen.
Doch er behielt diese Stellen meist nicht sehr lange.
Ich hatte mittlerweile durch den Stellenwechsel berufliche Fortschritte gemacht, die mir manchmal zu groß und unheimlich vorkamen.
Wieder hatte ich fürchterliche Angst zu versagen. Oft musste ich erkennen, dass ich anders war als meine anderen Außendienstkollegen. Sie waren häufig oberflächlich und hart.
Es war eine neue Erfahrung und eine neue Chance, die ich ergreifen durfte, doch ich hatte Angst und spürte einen großen Druck.
Oft musste ich weite Strecken zurücklegen, um nach Hause zu kommen. Wie sehr hätte ich mir dann zu Hause eine Schulter zum Ausruhen gewünscht.
Aber es war keiner bei mir in der Wohnung, es wartete nur eine Menge Nacharbeit auf mich. Manchmal rief ich dann meinen Freund an, um mich wenigsten telefonisch von ihm etwas aufbauen zu lassen. Leider hatte er des Öfteren bereits etwas getrunken, und das Gespräch war dann nicht sehr hilfreich ...
Dann war ich meist noch trauriger und ich machte mich auf zum Kühlschrank.

Wir sahen uns von Samstagabend bis Sonntagabend oder Montag früh. Da ich einen Firmenwagen hatte und meine Firma großzügigerweise auch die privaten Spritkosten übernahm, waren wir an diesen Tagen viel unterwegs und vergaßen die Probleme der Woche.
Wenn wir zusammen waren, schlug keiner von uns über die Stränge. Mein Freund war nie betrunken, und ich vergaß das Essen.
Mein Wunsch, mit jemandem wieder zusammenzuleben, wurde immer massiver. Je öfter ich meinen Freund damit konfrontierte, umso mehr stritten wir uns. Ich fühlte mich nicht richtig geliebt, nicht gut genug, nicht schön genug, ich war nicht die, die er für sein zukünftiges Leben wollte.
Ich hätte wissen müssen, dass es nicht an meiner Person lag, sondern eher an seinen eigenen Problemen. Doch ich fühlte mich ja selbst so schlecht, deshalb gab es für mich nur diese Erklärung!
Ich widmete ihm soviel Aufmerksamkeit, wie es nur ging. Ich kaufte ihm öfter kleine Geschenke, um ihm zu zeigen, dass er trotz Arbeitslosigkeit und Alkohol ein wertvoller Mensch für mich war. Ich machte mir sehr viele Gedanken und Sorgen um ihn. Viel mehr als um mich und meine Krankheit.
Ich hatte das Gefühl, dass ich die Stärkere von uns sein musste. Ich verdiente das Geld, ich unterstützte ihn, wo ich konnte, ich wollte eine gewisse Lebensqualität erhalten, koste es, was es wolle.
Auch im Job wirkte ich nach außen souverän und stark. Im Großen und Ganzen waren meine Chefs auch mit mir zufrieden. Ich wusste, dass die Erwartungen sehr hoch waren und dass ich jeden Tag hart kämpfen musste, um diesen Erwartungen zu entsprechen.
Ich wollte es so vielen Menschen beweisen, dass ich es alleine schaffen konnte:
– meinen Eltern
– meinem alten Freund
– meinen Chefs
– meiner Krankheit beziehungsweise meinem Arzt
– meinen Freunden
– mir selbst
Ich wollte nicht die schwache Kranke von früher sein, ich wollte als eine starke Persönlichkeit wahrgenommen werden.
Vor allem wollte ich es mir selbst beweisen, dass ich meinen harten Job, meine problematische Beziehung, meine chronische Erkrankung, überhaupt alles alleine schaffen kann.
Tatsächlich kam ich mit diesem Ehrgeiz einige Zeit ganz erfolgreich durchs Leben.
Zumindest etablierte ich mich beruflich ganz gut, mein Freund lehnte ein

eventuelles Zusammenziehen in weiter Zukunft nicht mehr ganz ab. Meine Krankheit ignorierte ich mittlerweile absolut, meine Ess-Störungen baute ich einfach in meinen Wochenrhythmus als normalen Ablauf mit ein. Ich machte mir nur noch wenig Gedanken um meine private Zukunft.
Es vergingen einige Jahre, beruflich waren sie erfolgreich, privat mehr schlecht als recht, mit einigen Höhen und vielen Tiefen.
Es war ein dünnes Seil, auf dem ich tanzte. Ich hatte immer das Gefühl, dass es auf diese Weise nicht mehr lange gut gehen konnte.
Auf einer geschäftlichen Fahrt bei schlechten Wetter passierte es dann.
Während des Fahrens verlor ich auf einem Auge ganz plötzlich mein Augenlicht. Es war furchtbar, denn das räumliche Sehen wurde stark beeinträchtigt, und der strömende Regen im Dunkeln tat seins dazu.
Ich überlegte, ob ich das Auto auf einem Rastplatz stehen lassen sollte. Ich rief meinen Freund an, erklärte ihm kurz, was passiert war, und fragte ihn, ob er mich holen könnte. Aber dies war nicht möglich, da er bereits zu viel getrunken hatte. Also fuhr ich weiter, heftete mich an die Rücklichter der LKWs und versuchte krampfhaft, die Spur zu halten.
Bis heute weiß ich nicht, wie ich die lange Strecke bis nach Hause auf diese Weise geschafft habe. Ich weiß nur eins, ich war am Ende völlig fertig. In Tränen aufgelöst und völlig verzweifelt, ich wusste doch nicht, was mit meinem Auge passiert war.
Am nächsten Morgen ließ ich mich mit dem Taxi zum Augenarzt fahren. Er stellte fest, dass das die üblichen Spätschäden von schlecht eingestelltem Diabetes waren. Nun hatte mich die Krankheit eingeholt. Man wollte nicht gleich operieren, vielleicht regenerierte sich das Auge wieder von allein.
Das bedeutete für mich, ich musste mich krankmelden. Ich musste erklären, was passiert war und dadurch wurde ich wieder zur armen, schwachen Aussätzigen.
Schließlich operierte man doch, ich war viele Wochen im Krankenhaus, da auch die ganze Zuckereinstellung neu vorgenommen werden musste.
Dann erkrankte auch noch das andere Auge. Es standen wieder Operationen an, wieder lange Schonzeiten, in denen man nicht viel machen konnte.
Gott sei Dank waren die Operationen einigermaßen erfolgreich, und ich konnte danach wieder etwas sehen. Doch leider mussten diese Operationen mehrmals wiederholt werden, da es immer wieder zu Komplikationen kam.
Es gab auch etwas positives.
Ich wurde auf ein neues Insulin umgestellt, das mir erlaubte, alles zu essen, was ich wollte. Endlich war ich befreit von Diäten, ich war nahezu ein normaler Mensch durch dieses neue Insulin. Nach vielen Monaten kam ich dann endlich nach Hause.

Ich war tagelang alleine, aber ich brauchte keine Süßigkeiten zum Trost.
Der Schock über die Augengeschichte und die Umstellung auf das neue Insulin hatten aus mir einen anderen Menschen gemacht.
Durch die Augenerkrankung musste ich zu meiner chronischen Krankheit stehen, ich konnte sie nicht mehr verbergen.
Ich verbrauchte keine Energie mehr, um irgendetwas von mir zu verstecken.
Plötzlich stand ich zu mir, ich war jetzt offiziell als Kranke anerkannt, aber ich fühlte mich energiegeladener als je zuvor.
Ich kündigte meiner Firma, da ich wusste, dass ich nie mehr in den Außendienst zurückgehen konnte, dafür war das Sehen jetzt einfach zu schlecht.
Ich wusste, dass jetzt eine schwierige Zeit auf mich zukommen würde, aber ich spürte, dass es eine neue Ära werden würde ...
Während dieser ganzen Geschehnisse war mein Freund oft bei mir, aber ich hatte das Gefühl, dass er den Ernst der Lage nicht richtig erfasste.
Er dachte, dass es bald wieder so weitergehen würde wie vorher. Er war wieder arbeitslos und lebte unter der Woche sein ruhiges, gemütliches Leben. An den Wochenenden sollte ich dann wieder mit Firmenauto und Geld kommen, um das Wochenende zu gestalten.
Ich versuchte ihm klar zu machen, dass dies nicht mehr möglich sei, ich war jetzt diejenige, die ab und zu Hilfe und Unterstützung brauchte.
Ich forderte ihn in einem Gespräch heraus, sich mal ernsthaft über unsere Beziehung zu äußern. Ich wollte wissen, ob er mit mir leben will und ob er in der Lage war, ein Stück Verantwortung für unsere Beziehung mit zu übernehmen. Seine Antworten waren so zweifelhaft, dass ich die Beziehung beenden musste.
Es tat zwar sehr weh, aber ich wusste jetzt endlich, dass er nicht derjenige war, den ich für meine Zukunft wollte.
Ich wollte auch nicht mehr unnötig Zeit verstreichen lassen, ich hatte mein Leben neu entdeckt.
Das Ganze ist jetzt circa sechs Jahre her, mittlerweile bin ich wieder glücklich verheiratet, und im Großen und Ganzen geht es mir jetzt sehr gut. Ich bin allerdings Erwerbsunfähigkeitsrentnerin und habe nicht mehr den großen Druck des Berufes.
Ich kann aus heutiger Sicht sagen, dass viele Dinge für Ess-Störungen verantwortlich sind, aber ein Faktor ist die Diät. Diäten, die aus Krankheitsgründen oder aus Gründen der Schönheitsideale auferlegt werden, sind tödlich für die Seele.
Ein weiterer Faktor ist der Umgang mit seinem eigenen Ich. Man sollte seine Persönlichkeit akzeptieren und gut mit ihr umgehen, vor allem darf man sie niemals verstecken.